DR. MED. ULRICH STRUNZ

forever young

Das Erfolgsprogramm

- Laufen Sie sich jung!
- Essen Sie sich jung!
- Denken Sie sich jung!

dtv

Inhalt

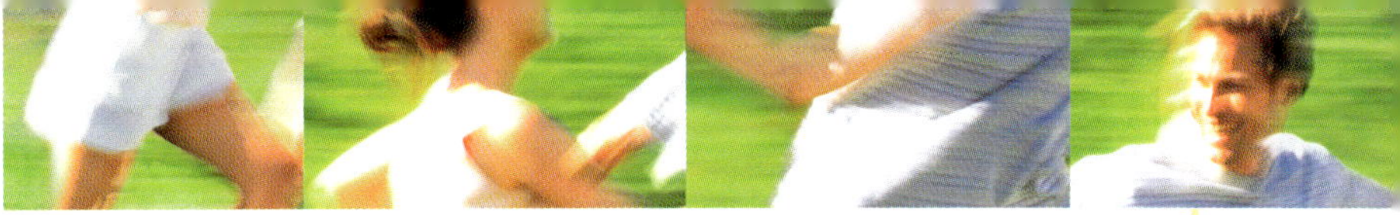

Vorwort

Darf man der Wissenschaft Glauben schenken, so schreiten wir mit großen Schritten auf die Unsterblichkeit zu. Pilze, Fadenwürmer, ja sogar einzelne menschliche Zellen leben in den Petrischalen der Gentechniker bereits ein Stück Ewigkeit. Aber finden Sie nicht auch, daß der Traum von der Unsterblichkeit ein bißchen lächerlich ist? Wer will schon 1000 Jahre alt werden und 950 Jahre davon im Rollstuhl im Seniorenstift sitzen? Ich persönlich bin zufrieden mit dem, was die Evolution vorgesehen hat: für die Ratte 4 Jahre, für die Riesenschildkröte 180, für den Mammutbaum 4000 Jahre und für mich 120 Jahre. Allerdings möchte ich mir mit 120 noch meine Schnürsenkel selbst zubinden können. Und noch genug Freude daran haben, das sauer verdiente Geld auszugeben.

Einfach jung bleiben

»Forever young« – das ist es! Einfach jung bleiben. Und das ist wirklich einfach. Die meisten nötigen Änderungen machen das Leben nämlich viel lebenswerter: ein bißchen mehr Bewegung, eine Portion mehr Vitalstoffe, einfache mentale Techniken, die den Streß ausradieren. Und es funktioniert. Das zeigen uns jedes Jahr die 70jährigen, die in Hawaii am Triathlon teilnehmen. Oder der Amerikaner John Glenn, der mit 77 noch ein hartes Astronauten-Training absolvierte und in den Weltraum düste. Das zeigen aber auch die Freundin, der Freund, deren biologisches Alter den Paß Lügen straft. Es gibt viele Menschen, die 20 Jahre jünger aussehen und sich jünger fühlen, als sie sind. Das liegt doch in den Genen, denken Sie? Nein. Die Forschung zeigt: Das Geheimnis ewiger Jugend ist die mentale Haltung. Sie konserviert Jugend viel stärker als das genetische Erbe. Echte Jugendelixiere sind Spaß am Leben und Resistenz gegen Streß. Beides können Sie (wieder) lernen.

Frohmedizin statt Drohmedizin

Ärzte warnen: Kettenrauchen, extremes Sonnenbaden, Fehlernährung und Bewegungsmangel machen jeden Körper schneller alt. Doch Verbote sind Drohmedizin. Mir gefällt die Frohmedizin. Freilich, ich arbeite auch mit »Wenn-dann-Sätzen« – doch dahinter steht nicht die drohende Krankheit, sondern ein positives Lebensgefühl: Glück, Zufriedenheit, Vitalität, Kreativität, Leistungskraft. Tricksen Sie ruhig die Jahre aus, und vor allem: Fangen Sie früh genug damit an – ab 30 geht's bergab. Für Sie geht es aufwärts. Sie müssen nicht länger träumen von Glück und Zufriedenheit.

Heute beginnt Ihr neues Leben

Sie brauchen nur drei Techniken:

➤ ***Laufen Sie sich jung!***
Mit dem Ultralight-Training ab Seite 52 maximieren Sie Ihre Körperfunktionen.

➤ ***Essen Sie sich jung!***
Richtiges Essen und Trinken liefern den Supertreibstoff für Ihren Körper (ab Seite 90).

➤ ***Denken Sie sich jung!***
Mentaltechniken verwandeln Sie in einen entspannten, souveränen Menschen, der Ruhe und Zufriedenheit ausstrahlt. Wie's geht, lesen Sie ab Seite 162.

Diese drei Techniken sind eng miteinander verwoben. Jede Technik für sich bringt Sie einen Schritt weiter – alle drei zusammen aber eine Marathonstrecke von 42,2 Kilometern. Kommen Sie mit! Lernen Sie das Geheimnis ewiger Jugend kennen.

Ihr Dr. U. Strunz

FÜR IMMER JUNG

AB 30 geht's bergab? Das muß nicht sein! Während Forscher von der Unsterblichkeit träumen, bleiben Sie realistisch und konservieren das Wertvollste, das Sie haben: Ihre Jugend. Bestimmen Sie die Frohwerte in Ihrem Blut, lernen Sie Ihre körpereigenen Anti-Aging-Hormone kennen, trainieren Sie Ihre Glücksfabrik Gehirn und legen Sie sich einen Muskelpanzer gegen das Altern an!

Der Traum von der Unsterblichkeit

Im Paß steht: John Glenn, 77. Der Mann sieht aus wie 66, sein Herz schlägt wie mit 33.

Wieviel Jugend ist möglich?

John Glenn umkreiste 1962 in der Raumkapsel »Friendship 7« als erster Amerikaner dreimal die Erde. 1998 schlüpfte er in seinen 40 Kilo schweren orangefarbenen Druckanzug und startete mit dem Spaceshuttle für 9 Tage wieder ins All. Als »Versuchsaffe«, wie er selbst sagt, für die Altersforschung. Ziel der Mission war, herauszufinden, wie der alte Körper in der Schwerelosigkeit altert. Das Ergebnis: Er altert im All wirklich rasant. Außerhalb der Erdanziehung benutzt der Astronaut nämlich seine Knochen nicht.

Gebrauch es oder verlier es!

Einer der wichtigsten Sätze in der Medizin lautet: »Use it or lose it« – gebrauch es oder verlier es. Und weil ein Astronaut in der Schwerelosigkeit sein Knochensystem nicht belastet, verliert es an Stabilität. Nichtgebrauch schwemmt Mineralsalze aus dem Skelett heraus. Nach 12 Monaten im All hätte ein junger, kräftiger Astronaut die Knochen einer 70jährigen osteoporosekranken Frau.

Nun, John Glenn war nur ein paar Tage oben. Kaum betrat er den Boden, regte er auch seine Glieder wieder. Und nach ein paar Wochen waren sie so fest wie vor seinem Ausflug. Das Wunderbare am menschlichen Körper ist nämlich: Er paßt sich an. In die Richtung, die wir ihm vorgeben. Durch Nichtgebrauch werden die Knochen krank, durch Gebrauch gesund und steinalt. Das gleiche gilt auch – und nicht nur – für Muskeln, Gelenke und Gehirn.

John Glenn ist 77 Jahre jung, geistig rege, körperlich fit, aufs höchste belastbar und gesellschaftlich aktiv. Spielend unterwarf er sich dem gleichen harten Training wie die anderen Astronauten, die seine Enkel sein könnten. Die NASA-Ärzte bescheinigten ihm eine bessere Kondition, als die meisten 50jährigen haben. Er kombiniert in sich die beneidenswerte Formel: Lebensqualität plus Lebenserfahrung, Frische trotz Jahrzehnten auf dem Buckel – eben das, was wir uns alle wünschen: Jugend im Alter.

Was wir uns Jugend kosten lassen

Ewige Jugend ist ein Traum so alt wie die Menschheit. Denn Altern tat schon immer weh. Dem Körper und der Seele. Das ist der Grund, warum Doktor Faust einen Pakt mit dem Teufel eingeht, warum Japaner Haifischknorpel schlucken, Chinesen sich Tigerhoden einverleiben, warum Amerikaner 40.000 Dollar jährlich für eine Hormonkur zahlen und Deutsche jedes Jahr 20 Millionen Euro zum Schönheitschirurgen tragen (mit steigender Tendenz).

Würmer leben schon ein Stück Ewigkeit

Weil man die Pille gegen das Altern heute mit Brillanten aufwiegen würde, wird geforscht und geforscht und geforscht. Und wir schreiten – ob wir wollen oder nicht – in Richtung Unsterblichkeit. Vor allem die Genforscher finden sich nicht damit ab, daß unser Körper eine befristete Einwegbehausung ist. Sie arbeiten rund um die Uhr, um das Verfallsdatum des Menschen immer weiter rauszuschieben. Man kann mit Fug und Recht behaupten: Der Jungbrunnen sprudelt bereits. Doch in ihm tummeln sich bislang nur Fruchtfliegen, Pilze und Fadenwürmer, deren Erbmaterial die Forscher verändern und ihnen so ein längeres Leben schenken. Kanadische Forscher verhalfen beispielsweise Fadenwürmern zu einem 50 Tage langen Dasein. Außerhalb des Labors überlebt ein Fadenwurm gerade mal 9 Tage.

Die Labor-Fruchtfliegen kalifornischer Forscher tun nichts anderes als essen, brüten, fliegen – nur doppelt so lang wie ihre wildlebenden Genossen: 150 Tage.

Der Frankfurter Molekularbiologe Heinz Dieter Osiewacz schaltete bei einem 25-Tage-Pilz das Altersgen aus. Der Pilz war nach 12 Jahren noch fit. Der Pilz würde wohl immer noch leben, doch der Professor mußte umziehen und schickte sein Forschungsobjekt in die ewigen Jagdgründe.

Freilich glauben immer mehr Wissenschaftler rund um den Globus: Was bei Wurm und Fliege funktioniert, klappt auch beim Menschen. Denn die zellulären Mechanismen, die fürs Altern verantwortlich sind, scheinen für alle Lebewesen die gleichen zu sein.

➤ INFO

Wieviel ist »alt«?

DANK MEDIZINISCHER Fortschritte steigt das durchschnittliche Lebensalter in den Industriestaaten kontinuierlich an: Durch Antibiotika und High-Tech-Medizin hat sich unsere Lebenserwartung in den letzten 100 Jahren verdoppelt. Frauen in Deutschland werden heute im Schnitt 80 Jahre alt, Männer 73 – im Jahre 2020 wird 90 normal sein. Jeder vierte, der zwischen 1946 und 1964 geboren ist, kann 100 Jahre alt werden. Und wer heute geboren wird, sogar 120, so schätzen Gerontologen, die Wissenschaftler, die sich mit dem Phänomen Alter beschäftigen. Natürlich nur, wenn man vernünftig mit seinem Körper umgeht, das heißt: ihm viel Bewegung gönnt und wenig Fett zumutet. Indem man das Gehirn auf Trab hält, täglich eine Portion Lebensfreude tankt und viele Vitamine.

Warum altern wir überhaupt?

Zwei Theorien, die das Altern des Körpers erklären, werden derzeit von Wissenschaftlern heiß diskutiert: die Programmtheorie und die Verschleißtheorie.

Die Programmtheorie

In jedem Lebewesen tickt eine innere Uhr. Ist sie abgelaufen, stirbt es. Denn jede Zelle hat nur eine begrenzte Anzahl von Erneuerungsmöglichkeiten, 50- bis 150mal kann sie sich teilen. Mit jeder Teilung wird die Zelle schwächer, und am Ende stirbt sie ab. Täglich sterben 600 Milliarden Zellen ab – genauso viele baut der gesunde, junge Körper wieder auf.

Der Körper ackert jede Sekunde – doch im Alter verliert er an Kraft

Pro Sekunde bastelt der Organismus aus Baustoffen der Nahrung 10 Millionen neue Zellen: Alle 5 Tage wird die Magenschleimhaut komplett erneuert. Das Fettgewebe wird alle 3 Wochen ausgetauscht. Alle 4 Wochen schnuppern wir durch ein neues Riechepithel. Rote Blutkörperchen halten sich 3 Monate. Und die Hautzelle lebt höchstens 14 Tage – eine sinnvolle Einrichtung der Natur. Würden nicht kontinuierlich neue Zellen gebildet, stünden wir durch den ständigen Abrieb plötzlich ohne Haut da.

Nur läuft eben diese Zellerneuerung mit dem Älterwerden nicht mehr 100prozentig ab. Der Mensch wird kleiner, gebrechlicher, Organe verlieren an Leistungskraft. Die Haut regeneriert sich langsamer, Muskeln schwinden, Knochen werden brüchig, der Geist träge, das Immunsystem schwach. Altern ist ein biologischer Prozeß, vergleichbar mit einer Batterie, die immer leerer wird, und das Lebenslicht leuchtet kraftloser. Das hat die Evolution vor Millionen von Jahren so eingerichtet. Heute kämpfen Wissenschaftler weltweit dagegen an, sie versuchen, die biologische Uhr zurückzustellen.

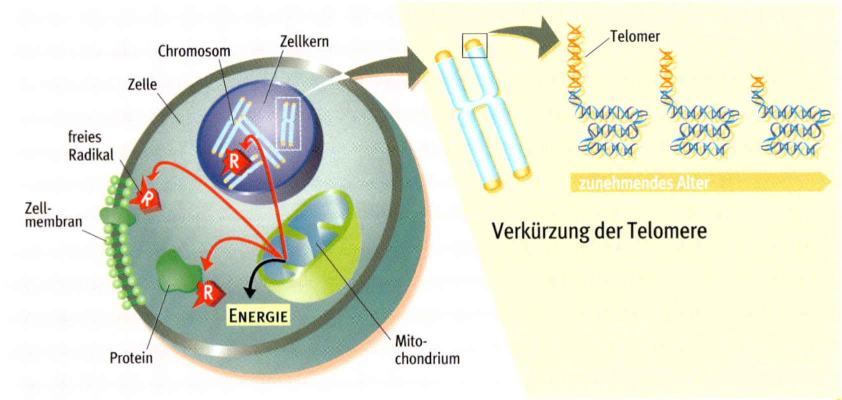

Darstellung des Alterungsprozesses einer Zelle (Programmtheorie): An den Endstücken der Chromosomen tickt die Lebensuhr: die Telomere. Jede Zellteilung wetzt die Telomere ein Stück kürzer. Sobald sie aufgebraucht sind, stirbt die Zelle ab. Das Enzym Telomerase könnte diesen Prozeß aufhalten.

Jede einzelne Zelle ist sterblich

Leonard Hayflick, der Vater der Altersforschung, entdeckte Anfang der 60er Jahre, daß einzelne Zellen sterblich sind und mit ihnen der Mensch. Er züchtete fötale Bindegewebszellen in Petrischalen und stieß auf diese geheimnisvolle biologische Uhr. Die Zellen teilten sich etwa 100mal. Und dann alterten sie, nahmen weniger Nährflüssigkeit auf und zerfielen. Den gleichen Versuch machte er mit den Zellen eines 70jährigen Mannes. Und siehe da, die Zellalterung begann viel früher. Schon nach 20 bis 30 Teilungen stellten sie die Reproduktion ein. Nun wußte man: Schuld am Altern ist eine Uhr. Sie tickt in jeder unserer 70 Billionen Körperzellen – man muß sie nur finden.

Das Unsterblichkeits-Enzym Telomerase

1984 stießen die ersten US-Forscher auf das Unsterblichkeits-Enzym Telomerase. Dieses Enzym läßt Zellen vergessen, wie oft sie sich schon geteilt haben, und stellt die biologische Uhr immer wieder zurück. Unsere Lebensuhr tickt an den Endstücken der Chromosomen, an den Trägern der Erbinformation: Auf diesen stecken die sogenannten Telomere, etwa wie Schutzkappen auf einem Schnürsenkel. Jede Zellteilung wetzt die Telomere ein Stück kürzer. Sobald sie aufgebraucht sind, stirbt die Zelle. Die Telomerase kann die Telomere immer wieder reparieren und so den Alterungsprozeß aufhalten. Bei der seltenen Erbkrankheit Progerie stoppt ein Gendefekt die Aktivität der Telomerase: Kinder altern rasend schnell, mit 12 Jahren sind sie Greise, stecken in dem Körper eines 100jährigen.

Mit einer Gentherapie, die das Enzym Telomerase aktiviert, wollen die Forscher künftig das Altern bremsen, ja sogar rückgängig machen. In Zukunft müssen wir nur noch alle 10 Jahre zur Verjüngungskur gehen, und dort dreht man per Gentechnik die biologische Uhr um ein Jahrzehnt zurück. Einige Genforscher glauben wirklich, daß Genpräparate künftig das Leben des Menschen auf mehrere 100 Jahre ausdehnen werden.

Die ersten Schritte in Richtung Unsterblichkeit sind getan: US-Forscher schleusten 1997 das Gen der Telomerase in menschliche Netzhaut- und Hautzellen, die seitdem munter weiterleben, statt nach der 50. Teilung das Zeitliche zu segnen. Doch bislang verlängert das Unsterblichkeits-Enzym nur einzelnen Zellen das Leben. Beim Gesamtkunstwerk Mensch will es noch nicht klappen.

Die Verschleißtheorie

Nach dieser Theorie verlebt sich der Mensch sozusagen selbst – denn Leben ist Energie. Wir müssen Energie verbrennen, weil wir leben wollen. Und weil wir Energie verbrennen, sterben wir. Während der Energie-Erzeugung im Körper entstehen schädliche Abfallprodukte, die mit der Zeit Zellen und Erbsubstanz zerstören. Und der radikalste Schadstoff ist – man möchte es kaum glauben – der Sauerstoff. Man kann sich das so vorstellen: In den Kraftwerken unserer Zellen, den Mitochondrien, werden Nährstoffe zu Energie verheizt. Dafür brauchen die Zellöfchen Sauerstoff. Während Brot und Braten mit Hilfe von Sauerstoff verbrannt werden, entstehen freie Radikale, eine Menge »wild gewordener« Sauerstoff. Diese Radikale greifen die Schutzschicht um unsere Zellen an, dringen zu den Chromosomen vor und schädigen unsere Gene.

Die Zelle muß Millionen Attacken abwehren

Auch Umweltgifte, UV-Strahlen, Zigarettenrauch, Streß und zuviel Sport bombardieren die Zellen mit freien Radikalen. Jeder Zellkern wird täglich mindestens von 10.000 freien Radikalen attackiert. Streß erhöht die Dosis auf das 10fache. Eine falsche Ernährung und eine ungesunde Lebensweise lassen bis zu 40 Millionen zerstörerische Angriffe auf bestimmte Zellen zu. Jeder Angriff kann zu einem Genschaden führen und das Erbmaterial verändern. Die Folgen: Krebs, Arthritis, Alzheimer und Herzkrankheiten.

Genschäden können repariert werden

US-Forscher schickten einen Studenten in der Rush-hour zu einem 20minütigen Marsch in einen achtspurigen, 1,6 Kilometer langen Tunnel. Vor und nach der Giftgasattacke entnahmen sie Gewebeproben. Die Zellen zeigten: Der Student war um 15 Monate gealtert. Dann bekam er Eiweiß, Vitamine und eine Mütze voll Schlaf. Am nächsten Morgen hatten sich seine angegriffenen Zellen und Gene wieder regeneriert. Das beweist: Der Körper verfügt sehr wohl über Mechanismen, freie Radikale zu bekämpfen und die Schäden wieder zu reparieren. Doch dafür braucht er Biostoffe aus der Nahrung – mit den Jahren immer mehr, denn die Reparaturmechanismen leiern mit dem Alter aus.

➤ **INFO**

Gene ackern für die Jugend

IN UNSEREN 70 BILLIONEN Körperzellen stecken rund 126 Milliarden Kilometer an Erbsubstanz DNS (Desoxyribonukleinsäure). Darauf sitzen 125.000 Gene. Rund 80.000 davon arbeiten täglich für unsere Gesundheit, unser Aussehen, unser Gefühlsleben, unseren Charakter. Eine ungesunde Lebensweise führt zu Gendefekten. Mutierte, also veränderte Gene können ihre Arbeit nicht mehr ausführen. Wir fühlen uns schlapp, müde, krank und schlechtgelaunt.

Das ist Altern

Der Alterungsprozeß verändert unsere Leistungsfähigkeit und unseren Körper. Das Gute ist: Sie können dagegen etwas tun!

Gehirn

Konzentrationsfähigkeit und Sprache bleiben erhalten. Gedächtnis und Merkfähigkeit lassen ab dem 25. Lebensjahr nach, wenn man nicht dagegendenkt. Es sterben zwar täglich etwa 50.000 Gehirnzellen ab, doch die Verbindungen zwischen den Gehirnzellen halten den Geist jung. Und davon kann man täglich neue bilden. Auch noch im Alter von 120.

Haare

Die Anzahl der Haarwurzeln nimmt ab – bei Männern manchmal schon ab 20. Die übrigen Haare wachsen langsamer. Die Pigmentproduktion stagniert, und die Haare werden zunehmend grau.

Sehkraft

Ab dem 50. Lebensjahr fällt das Zeitunglesen schwer. Das Sehen bei Nacht und Nähe ist beeinträchtigt. Jährlich werden 230.000 der über 65jährigen wegen grauem Star operiert.

Gehör

Verengte Gehörgänge verschließen ab dem Alter von 50 den Hörsinn für hohe Töne. Mit 30 hört man das Zirpen einer Grille und Vogelgezwitscher noch (15.000 Hertz), mit 70 nimmt man nur noch 5.000 Hertz (z. B. das Bellen eines Hundes) wahr.

Haut

Der Körper trocknet langsam aus. Die Talgdrüsen drosseln die Fettproduktion. Das Bindegewebe kann das Wasser nicht mehr speichern, die Haut wird schlaff und faltig, Altersflecken entstehen.

Herz
Rauchen, hohe Cholesterinwerte, Bluthochdruck sowie Vitamin- und Bewegungsmangel verstopfen die Gefäße (Arteriosklerose). Die Folge: Herzinfarkt. Herz-Kreislauf-Erkrankungen sind in Deutschland die Todesursache Nummer eins (485 von 1.000 Todesfällen).

Lunge
Die »Vitalkapazität«, also die Menge an Luft, die man einatmen kann (bis zu 5,5 Liter), nimmt ab 40 ab. Die Lunge verliert an Elastizität. Und die schlechtere Sauerstoffversorgung des Körpers verringert die Belastbarkeit von Körper und Geist. Wer nicht trainiert, leistet mit 70 nur noch die Hälfte dessen, was ein 20jähriger schafft.

Immunsystem
Einige Immunzellen werden mit zunehmendem Alter immer weniger gebildet, Makrophagen (Freßzellen) arbeiten weniger effektiv. Es entstehen häufiger Infektionskrankheiten. Krebszellen haben eine Chance.

Weibliche Hormone
Wenn die Eierstöcke beginnen, die Produktion ihrer Hormone einzustellen, kommen Frauen in die Wechseljahre. Das kann schon mit 35 sein oder mit 55, und es kann 5 Monate dauern, aber auch 5 Jahre. Die sogenannte Menopause kann spurlos vorübereilen, es können aber auch leichte Hitzewallungen, Osteoporose (Entmineralisierung des Knochens), Schlaflosigkeit, Gelenkbeschwerden und Depressionen quälen.

Männliche Hormone
Auch Männer kommen in die Andropause, die männlichen Wechseljahre. Der Testosteronspiegel (männliche Hormone) nimmt schleichend ab, jährlich etwa um 1 Prozent. Ab 45 machen sich Hitzewallungen, Schwindel, mangelnde Konzentration, nachlassende Libido, Osteoporose bemerkbar.

Potenz
Etwa 5 Prozent der 40jährigen sind impotent. Und bei 33 Prozent der über 65jährigen ist Viagra die letzte Hoffnung. Gründe: verkalkte Gefäße, verletzte Seele.

Knochen
Ab 40 werden die Knochen porös, ihr Gewicht verringert sich um 15 Prozent. Vor allem Frauen leiden unter Osteoporose. Aber auch Männern raubt Hormonmangel die Stabilität. Sport beugt vor!

Gelenke
Früher traf einen der Gelenkverschleiß erst ab 50. Heute sind bereits 18jährige betroffen. Der Grund: Übergewicht und viel zu wenig Bewegung.

Muskeln
Muskeln machen etwa 45 Prozent des Körpergewichts aus. Wer nicht trainiert, reduziert sie auf 25 Prozent. Ab 30 verliert man pro Jahrzehnt etwa 3 Kilo Muskelmasse.

Fettgewebe
Der Fettanteil am Gewicht verdoppelt sich. Einige Folgen: Bluthochdruck, Diabetes, Unfruchtbarkeit, orthopädische Probleme, Arthrose, Gicht, Gallensteine, Herzinfarkt.

Übergewicht macht krank und raubt Lebenszeit. Aber nicht nur die Pfunde sind schuld an Gicht, Diabetes, kaputten Gelenken, verstopften Adern, sondern auch mangelnde Bewegung.

Die Alt-Last: Pfunde

Die Weltgesundheitsorganisation warnt: Eine chronische Krankheit breitet sich epidemieartig über den ganzen Globus aus, wuchert über Bäuche, Schenkel und Hüften: Fettsucht. Rund 41 Millionen Deutsche haben die Pfunde zu dicke. Sie fallen unter die Rubrik »übergewichtig«. Und Übergewicht zählt neben Rauchen und Sitzen zu den drei Hauptfaktoren, die den Alterungsprozeß beschleunigen.

Warum wird der Mensch immer dicker?

Einst rannte Homo sapiens dem Mammut hinterher und hatte nur eine einzige Sorge: Wie krieg' ich genügend Fett auf die Rippen, um zu überleben? Kaum war der Braten im Bauch, lehnte er sich zurück, damit ja kein Quentchen der wertvollen Energie verlorenging. Heute diskutieren Wissenschaftler und Ärzte auf der ganzen Welt: Wie können wir Fett reduzieren, damit die Menschheit nicht ausstirbt?
Die Pfunde im Überfluß raffen jedes Jahr 300.000 Amerikaner dahin, kosten deutsche Krankenkassen 15 Milliarden Euro. Während die Industrie sich bemüht, die Kalorien im Essen durch Luft und Wasser zu ersetzen, wird die Welt schwer und schwerer. Homo sapiens wiegt heutzutage 23 Pfund mehr als vor 100 Jahren. Seit 1960 hat sich die Zahl der Übergewichtigen verdoppelt. Jeder zweite (der sich's leisten kann) ist zu dick, und bis ins Jahr 2250, so schätzen Experten, wird die Fettsucht alle befallen haben.

Unsere Gene sind schwer von Begriff
Es wütet immer noch der uralte Energiespareffekt in uns: Beweg dich so wenig wie möglich, iß so viel es geht. Und das war noch nie so einfach wie heute, denn Fastfood wandert schnell und billig direkt in die gierigen Fettzellen.

Fettzellen sind unersättlich und geizig
Sie horten die Fettmoleküle wie Dagobert seine Taler. Sie saugen sich mit jedem vorbeischwimmenden Fettmolekül voll – ohne auch nur eines freiwillig abzugeben. Das Angebot ist reichlich: Unser täglich Brot trieft von Fett, 142 Gramm nehmen wir Tag für Tag im Durchschnitt auf, sie stecken in Wurst, Braten, Schokolade, Torten, Saucen & Co. – bekömmlich ist höchstens die Hälfte.

Trägheit läßt Muskeln verkümmern
Zwischen Bürostuhl, Autositz und Fernsehsessel schwindet die Muskulatur dahin – das einzige Organ, das Fett vernichtet. Darum haben Kalorien freie Bahn, sich in den Fettzellen einzunisten und sie auf das 200fache aufzublähen.

Es fehlen die Schlüssel zur Fettzelle

Wir hätten alle eine höhere Fettstoffwechselrate, wären noch genügend Vitalstoffe in den Lebensmitteln. Vitamin C kurbelt die Fettverbrennung an. Vitamin B_6, Magnesium, Jod, Chrom, Selen mischen in der Schlank-Küche mit (wie, lesen Sie ab Seite 105). Doch von diesen wertvollen Stoffen steckt in unseren Lebensmitteln kaum mehr etwas drin. Milliarden von Fettzellen füllen sich an – und bleiben verschlossen.

Jedes Pfund hat dicke Folgen

Pro Pfund Übergewicht sinkt das Jahreseinkommen amerikanischer Führungskräfte um 1.000 Dollar. Dynamisch und schlank hat ein Unternehmer zu sein, so eine US-Studie. Doch das Bauchverbot bezieht sich nicht nur auf den Arbeitsplatz. Eine Umfrage unter amerikanischen Studenten ergab: Sie würden lieber eine geisteskranke oder blinde Frau heiraten als eine dicke. Dicke werden gesellschaftlich unerbittlich diskriminiert, bis sie sich isolieren – und sie leiden an vielen Krankheiten.

Aktivität statt Wunderpille

Der Mensch verbrennt heute 700 Kalorien weniger als früher, eine ganze Mahlzeit also, die er aber nicht ausläßt. Das Fatale ist: Der Mensch möchte, wenn überhaupt, dann auf der Couch liegend, Pralinen essend und eine Wunderpille schluckend schnell schlank werden. Doch, trotz aller Werbeversprechungen, diese Wunderpille gibt es nicht. Und auch im Genlabor brodeln nur Spekulationen. Gegen die Invasion der Pfunde muß man schon aktiv werden. Wie der derzeitige Außenminister Joschka Fischer. Er lief seinen 32 Kilo Übergewicht schlicht und einfach davon. Wie Sie das machen können, lesen Sie ab Seite 52.

➤ **INFO**

Wenn die Pfunde drücken

◆ **Die Hälfte** der Übergewichtigen leidet an Bluthochdruck.

◆ **8 von 10 Diabetikern** (Typ II) sind zu dick. Wer innerhalb von 8 Jahren 20 Kilo zulegt, verzwölffacht sein Diabetesrisiko. Wer im gleichen Zeitraum abspeckt, senkt das Diabetesrisiko um 87 Prozent.

◆ **Häufig sind Dicke** von der Schlaf-Apnoe, dem nächtlichen Atemstillstand, betroffen. Bei starken Schnarchern setzt immer wieder der Atem aus – bis zu 2 Minuten. Das schlägt aufs Herz. Tagsüber nicken sie oft ein, mitunter am Steuer.

◆ **Weitere Begleiterscheinungen** von zu vielen Pfunden sind: Fettstoffwechselstörungen (zu hoher Cholesterinspiegel), Unfruchtbarkeit, orthopädische Probleme und Blutgerinnungsstörungen.

◆ **Übergewicht** begünstigt schmerzhafte Gelenkveränderungen wie Arthrose und Gicht.

◆ **Dicke Frauen** leiden sehr oft an den Folgen von Gallensteinen.

◆ **Übergewichtige** weisen im Vergleich zu Normalgewichtigen ein erhöhtes Risiko für Krebserkrankungen auf.

◆ **Die amerikanische Herzgesellschaft** behauptet sogar, das Herzinfarktrisiko steige schon bei einem BMI von 25 bis 28 um 50 bis 70 Prozent (BMI siehe Seite 18).

◆ **Zum Schluß** eine gute Nachricht: Nur extrem viele Pfunde bringen einen frühzeitig um. Deutsche Forscher (Universität Düsseldorf) beobachteten 6.200 Übergewichtige über einen Zeitraum von 14 Jahren. Sie fanden heraus: Bis zu einem BMI von 32 besteht keine höhere Sterblichkeit. Und Menschen mit einem BMI von 25 bis 28 leben am längsten.

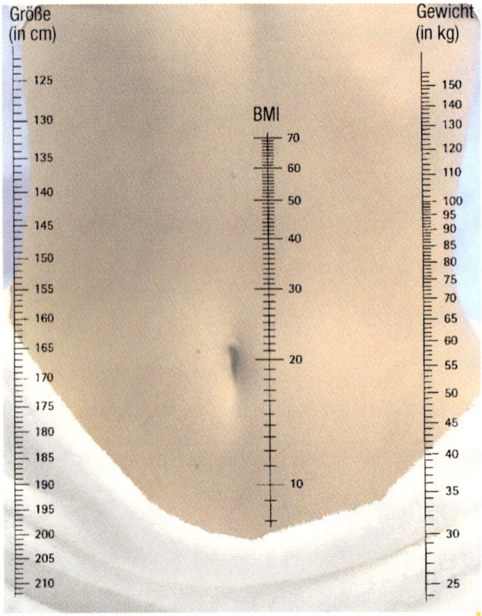

Das Idealgewicht ist out! Ermitteln Sie besser Ihren Body-Mass-Index wie oben rechts beschrieben.

Und wieviel wiegen Sie?

Das Idealgewicht (Körpergröße minus 100 minus 10 Prozent) als Maß für das Körpergewicht ist out – weil der Körperbau dabei nicht berücksichtigt wird. Mediziner rechnen heute mit dem Body-Mass-Index, dem BMI. Er drückt das Verhältnis von Körpergewicht zu Körpergröße im Quadrat aus:

$$\text{BMI} = \frac{\textbf{Körpergewicht (kg)}}{\textbf{Körpergröße (m)}^2}$$

➤ INFO

Das sagt Ihr BMI aus

- **unter 19:** leichtes Untergewicht
- **zwischen 19 und 25:** idealer Bereich
- **zwischen 25 und 30:** leichtes Übergewicht
- **über 31:** starkes Übergewicht

Wenn Ihr BMI deutlich über 25 liegt, lesen Sie ab Seite 140, wie Sie das ändern können.

Ermitteln Sie Ihren Body-Mass-Index

Legen Sie ein Lineal auf die links abgebildete Zeichnung – auf der rechten Skala in Höhe Ihres Körpergewichts, auf der linken Skala in Höhe Ihrer Größe. Dann trifft das Lineal die mittlere Skala genau bei Ihrem persönlichen BMI.
Oder berechnen Sie Ihren BMI nach der oben genannten Formel. Angenommen, Sie sind 1,70 Meter groß und 65 Kilo schwer, dann ergibt sich für Sie folgender BMI:

$$\frac{65}{(1{,}7 \times 1{,}7)} = 22{,}5$$

Welcher Risikotyp sind Sie?

Pölsterchen sind nicht immer gefährlich. Es kommt darauf an, wo sie sitzen. Neben dem BMI spielt auch die Fettverteilung eine Rolle – das »Waist to Hip Ratio« (WHR). Bei Frauen findet man häufiger den sogenannten Birnentyp mit Fettdepots an Hüften und Oberschenkeln. Ein Notdepot, das die Natur eingerichtet hat – zum Schutz von Frau und Kind. Unter Männern ist dagegen eher der Apfeltyp verbreitet. Er speichert seine Energiereserven rund um den Bauch. Gefährlich für unsere Gesundheit ist das Übergewicht des Apfeltyps. Das »schlechte« Fett ist ein Risikofaktor für Arterienverkalkung, Herzinfarkt und Schlaganfall.

So lautet die Formel:

$$\text{WHR} = \frac{\textbf{Taillenumfang}}{\textbf{Hüftumfang}}$$

Idealerweise ist der WHR bei Frauen nicht größer als 0,85, bei Männern kleiner als 1,0.

Muskel ist schwerer als Fett

Weder das Gewicht, das die Waage anzeigt, noch die moderne BMI-Formel geben eindeutig Auskunft über den wirklichen körperlichen Zustand. Denn eine augenscheinlich dünne Person kann Übergewicht haben oder ein vermeintlich dicker Mensch von der Natur optimal ausstaffiert sein. Der Grund: Fett ist leichter als Muskel. Ein schlanker Mensch kann viel zu viel Fett mit sich herumtragen, ein muskulöser wiegt schon mal mehr, als der BMI erlaubt – ist aber kerngesund. Schließlich kommt es auf den Fettgehalt im Körper an!
Mit einer modernen elektronischen Waage kommen Sie dem Fett früh auf die Spur. Sie mißt mit Hilfe von völlig ungefährlichem Schwachstrom den Widerstand der Zellen und bestimmt so sehr genau den prozentualen Körperfettanteil.

Lieber fit & dick als faul & dünn

Die gute Nachricht: Das berühmte Cooper Institute for Aerobics Research in Dallas untersuchte 25.000 Normal- und Übergewichtige und fand heraus: Gesunde Körper gibt es in allen Formen und Größen – nur bewegen müssen sie sich. Es ist besser, dick und fit als mager und untrainiert zu sein.

➤ **INFO**

Empfohlener Körperfettanteil in Prozent

DIE NORMALE WAAGE zeigt Ihnen nur Ihr Gewicht, aber nicht, ob Sie fit sind oder fett. Empfehlenswert ist deshalb eine Waage, die Ihnen Ihren Körperfettanteil anzeigt. Wichtig: Der Körperfettanteil sollte bei Frauen möglichst nicht unter 12 Prozent absinken, Männer brauchen noch eine Schutzschicht von 7 Prozent. Wundern Sie sich nicht, wenn Sie die Werte unten zwischen Männern und Frauen miteinander vergleichen: Frauen haben einfach von Natur aus einen um 10 Prozent höheren Fettanteil als Männer.

MÄNNER

Alter	Exzellent	Gut	Mittel	Schlecht
20–24	10,8	14,9	19,0	23,3
25–29	12,8	16,5	20,3	24,3
30–34	14,5	18,0	21,5	25,2
35–39	16,1	19,3	22,6	26,1
40–44	17,5	20,5	23,6	26,9
45–49	18,6	21,5	24,5	27,6
50–59	19,8	22,7	25,6	28,7
60 +	20,2	23,2	26,2	29,3

FRAUEN

Alter	Exzellent	Gut	Mittel	Schlecht
20–24	18,9	22,1	25,0	29,6
25–29	18,9	22,0	25,4	29,8
30–34	19,7	22,7	26,4	30,5
35–39	21,0	24,0	27,7	31,5
40–44	22,6	25,6	29,3	32,8
45–49	24,3	27,3	30,9	34,1
50–59	26,6	29,7	33,1	36,2
60 +	27,4	30,7	34,0	37,3

In geselliger Runde zu essen – egal ob morgens, mittags oder abends – bedeutet ein Stück Lebensqualität.

Kalorien rauben Lebenszeit

Wer sparsam mit den Kalorien umgeht, gewinnt auf seinem Lebenskonto Jahre. Das ist übrigens die einzige wissenschaftlich nachweisbare Möglichkeit, auf der sicheren Seite in ein längeres Leben zu investieren. In USA setzen sich die Unsterblichkeits-Fanatiker schon seit Jahren auf eine 1.500-Kalorien-Reduktionsdiät – und schlucken täglich eine Handvoll Vitaminpillen.

Das Geheimnis der Hundertjährigen

Tatsächlich verlängerten Forscher schon in den 30er Jahren Laborratten das Leben um 50 Prozent einfach dadurch, daß sie die Nager auf Diät setzten. Unzählige weitere Studien folgten, alle mit dem gleichen Ergebnis: Schmalkost macht jung. Die Erklärung dafür ist denkbar einfach: Je weniger Kalorien dem Körper zugeführt werden, desto weniger Energie muß er verstoffwechseln, desto minimaler ist die Produktion von Stoffwechsel-Schadstoffen. Prof. Dr. Rajindar Sohal machte diesbezüglich in Dallas einen Langzeitversuch mit Primaten. Er mästete seinen Rhesusaffen Moose. Der arme dicke Moose alterte schnell. Sohals These lautet: Sauerstoff – als Brennstoff in der körpereigenen Nahrungsverarbeitung – ist in hohen Dosen ein Gift und macht alt. Je mehr Nahrung Mensch oder Affe aufnehmen, desto mehr Sauerstoff wird in den Zellen verheizt, desto schneller altert man.

An 75 Affen testete Sohal seine Theorie und stellte fest: Diät hält die Affen fit. Nur die schwergewichtigen Primaten litten unter Diabetes und Arthritis.

Zuviel Essen macht alt

Kann man das auch auf den Menschen übertragen? Keine Frage. Studien an 100-jährigen zeigen: Meist handelt es sich um drahtige Leichtgewichte, die bis ins hohe Alter hinein körperlich und geistig aktiv blieben – und nicht mit Kalorien praßten. Der Braten gehörte dem Sonntag, Obst, Gemüse und Getreide der Woche.

Die Chinesen wußten schon vor 3.000 Jahren: »Das Abendessen überlasse deinem Feind.« Weshalb Anti-Aging-Experten ihrer Klientel das Dinner streichen. Das nimmt aber auch Spaß und Geselligkeit. Denn Essen am Abend – egal ob mit Kerzenlicht und romantischer Musik oder Kindergejohle – ist ein Stück Lebensfreude. Darum machen Sie lieber FdH. Fett die Hälfte. Meiden Sie Kalorien da, wo es nicht weh tut, und tun Sie es den ganzen Tag (Tips siehe Seite 96/97).

➤ TEST

Wie hoch ist Ihr Streßpegel?

KREUZEN SIE die Ereignisse, die Sie in den letzten 12 Monaten betroffen haben, an. Addieren Sie die Werte. Traf ein Ereignis öfter zu, multiplizieren Sie es mit der Häufigkeit.

EREIGNIS	WERT	
Tod eines Partners	100	❑
Scheidung	73	❑
Tod eines nahen Familienmitglieds	63	❑
Gefängnis	63	❑
Verletzung oder Krankheit	53	❑
Hochzeit	50	❑
Fristlose Kündigung	47	❑
Versöhnung mit dem Partner	45	❑
In Rente oder Pension gehen	45	❑
Familienmitglied erkrankt	44	❑
Schwangerschaft	40	❑
Mobbing	39	❑
Sexuelle Probleme	39	❑
Geschäftlicher Neubeginn	38	❑
Aufstieg oder Abstieg im Job	36	❑
Ehestreit	36	❑
Kind zieht aus	29	❑
Ärger mit Schwiegereltern	29	❑
Außergewöhnlicher Erfolg	28	❑
Schulabschluß oder -start	26	❑
Änderung von Gewohnheiten	24	❑
Wechsel des Wohnortes	20	❑
Andere Arbeitsbedingungen	20	❑
Wechsel in eine neue Schule	20	❑
Einen größeren Kredit aufnehmen	17	❑
Andere Schlafgewohnheiten	15	❑
Neue Eßgewohnheiten	15	❑
Urlaub	15	❑
Weihnachtszeit	12	❑
Kleiner Ärger mit dem Gesetz	11	❑
Ihr Streßpegel (Summe)		

Auch Streß verkürzt das Leben

Streß macht krank und verkürzt nachweislich die Lebenserwartung. Denn das Streßhormon Adrenalin schlägt Kerben in die Blutgefäße, fördert Herzinfarkt und Schlaganfall. Die Abwehrkräfte müssen sich mit Streß auseinandersetzen, das schwächt sie. Menschen, die längere Zeit unter Streß stehen, erkranken viel leichter und häufiger. Allerdings ist nicht jeder Streß Kumpel des Bestattungsunternehmers. Arbeitseifer und Leistungslust gehen nicht mit einem erhöhten Herzinfarktrisiko einher. Nur Feindseligkeit, ständige Kampfbereitschaft, zornige Reden, ständige Ungeduld schaden dem eigenen Herzen. Auch wer unter Druck steht und ständig buckeln muß, lebt kürzer. Natürlich gibt es auch streßresistentere Menschen und solche, die mit Streß besser umgehen können, weil sie sich mit Yoga oder Autogenem Training einen Panzer gegen Streß zulegen.

Ihr Streßpegel

➤ **Mehr als 300:** Vorsicht! 80 Prozent derer, die Werte höher als 300 herausbekommen, werden schnell krank. Wie Sie lernen, sich zu entspannen, finden Sie ab Seite 164.
➤ **200 bis 299:** Ihr Risiko liegt bei 50 Prozent, daß Sie in nächster Zeit an den Streßfolgen erkranken. Auch Sie sollten mit unseren Entspannungsübungen ab Seite 164 vor dem Streß fliehen.
➤ **150 bis 199:** Jeder dritte mit diesen Werten bekommt Probleme mit der Gesundheit. Das können Sie ausschließen, wenn Sie wie ab Seite 164 beschrieben lernen, sich zu entspannen.
➤ **bis 150 Punkte:** Gratulation! Ihre Streßbelastung ist normal.

Frohmedizin statt Drohmedizin

Viele Menschen kümmern sich um ihr Auto mehr als um ihren Körper. Gehen Sie nicht erst zum Arzt, wenn Ihnen etwas weh tut. Machen Sie regelmäßig einen Vital-Check-up.

Die High-Tech-Reparatur-Medizin ...

... ermöglicht das Altwerden, doch das Jungbleiben schließt sie aus. Fest steht: Wir können heute schon 120 Jahre alt werden. Aber können wir 120 Jahre lang glücklich, gesund und geistig aktiv sein? Kommt darauf an. Fitte 80jährige sind dank Turnschuhen, Vitamin-Cocktails, Hormontabletten und Bio-Möhren keine Seltenheit mehr. Dennoch: Zivilisationskrankheiten fordern heute mehr Opfer als Infektionskrankheiten – nicht nur in Industrieländern. Man steckt sich seltener an Cholera, Pest und Ruhr an, stirbt häufiger an Herzinfarkt, Schlaganfall und Krebs. Zu 70 Prozent selbstverschuldet! Nur zu 30 Prozent kann man die Gene dafür verantwortlich machen.

Unsere Organe verzeihen viel

Wir bekommen 100 Prozent Organfunktion für dieses Leben geschenkt. Davon können wir 70 Prozent verlieren. Auf dem Weg nach unten geht lediglich ein bißchen von unserer Leichtigkeit, der Mühelosigkeit und unserer inneren Begeisterungsfähigkeit verloren. Erst wenn wir unsere Organfunktion mit Alkohol und Nikotin, Unmengen von Braten, Vitaminmangel, Umweltgiften, Streß und schlaflosen Nächten auf 30 Prozent ihrer Leistungskapazität heruntergefahren haben, spüren wir etwas. Erschöpfung oder Schmerzen treiben dann zum Arzt. Erst wenn der hohe Cholesterinspiegel am Herzen weh tut, wird er ernst genommen. Erst wenn die Knochen brechen, denkt man daran, daß man ja schon vor Jahren gelesen hat: Mit Kalzium kann man Knochenschwund vorbeugen. Erst wenn der Bypass gelegt ist, erinnert man sich an den Zeigefinger des Hausarztes: Weniger rauchen, mehr bewegen! Dann, wenn wir bei 30 Prozent Leistungskraft angekommen sind, gehen wir zum Arzt. Der repariert den Schaden und schenkt uns mit Medikamenten, Operationen oder Diäten 20 Prozent unserer Leistungskraft zurück. Das heißt: Mit großer Anstrengung sind wir mit 40, 45 oder 50 ein halber Mensch. Und tot, wenn wir Zeit hätten, unser mühsam verdientes Geld auszugeben.

Sie können wieder jünger werden

Sie haben in dem Moment, in dem Sie dieses Buch lesen, wahrscheinlich noch Ihre 70, 80 oder 90 Prozent Körperfunktion, sind also noch jugendlich frisch. Sie können Ihr Leben auf diesem Niveau weiterlaufen lassen. Das nennt man präventive, also vorbeugende Medizin. Richtig, das klingt wie eingeschlafene Füße. Wahrscheinlich wollen Sie mehr. Sie wollen wieder nach oben, 100 Prozent – oder 130 Prozent? Auch das geht. Es gibt einen Pfeil nach oben im Leben, diesen nennen wir Leistungsmaximierung. Körper-Tuning. Denken Sie an den Formel-1-Rennfahrer. Nicht nur das Fahrzeug wird getunt, auch der Rennfahrer. Und zwar täglich. Rennfahrer werden ganz besonders behandelt.

Tun Sie etwas für sich

Das Blut solcher Menschen wird nicht nur auf Cholesterin, Blutzucker, Leberfunktion und andere *Drohwerte* untersucht, bei Formel-1-Rennfahrern und anderen Profisportlern bestimmt man *Frohwerte*. Regelmäßig überprüft der Arzt die Blutwerte von Hämoglobin, Eiweiß, Mineralstoffen und Vitaminen. Fehlen auch nur Spuren, werden die Speicher sofort wieder aufgefüllt. Denn nur wenn den 70 Billionen Körperzellen alle Nährstoffe in ausreichender Menge zur Verfügung stehen, fühlt sich die Seele wohl, ist körperliche und geistige Leistung überhaupt möglich. Fehlt nur einer der etwa 40 Stoffe im Blut, die Leistung ausmachen, äußert sich das im Alltag als ständiger Gegenwind. Sobald der Körper über seine Meßstationen einen Vitalstoffmangel registriert, tritt er auf die biologische Bremse: Er reagiert mit Erschöpfung, Muskelkrämpfen, Nervosität, Schlafstörungen und ähnlichem. Vitalstoffmangel raubt dem Körper bis zu 80 Prozent seiner maximalen Leistungskraft.

Ab 30 geht's bergab?

Es heißt, die körperliche und geistige Leistungsbereitschaft hat ihr Maximum im Alter von 25 und hält sich bis 30. Dann geht's bergab, jedes Jahr um 1,5 Prozent. In 10 Jahren geht es 15 Prozent den Bach hinunter. Glauben Sie nicht daran! Sie können mit 70 noch geistig fit und körperlich vital wie ein 25jähriger sein. Auch, wenn Sie erst mit 45 anfangen, dafür etwas zu tun!

Körper-Tuning macht Sie wieder jünger

Sie müssen Tag für Tag Höchstleistung vollbringen. Gehen Sie zum Arzt und lassen Sie sich Ihre Frohwerte wie Vitalstoffe, Hormone und Eiweiß im Blut bestimmen, und füllen Sie Ihre Vitalstoff-Depots auf! Schenken Sie Ihrem Körper das, was er braucht, um Sie glücklich zu machen.

Im Blut kann man die Jugend lesen

Haben Sie schon mal von Ihrem Arzt die Blutwerte messen lassen? Sicher. Aber haben Sie diese Werte auch auf »Jugendlichkeit« und »Leistungskraft« interpretiert?

Vitalstoffe für 70 Billionen Körperzellen

Weshalb mühen und plagen sich viele Menschen ihr ganzes Leben, während andere es offensichtlich leicht haben? Nicht äußere Gründe sind schuld, sondern die innere Einstellung zur Welt. Die Denkweise, die Stimmung läßt den einen ein Glas halbleer, den anderen das gleiche Glas halbvoll sehen. Warum das so ist, das steht im Blut.

Schlank ist normal. Fit ist normal. Wach ist normal. Glücklich ist normal. Innerer Antrieb ist normal. Lebensenergie ist normal. Dieses Normal setzt eine funktionierende Körperzelle voraus, die normale Konzentrationen von etwa 40 bekannten Vitalstoffen enthält. Nur sind die normalen Körperzellen eine Rarität geworden. Die Gründe: Der Körper wird nicht mehr täglich bewegt, wie genetisch programmiert. Und er wird nicht mehr, wie im ursprünglichen Bauplan vorgesehen, normal mit Vitalstoffen versorgt. Denn diese Vitalstoffe fehlen im Boden, in den Pflanzen, in unserem Essen. Somit stehen sie der Körperzelle auch nicht zur Verfügung. Den Mangel mißt man im Blut. Mit Vitalstoffen können Sie die Funktion jeder Ihrer 70 Billionen Körperzellen wieder normalisieren. Das Leben wird plötzlich leicht. Sie werden schlank, fit, dynamisch, glücklich, antriebsstark – endlich wieder jung.

Eiweiß: der wichtigste Leistungsparameter

Der Körper besteht aus Wasser und Eiweiß – wenn man vom lästigen Fett einmal absieht. Unsere Knochen und Gelenke, unsere Enzyme und Hormone, unsere Muskeln und unser Blut bestehen aus Eiweiß. Allein das Immunsystem wiegt 1,5 Kilogramm pures Eiweiß. Eiweiß ist unser wertvollster Nah-

Mein Tip für Sie

Regelmäßig zum Bluttest!

EIGENTLICH ist es nicht richtig, allgemeine Vitamin- und Mineralstoff-Empfehlungen auszusprechen. Denn jeder Mensch braucht eine unterschiedliche Menge an Vitalstoffen. Ein Leistungssportler mit vielen Muskeln benötigt beispielsweise dreimal soviel Magnesium wie ein Schreibtischtäter.
Wer Übergewicht hat, verarbeitet für jedes Kilo mehr Vitamin C. Ein Mensch mit hohem Cholesterinspiegel schützt sein Herz mit der doppelten Portion Vitamin E.
Es gibt nur eine Möglichkeit, genau festzustellen, wieviel Sie von einem Vitalstoff persönlich brauchen. Der Arzt muß die Blutwerte bestimmen – nicht nur die Drohwerte Cholesterin, Blutzucker & Co., sondern auch die Frohwerte für Vitamine, Eiweiß, Mineralstoffe, Hormone. Und an diesen Werten erkennen Sie, welche Vitalstoffe Ihnen fehlen (siehe Tabelle Seite 27–29). Und wenn Sie diese auffüllen, dann polen Sie Ihr Leben um: von Gegenwind auf Rückenwind. Leider zahlen die Kassen in der Regel nur für die Basis-Blutwerte. Für die meisten »Frohwerte« müssen Sie selbst aufkommen. Aber Sie gewinnen viel. Sprechen Sie einmal mit Ihrem Arzt darüber.

rungsbestandteil – der Baustein, aus dem Leben, Laune und Leistung bestehen. Über die Nahrung müssen wir dem Körper täglich Eiweißnachschub liefern, damit er Hormone bilden kann, das Immunsystem instand hält, Muskeln bildet und Zellen repariert. Wichtig ist: Vor allem die Eiweißbausteine, die der Körper selbst nicht herstellen kann, müssen wir ihm täglich zuführen (siehe Tabelle Seite 102). Und natürlich tauchen diese lebenswichtigen Aminosäuren und die kleinen Wunder, die sie im Körper vollbringen, in diesem Buch immer wieder auf.

Eiweiß tief, Laune tief

Beim typischen Durchschnittsmenschen ist der Bluteiweißspiegel tief, das hat zur Folge: instabile Knochen, schwache Muskeln, wenig rotes, sauerstofftransportierendes Blut, schlechtes Immunsystem, labile Psyche. Menschen mit einem hohen Eiweißspiegel im Blut, also über 8 g/dl, sind die Gewinner im Leben. Sie sind nie unterzukriegen. Heben Sie also Ihren Eiweißspiegel an – wie, lesen Sie ab Seite 101.

Und wieviel Eiweiß haben Sie im Blut?

Eiweiß bestimmt Ihr Wohlbefinden. Ein niedriger Eiweißgehalt ist der Beweis dafür, daß Ihr Körper auf halber Kraft läuft. Bei einem Bluteiweiß von ...

- 8 g/dl fühlen Sie sich wohl, sind aktiv;
- 7 g/dl geht es Ihnen ganz gut;
- 6 g/dl sind Sie müde, schlapp und ohne Energie.

Sie erfahren Ihren Wert von Ihrem Arzt.

Magnesium sorgt für Rückenwind

Kaum hebt der Arzt einen etwas niedrigen Magnesiumspiegel an, wacht man aus der Erschöpfung auf, legt Nervosität ab und verspürt plötzlich gute Laune und einen unbändigen Tatendrang. Der alltägliche Gegenwind schlägt über Nacht in kräftigen Rückenwind um. Magnesium, das Salz der Belastbarkeit, ist zuständig für körperliche und geistige Leistungskraft, für funktionierende Nerven und Muskeln, es stellt die Gefäße weit und organisiert die Sauerstoffversorgung der Zellen. Da es die Durchblutung fördert, hilft Magnesium gegen kalte Hände und gegen Impotenz, verhindert Migräne, Tinnitus und Muskelkrämpfe. Der Magnesiumspiegel verhält sich proportional zur Anzahl der Energie-Kraftwerke des Menschen. Je mehr Magnesium im Blut, desto

➤ INFO

Maßeinheiten und ihre Abkürzungen

DIE JEWEILIGE Konzentration der einzelnen Stoffe im Blut ist höchst unterschiedlich. Eiweiß brauchen wir beispielsweise grammweise, Spurenelemente dagegen nur in Spuren, also wenige Mikrogramm. Hier sind die wichtigsten Maßeinheiten zusammengefaßt.

g	Gramm
mg	Milligramm (0,001 g)
µg	Mikrogramm (0,001 mg)
ng	Nanogramm (0,001 µg)
pg	Pikogramm (0,001 ng)
l	Liter
dl	Deziliter (0,1 Liter)
ml	Milliliter (0,001 Liter)
µl	Mikroliter (0,001 ml)
U	Units (Maßzahl für Enzymaktivität)
mol	Mol (Maßzahl für Stoffmenge)
mmol	Millimol (0,001 Mol)
µmol	Mikromol (0,001 mmol)

größere Leistungen können Sie auch erbringen. Denn Magnesium ist ein wahres Jungmineral.

Ist ausreichend davon vorhanden, wird das Gehirn stärker durchblutet, was den Tiefschlaf verbessert – also die Schlafphase, in der der Körper Jugend tankt.

Mangelt es Ihrem Körper an diesem Mineral, kann sich dies darin äußern, daß Sie nervös sind, sich nicht mehr konzentrieren können, keine Leistung bringen, ständig müde sind und keinen Schlaf finden.

Haben Sie genug Magnesium?

Im Durchschnitt haben wir von diesem Hochleistungsmineral nur 0,76 mmol/l im Blut. Doch erst ein Magnesiumspiegel von 0,9 mmol/l verleiht Flügel. Woher Sie es bekommen und wieviel Sie brauchen, steht auf Seite 136. Nur eines vorab: Mit der Nahrung können Sie nicht genug aufnehmen. Nehmen Sie deshalb zusätzlich täglich ein Präparat, das 400 mg enthält.

Hämoglobin: Chauffeur jugendlicher Frische

Vor einem wichtigen Turnier zieht es ganze Fußballmannschaften in die Berge, ins Höhentrainingslager. Die sauerstoffarme, dünne Höhenluft reizt den Körper zur Mehrproduktion von Hämoglobin, dem roten Blutfarbstoff. Mehr Hämoglobin wappnet sie gegen die Gegner. Sie können viel bessere Leistungen bringen. Hämoglobin transportiert nämlich Sauerstoff von der Lunge zu den Organen. Je mehr Sauerstoff in die Zellen flutet, desto besser arbeiten der Muskel, das Gehirn und das Herz, desto frischer und jugendlicher fühlen wir uns. Egal wo man Hochleistung bringt, auf dem Fußballplatz oder am Schreibtisch: Hämoglobin liefert Treibstoff für die Zellen.

Wie steht es um Ihr Hämoglobin?

Der Wert des Hämoglobins im Blut sollte innerhalb des Normalbereichs so hoch wie möglich sein. Bei Männern über 16 g/dl, bei Frauen über 14 g/dl. Nur dann fühlt man sich frisch und leistungsfähig.

Ein Kurzurlaub in den Bergen fördert die Produktion von Hämoglobin.

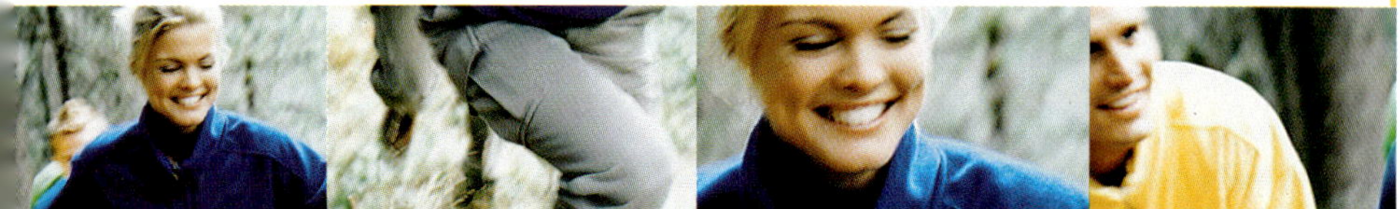

Doping der erlaubten Art:
Eiweiß, Eisen & Bergluft

Übrigens auch Epo, die Droge der Radfahrer, hebt das Hämoglobin an. Das brauchen Sie nicht. Denn natürlich geht das auch mit der Nahrung: Eisen plus Eiweiß ist ein Doping der erlaubten Art. Aus diesen beiden Stoffen besteht nämlich Hämoglobin. Unterstützend wirken die Vitamine B_6, B_{12}, Folsäure und das Spurenelement Zink (siehe ab Seite 105) und ein Kurzurlaub in Höhenluft!

Lassen Sie Ihre Frohwerte messen

Wie steht es um Ihr Eiweiß, Ihre Hormone, Ihre Mineralien, Ihre Vitamine, Ihre Aminosäuren – dies alles sind Parameter, also Faktoren in Ihrem Blut, die Ihre Laune und Ihre Leistung erheblich beeinflussen. In der folgenden Tabelle finden Sie die wichtigsten Frohwerte im Blut, die Sie von Ihrem Arzt bei einem Vital-Check bestimmen lassen sollten.

Frohwerte im Blut

Parameter	Meine Empfehlung	eigene Werte	Bedeutung
Hämoglobin	Männer: 16–18 g/dl Frauen: 14–16 g/dl		Zu wenig Hämoglobin weist auf Blutarmut hin. Vermindert meist bei Eisenmangel, Vitamin-B_{12}- oder Folsäuremangel.
Erythrozyten	Männer: › 5,5 Mio/µl Frauen: › 5,0 Mio/µl		Die roten Blutkörperchen sind ein Maß für die Sauerstoff-Transportkapazität des Blutes. Vegetarier haben oft einen niedrigen Wert, also zu wenig Eisen. Körperliches Training und der Aufenthalt in großen Höhen verbessern den Wert.
Gesamteiweiß	8–8,5 g/dl		Maßstab für die Eiweißversorgung des Körpers. Eiweiß ist Baustein für wichtige Enzyme und Hormone, bestimmt Laune und Leistungskraft. Faustregel: je höher, desto besser.
Magnesium	0,9–1,1 mmol/l		Das Leistungsmineral optimiert die Sauerstoffversorgung der Zellen, weitet Blutgefäße. Verhindert Migräne, Angina pectoris (Herzanfälle) sowie Schlafstörungen und Tinnitus (Ton im Ohr).
Kalzium	2,5–2,7 mmol/l		Wichtig für Nerven- und Muskelfunktion, Blutgerinnung, unerläßlich für Knochenaufbau.
Kalium	4,5–5,5 mmol/l		Kalium senkt den Blutdruck, wirkt entspannend. Stärkt die muskuläre Kontraktionskraft, besonders des Herzens. Mangel führt zu Muskelschwäche, Apathie.

Parameter	Meine Empfehlung	eigene Werte	Bedeutung
Eisen	Männer: 1,1–1,5 mg/l Frauen: 1,0–1,43 mg/l		Wichtig für Blutbildung, Zellatmung und Energieproduktion in der Zelle. Wesentlich für Ausdauerleistung – beim Sport und auch am Schreibtisch.
Zink	1,2–1,7 mg/l		Entscheidend für den Aufbau von Körpereiweiß. Stärkt Immunsystem und baut Hormone auf, regelt innere Power und Potenz. Wunderwaffe gegen Hautkrankheiten (Ekzeme, Neurodermitis). Wichtig für die Neubildung von Haar, Finger- und Fußnägeln.
Lithium	0,002–0,2 mg/l		Gehirnbotenstoff, hält das Nervensystem stabil.
Kupfer	Männer: 0,9–1,4 mg/l Frauen: 1,0–1,5 mg/l		Wichtig für Zellatmung, Aufbau von Blut. Kupfer aktiviert ein lebenswichtiges Enzym, das die Lebensdauer jeder Körperzelle bestimmt.
Phosphor	125–155 mg/l		Wesentlich zur Speicherung und Produktion der Energie in der Zelle. Tiefer Phosphorspiegel bedeutet Müdigkeit, Schwäche, fehlende Konzentration. Mit Kalzium zusammen sehr wichtig für den Aufbau von Knochensubstanz.
Silizium	0,05–0,20 mg/l		Bestandteil des Bindegewebes. Unabdingbar für den Aufbau von Zähnen, stabilen Knochen, Gelenkknorpeln sowie Finger- und Fußnägeln.
Mangan	0,02–0,20 mg/l		Wesentlicher Bestandteil von antioxidativen (schützenden) Enzymen in der Zelle. Hält jede Körperzelle länger jung durch Schutz der Telomere (Endstücke der Chromosomen, siehe Seite 12), hilft bei Impotenz.
Chrom	0,1–0,2 mg/l		Erhöht die Fettverbrennung und verhindert Diabetes Typ II.
Vitamin E	ca. 30 µg/ml		Beugt Krebs vor, schützt vor Arteriosklerose und Alzheimer.
Selen	150–200 µg/l		Spurenelement, unverzichtbar für innere Dynamik, schützt als Antioxidans die Zelle, senkt das Krebsrisiko.
Folsäure	15–25 ng/ml		Das B-Vitamin ist wichtig für die Bildung von Körpergewebe und Blut. Verhindert Arteriosklerose.
freie Schilddrüsenhormone	T3: 2,0–4,2 pg/ml T4: 0,8–1,75 ng/dl TSH: 0,5–2,0 µU/ml		Diese drei Schilddrüsenhormone regulieren den Energiehaushalt, sind Zündfunken für die Fettverbrennung und sind abhängig vom zugeführten Jod.

Parameter	Meine Empfehlung	eigene Werte	Bedeutung
freies Testosteron	Männer: 16–19 Jahre: 8,76–19,41 pg/ml 20–39 Jahre: 8,80–27,0 pg/ml 40–59 Jahre: 7,20–23,0 pg/ml 60–80 Jahre: 5,6–19 pg/ml Frauen: 0,50–2,57 pg/ml		Das männliche Keimdrüsenhormon steht für innere Dynamik und Potenz. Die Werte sollten im oberen Bereich liegen. 
Methionin	25–33 µmol/l		Wichtig für jeden Eiweißaufbau. Unabkömmlich in der Fettverbrennung und der Bildung von Hormonen. Wappnet die Abwehrkräfte.
Taurin	54–94 µmol/l		Verbessert die Fettverbrennung um den Faktor 4. Entgiftet die Leber bei Überbelastung (Alkohol), blockt unangenehme Koffein-Nebenwirkungen, beruhigt den Puls.
Leucin	111–149 µmol/l		Wesentlich für körperliche Ausdauer.
Isoleucin	58–80 µmol/l		Wesentlich für die Ausdauerfähigkeit der Muskeln, wichtig für die Bildung der Gehirnbotenstoffe.
Valin	207–277 µmol/l		Unabkömmlich für den Aufbau eines aktiven Immunsystems.
Lysin	139–201 µmol/l		Stimuliert die Bildung des Wachstumshormons, unseren physiologischen Jungbrunnen, kurbelt Fettverbrennung an, aktiviert Abwehrkräfte.
Phenylalanin	51–61 µmol/l		Ausgangssubstanz für Glückshormone und Gehirnbotenstoffe, z. B. Noradrenalin, ACTH, Endorphine. Wesentlich für die Stimmung.
Histidin	60–114 µmol/l		Wird benötigt zum Aufbau des sauerstoffübertragenden Blutfarbstoffes. Das heißt: je mehr, desto leistungsfähiger ist der Mensch – körperlich und mental. Reguliert Erneuerung der Körperzellen.
Threonin	120–188 µmol/l		Schlüsselsubstanz für die Weitstellung der Blutgefäße, für die Durchblutung des Körpers, des Herzens, des Gehirns. Ein Mangel äußert sich fast immer durch Müdigkeit bis hin zu Herzbeschwerden und Impotenz.
Tryptophan	37–56 µmol/l		Ausgangssubstanz für Serotonin. Reguliert Streß. Bei Mangel Auftreten von Depressionen bis hin zu Psychosen. Ausgangssubstanz für Melatonin, unseren hormonellen Jungbrunnen.

Sie sind so jung wie Ihre Gefäße

Wer lange und gesund leben will, muß auch dafür sorgen, daß sein Blut frei von Risikofaktoren ist, welche die Arterien verengen und über Arteriosklerose zu Herzinfarkt oder Schlaganfall führen.
Körperliche und geistige Leistungsfähigkeit sind immer eine Funktion der Durchblutung – also der Durchflutung des Organismus mit Sauerstoff. Warum ein Wasserrohr verkalkt, wissen wir: Weil sich hartes Wasser in Form von Kalziumkarbonat darin ablagert.

Unsere Gefäße reagieren wie ein Wasserrohr

Warum verkalkt eine elastische Ader im Körper eines 40jährigen? Ein wichtiger Faktor ist fettes Blut. Fett lagert sich in den Gefäßinnenwänden ein – nicht etwa in Spuren, sondern kiloweise. Und so wird Fett zum Magneten für Kalk, Immunzellen und anderen organischen Müll, der durch die Blutbahnen fließt. Ärzte nennen diesen Prozeß, der die Adern verhärtet, den Blutstrom drosselt und zu Herzinfarkt und Schlaganfall führt, Arteriosklerose. In unserer Fast-Food-Zivilisation sind die Gefäße von vielen 40-jährigen schon verrottet, verkalkt, verstopft.

➤ Ist die *Halsschlagader* betroffen, drosselt das die Sauerstoffzufuhr zum Gehirn. Oft kommen nur noch 30 Prozent an. Das reicht für ein Leben als Couch-Potato, doch geistige Höchstleistungen am Schreibtisch läßt das verkalkte Rohr nicht zu. Da hilft nur noch der Chirurg: Er schält dann oft garnelengroße Fettklumpen aus der Halsschlagader, um das Gehirn vor dem programmierten Schlaganfall zu schützen.

Treppensteigen ohne Schnaufen – kein Problem bei gesunden Gefäßen.

➤ Handelt es sich um *Herzkranzgefäße*, krampft sich bereits nach ein paar Treppenstufen unser Lebensmotor in Sauerstoffnot zusammen. Die Ärzte nennen das Angina pectoris. Sind die Herzkranzgefäße völlig dicht, führt das schließlich zum Herzinfarkt.

➤ Sitzt dieses verstopfte Rohr als *Körperschlagader* im Bauch, dann leidet man an der Schaufensterkrankheit: Die Beine werden nicht mehr mit genügend Sauerstoff versorgt, und man muß alle 300 Meter – idealerweise vor Schaufenstern – stehenbleiben, weil sie so schmerzen.

Wie wir uns bewegen und was wir essen bestimmt die »Qualität« unserer Gefäße.

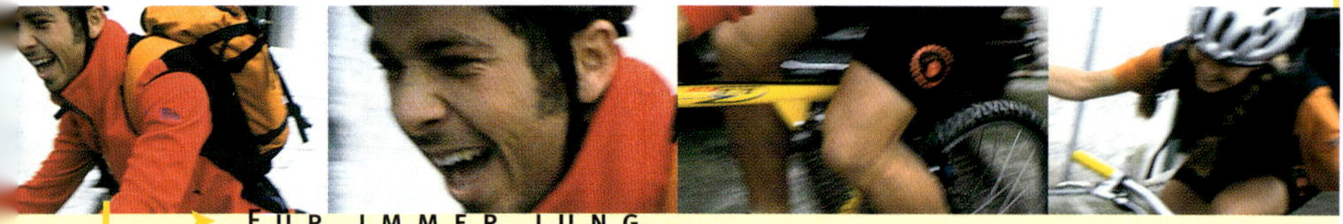

> **INFO**

Das läßt Arterien verkalken

NICHT NUR FETT ist schuld an der Arteriosklerose, auch die Gene, mangelnde Bewegung, die Unfähigkeit mit Streß umzugehen, ein zu hoher Cholesterinspiegel, Nikotin, ein Eiweißstoff namens Homocystein, Bluthochdruck – und Vitaminmangel. Wie Sie vorbeugen können, lesen Sie ab Seite 92.

Sie wollen jung bleiben?

Dann gehen Sie kein Risiko ein. Achten Sie darauf, daß die Drohwerte in Ihrem Blut nicht wirklich bedrohlich für Sie sind.

Viel Cholesterin schadet dem Herzen
Bei einem Gesamtwert über 150 mg/dl im Blut kann sich Cholesterin (muß aber nicht!) in den Gefäßen ablagern. Das führt zu Herzinfarkt, Schlaganfall und Altersdemenz. Der Körper produziert ca. zwei Drittel des Cholesterins selbst, deshalb kann der Cholesterinwert durch Diät nur wenig beeinflußt werden.

Triglyceride verfetten Blut und Leber
Wer abends Leberwurst ißt, hat am nächsten Morgen einen hohen Triglycerid-Wert, das ist das Maß für Fettmoleküle im Blut. Ständig hohe Fettwerte im Blut (über 200 mg/dl) schaffen die Basis für Arteriosklerose und Herzinfarkt. Nach 3 Tagen fettfreier Kost sinkt der Fettspiegel im Blut übrigens wieder ab. Auch Leber und Hüften sind dafür dankbar.

Lipoprotein Alpha 1 »verklebt« die Adern
Hierbei handelt es sich um ein Blutfett mit einem Klebe-Eiweiß (Lipo = Fett, Protein = Eiweiß), das folglich noch besser an den Arterienwänden andockt und Arteriosklerose fördert. Ob dieser Wert hoch oder niedrig ist, liegt an unseren Genen. Sie können nichts dagegen tun. Nur eben die anderen Risikofaktoren meiden.

Homocystein – gefährlicher als Cholesterin
Dies ist ein neu entdeckter Risikofaktor, der von Ärzten noch selten gemessen wird, aber gefährlicher ist als Cholesterin und das Leben verkürzt. Homocystein ist eine schwefelhaltige Aminosäure, die die Blutgefäße massiv schädigt und über Arteriosklerose zu Schlaganfall und Herzinfarkt führen kann. Der Homocystein-Spiegel ist bei jedem fünften erhöht. Mit Hilfe von Folsäure wird Homocystein sofort abgebaut. Doch: Kaum ein Deutscher ist ausreichend mit Folsäure versorgt. Mehr darüber auf Seite 119.

> **INFO**

Cholesterin ist »gut« und »böse«

CHOLESTERIN IM BLUT setzt sich aus zwei Gruppen zusammen. Die »gute« Unterfraktion HDL (High Density Lipoprotein) und das »schlechte« Cholesterin, das LDL (Low Density Lipoprotein). Das HDL transportiert das Cholesterin aus den Gefäßen heraus, ein hoher Wert schützt also vor Herzinfarkt. Bewegung erhöht die HDL-Werte! LDL dagegen provoziert Arteriosklerose und Herzinfarkt.

Blutzucker nagt Nerven und Gefäße an
Diabetes mellitus (wörtlich übersetzt: honigsüßer Durchfluß) tritt in zwei Formen auf: als Jugend-Diabetes (Diabetes Typ I) und Alters-Diabetes (Diabetes Typ II). Alters-Diabetes ist eine Zivilisationserscheinung, die nur in Überflußzeiten auftritt. Das Problem: Ein hoher Blutzuckerspiegel schä-

digt die kleinsten Blutgefäße, wie in Niere und im Augenhintergrund. Im Laufe der Jahre wurde von den Gesundheitsbehörden der »normale« Blutzuckerspiegel immer weiter angehoben: So stiegen die erlaubten Nüchtern-Blutzucker-Werte von 100 auf 126 mg/dl. Man sollte deshalb einmal über »normal« nachdenken. Diese sogenannten »Normalwerte« spiegeln die zunehmende Verkrankung des zivilisierten Menschen wider. Normal und optimal ist nach wie vor ein Blutzucker um 100 mg/dl! Korrigierbar ist dieser Wert durch Gewichtsabnahme. Mehr steht darüber ab Seite 98.

Harnsäure zerkratzt die Gelenke
Solange die Harnsäure im Blut flüssig zirkuliert, stellt sie kein Problem dar. Doch ab einem Wert von 5,5 mg/dl kristallisiert sie aus. Die feinen, nadelspitzen Kristalle lagern sich in Gelenken ab, was sich schließlich in Form von Gicht bemerkbar macht. Die spitzen Kristalle ritzen die Gefäßinnenwände an, verletzen sie, zerstören den natürlichen Schutzfilm und bereiten so die Grundlage für eine Gefäßverkalkung.

Gamma GT zeigt: Die Leber hat ihr Maß voll
Dieser Wert informiert über die Funktion der Leber. Bei Kopfarbeitern sollte er unter 10 U/l liegen. Der Wert steigt an, wenn die Leber kämpft. Also wenn sie zu stark belastet wird – durch Alkohol, Tabletten, Fett oder einen Virus.

Leukozyten: Kämpfer des Immunsystems
Die Leukozyten, die weißen Blutkörperchen, agieren als Blutpolizei. Sie erkennen Eindringlinge wie beispielsweise Bakterien und Viren und bekämpfen diese. Erhöhte Leukozytenwerte zeigen: Kampfsituation im Körper, Abwehrschlacht. Eine Blinddarmentzündung erhöht beispielsweise die Zahl der weißen Blutkörperchen von 4.000 pro Mikroliter Blut auf 15.000. Nach einem anstrengenden Triathlon steigt der Wert sogar auf 30.000. Das beweist: Leistungssport ist tatsächlich Mord. Wie Sie Ihr Immunsystem stärken, steht auf Seite 131.

Hoher Blutdruck verkürzt das Leben
Ein niedriger Blutdruck ist der Garant für Gesundheit und ein langes Leben. Die oberste Grenze sollte 140/90 mmHg (Millimeter Quecksilbersäule; in dieser Maßeinheit wird der Blutdruck gemessen) sein. Ein höherer Druck wandelt den gemütlichen Blutfluß in einen turbulenten Strom, der vor allem die kleinen Blutgefäße mechanisch verletzt. Werden die Zellen der Gefäßinnenwände zerstört, lagern sich Cholesterin und Nahrungsfette ein. Als Folge entstehen Arteriosklerose, Herzinfarkt, Schlaganfall.
Um den Blutdruck zu senken, müssen Sie nicht gleich Medikamente nehmen. Schon mit jedem Kilo Körpergewicht, das schwindet, sinkt auch der Blutdruck um 3 mmHg.

Alkohol und Fett im Übermaß belasten die Leber – Gamma GT zeigt es.

Drohwerte im Blut

Wer kein Medizinstudium hat, kann seine Blutwerte nur schwer verstehen. Hier finden Sie Hilfe: die wichtigsten Drohwerte und ihre Bedeutung für die Gesundheit.

Parameter	Meine Empfehlung	Eigene Werte	Bedeutung
Leukozyten	4000–9000/µl		Die weißen Blutkörperchen zeigen den Zustand des Immunsystems. Infektionspolizei: erhöht durch Infekt oder Streß.
Blutzucker im Serum	60–100 mg/dl		Das Gehirn arbeitet nur mit Zucker. Zuviel führt über längere Zeit zu Arteriosklerose und Diabetes.
Gesamtcholesterin	‹ 150 mg/dl		Grundgerüst vieler Hormone, Bestandteil jeder Zellwand. Erhöhung bedeutet Risiko für Arteriosklerose und Herzinfarkt. Faustregel: Je niedriger, desto besser.
HDL	Männer: › 50 mg/dl Frauen: › 60 mg/dl		Unterfraktion des Cholesterins schützt vor Herzinfarkt: Je höher, desto besser.
LDL	‹ 130 mg/dl		Unterfraktion des Cholesterins provoziert Arteriosklerose und Herzinfarkt: Je niedriger, desto besser.
Homocystein	‹ 10 µmol/l		Gefährlicher als Cholesterin, veranwortlich für Arteriosklerose, Herzinfarkt und Schlaganfall. In der Schwangerschaft kann es beim Kind Mißbildungen auslösen. Folsäure schützt.
Triglyceride	‹ 100 mg/dl		Diese Blutfette sind oft durch Diätfehler erhöht, schnelle Normalisierung möglich durch einfache Tricks (siehe Seite 96/97).
Gamma GT	‹ 10 U/l		Schnelle Erhöhung durch Leberbelastung (z. B. nach 3–4 Bier); der Wert sollte immer wieder im Normbereich liegen.
Harnsäure	‹ 5,00 mg/dl		Gichtparameter. Bei Erhöhung Gefahr von Gichtanfällen, Nierenerkrankungen. Joggen senkt den Harnsäurespiegel.
Lipoprotein Alpha 1	‹ 35 mg/dl		Genetisch bedingtes Arterioskleroserisiko. Ist der Wert zu hoch: Rauchen und andere Risikofaktoren einstellen.
Kreatinin	Männer: ‹ 1,2 mg/dl Frauen: ‹ 0,9 mg/dl		Zeigt, ob die Nieren optimal arbeiten. Anstieg weist auf schwere Nierenstörung hin.
Cortisol (morgens)	‹ 100 ng/ml		Hauptstreßhormon. Nur leicht erhöhte Werte zerstören das Immunsystem, die Gefäße, die Knochen.
Blei	‹ 0,05 mg/l		Schwermetall, das giftig für Nerven und Knochen ist.
Cadmium	‹ 0,02 mg/l		Giftig für Nieren. Steckt besonders in Tabak.

Hormone treiben an zu Kreativität und Höchstleistung. Hormone machen optimistisch und glücklich. Und Hormone halten den Körper jung.

Die Stoffe, die für Jugend und Dynamik sorgen

Ihr Hormonhaushalt bestimmt, ob Sie sich in 10 Stunden kaputtarbeiten oder 18 Stunden Hochleistung bringen, ohne Schaden zu nehmen. Denn Hormone sind die Botenstoffe der Euphorie und Ihre körpereigenen Waffen im Kampf gegen das Altern.
Hormone können Sie sich als ein drahtloses Kommunikationssystem im Körper vorstellen. Es handelt sich also um Stoffe, mit denen beispielsweise der Eierstock den Knochen, die Zirbeldrüse dem Immunsystem oder die Hoden dem Muskel sagen, was sie tun sollen. Auf diese Weise hält Östrogen die Knochen stabil, stärkt Melatonin das Immunsystem und fördert Testosteron Muskelansatz und Fettabbau.

Mit dem Altern gehen die Hormone aus

Unser Körper produziert im Alter immer weniger Hormone, die uns frisch und munter halten. Daraus ziehen Anti-Aging-Mediziner den Schluß: Hebt man den Hormonspiegel einfach auf jugendliche Werte an, macht das den ganzen Menschen wieder jung.

Ewig jung mit dem Wachstumshormon STH

1990 wurde der US-Arzt Dr. Rudman schlagartig weltberühmt. Er spritzte einem Dutzend 65jähriger über ein halbes Jahr hinweg dreimal wöchentlich das »Human Growth Hormon« (HGH), bei uns heißt es Somatotropin (STH), unter die Haut. Das menschliche Wachstumshormon ist nichts Besonderes. Jeder hat es im Körper, nur die Menge nimmt im Laufe des Lebens ab. Mit 65 hat man nichts mehr.

Und plötzlich ist man 20 Jahre jünger

Was passierte während der Rudman-Studie? Die 65jährigen wurden wieder 20 bis 30 Jahre jünger. Die Muskelmasse nahm zu, das Fett schmolz weg, die Haut wurde straffer und das Immunsystem stärker. Falten verschwanden, die inneren Organe wuchsen, die Knochendichte nahm zu und die Arterienverkalkung ab. Auch Libido und Konzentration nahmen zu, die Haare wuchsen verstärkt, und die Laune wurde besser. Das ist kein Märchen, dies waren Titelgeschichten in *Time Magazine, Newsweek, Paris Match.* Heute ist die Jungbrunnen-Kur mit HGH der Renner in den USA.

Was wirkt, hat Nebenwirkungen

In Deutschland wagen sich Ärzte nur verhalten an die Hormon-Substitutionstherapie. Die Behandlung ist aufwendig und teuer. Es muß zunächst genau festgestellt werden, welches Hormon und wieviel davon fehlt. Und der Arzt darf exakt nur die fehlende Menge ersetzen. Denn: Was wirkt, hat leider auch Nebenwirkungen – nicht nur für unseren Körper, auch für den Geldbeutel. Jede HGH-Spritze kostet immerhin etwa 60 Euro. Zwei braucht man pro Tag, und erst nach Monaten stellt sich die erwünschte Wirkung ein.

Setzt man die Hormonspritzen ab, schrumpfen Muskeln und Organe wieder, Fett setzt sich an ... Und die Nebenwirkungen? Was Haut- und Muskelzellen wachsen läßt, gibt auch den Krebszellen einen Schub, befürchten Kritiker. Und nach zu hohen Dosen passen manchem Versuchskaninchen die Schuhe plötzlich nicht mehr.

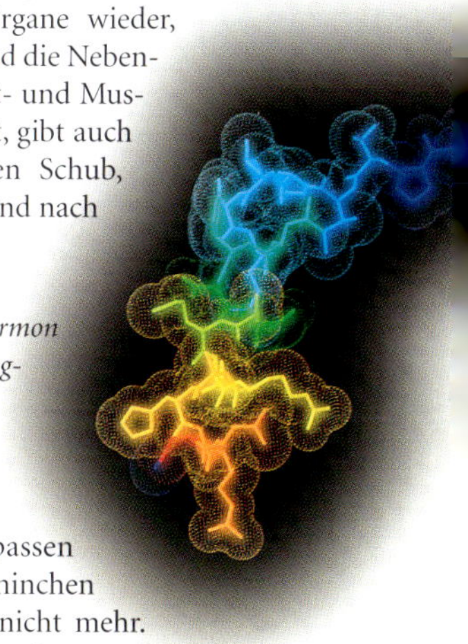

Das Wachstumshormon STH sorgte als Jungbrunnen-Hormon für Schlagzeilen.

Zu viel vom Wachstumshormon STH führt zu Akromegalie, das bedeutet zu groben Gesichtszügen und zum Wachsen der Extremitäten. Aber nicht, wenn Sie es in Ihrem Körper selbst herstellen. Die Anleitung dazu steht auf Seite 60.

Mein Tip für Sie

Wenn Hormone, dann nur vom Arzt

HORMON-COCKTAILS sind in den USA der Renner. Man kann sie sogar im Supermarkt kaufen. In Deutschland öffnen auch immer mehr Anti-Aging-Kliniken und Life-Extension-Institute ihre Pforten. Doch viele Ärzte halten sich mit der Hormontherapie am gesunden Menschen noch zurück. Hormone haben keinen guten Ruf. An Frauen wurde zu lange, mit zu hohen Dosen Östrogen, Gestagen und Progesteron herumexperimentiert. Auch das eigentlich heilsame Cortison wurde kiloweise eingesetzt. Die Nebenwirkungen machten schlechte Presse und schürten die Angst vor den eigentlich natürlichen, weil körpereigenen Stoffen. Eine Hormontherapie gehört in die Hand eines Facharztes, eines Endokrinologen. Er muß messen, wieviel von welchem Hormon dem Körper fehlt, und darf nur diese Menge ersetzen. Anschließend müssen die Hormonwerte im Blut ständig überprüft werden. Nur so kann die sogenannte Hormon-Substitutionstherapie – wie bei den Wechseljahren – ein Segen sein.

Melatonin stellt die Zelluhren zurück

Nachts, wenn es dunkel wird, bildet unsere Zirbeldrüse Melatonin. Dieses Hormon läßt uns göttlich schlummern und schützt jede Körperzelle. 1995 löste eine Publikationsflut über das »Superhormon für ein besseres Leben« eine wahre Melatoninomanie aus. Was steckt dahinter?

Melatonin steuert die Lebensrhythmen

Die Zirbeldrüse sendet über Hormone – das wichtigste ist Melatonin – ihre Signale aus. Sie steuert alle biologischen Uhren im Körper, bestimmt, wann wir wach oder müde sind, wann wir Lust auf Sex haben, wann wir hungrig sind und wann geistig fit. Wird es dunkel, schickt das erbsengroße Organ viel Melatonin ins Blut. Wir gähnen. Die biologische Tagesuhr sagt: Zeit zum Schlafen. Im Winter ist es länger dunkel, die Zirbeldrüse schüttet länger Melatonin aus – das zeigt unserem Körper die Jahreszeit an und stellt die innere Uhr.

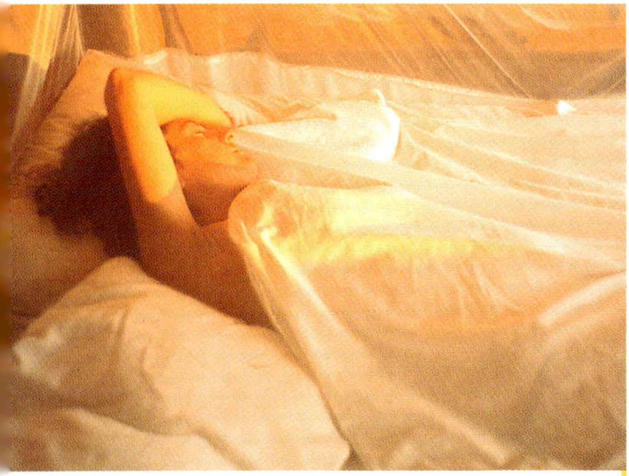

Melatonin stellt unsere biologische Uhr ein – es macht uns müde, wenn es dunkel wird.

> **INFO**
>
> ### *Melatonin macht Mäuse jung*
>
> US-FORSCHER gaben Mäusen jede Nacht eine Portion Melatonin und verlängerten das Leben der Nager dadurch um 20 Prozent. Dann verpflanzten sie die Zirbeldrüsen junger Mäuse in hochbetagte Artgenossen. Sie wurden plötzlich wieder jugendlich frisch: Das Fell glänzte, das Immunsystem war kräftiger, die Libido bemerkenswert. Warum hat dieses Hormon solch stark verjüngende Effekte? Einen Grund entdeckten US-Forscher bereits in den 60er Jahren: Melatonin wirkt wie Vitamin C und E – nur stärker. Es fängt zellschädigende Substanzen ab. So stärkt es das Immunsystem und beugt auch Krebs vor.

Die Menge an Melatonin im Blut verrät auch die verlebte Zeit: das Alter. Irgendwann sagt uns die biologische Uhr in der Zirbeldrüse: Zeit zum Sterben. Denn je älter wir werden, desto weniger Melatonin kreist im Blut: Ab dem 6. Lebensjahr sinkt die Produktion, mit 45 haben wir nur noch halb soviel davon. Dann, so vermuten die Anti-Aging-Experten, müßte uns eine Melatoningabe doch auch verjüngen können. Bei Nagern klappt es.

Melatonin läßt gut schlafen

Das oben im Kasten beschriebene, lebensverlängernde Melatoninwunder konnte von anderen Forscher an Ratten wiederholt werden. Nun streitet sich die Wissenschaft darüber, ob das, was für Mäuse und Ratten gilt, auch auf den Menschen zutrifft.

Eindeutig bewiesen ist, daß Melatonin den Blutdruck normalisieren kann, den Schlaf verbessert und Vielreisenden das Leben erleichtert, weil es über die Auswirkungen des Jet-lags hinweghilft.

Amerikaner nehmen Melatonin wie Bonbons
Ob Melatonin auch das Menschenleben verlängert, das stellt sich erst in 20 Jahren heraus. Dann etwa könnte der US-Großversuch statistisch ausgewertet werden: In den USA schluckt man Melatonin wie Bonbons. Für ein paar Dollar wandert das Wunderhormon in Form von Pillen über den Supermarkt-Tresen. Nicht ohne Warnung: Der Nutznießer wird auf dem Etikett darauf hingewiesen, daß es sich um ein Hormon handelt – und was wirkt, hat Nebenwirkungen. Im Mäuseversuch erhöht es das Krebsrisiko an Geschlechtsorganen – und wer es zur falschen Tageszeit einnimmt, wird schläfrig. Hinzu kommt: Der Körper gewöhnt sich an die Pille. Die Anfangsdosis reicht nach einem halben Jahr nicht mehr aus.

DHEA schärft das Gedächtnis und schützt vor Krebs

Für umgerechnet etwa 10 Euro gibt es im US-Naturkostladen eine Packung Pillen, die gute Laune, ein scharfes Gedächtnis, Vitalität, ein kräftiges Immunsystem, Fettschmelze und Muskelpower verspricht. Bei den Pillen handelt es sich um das Modehormon DHEA (»Dehydroepiandrosteron«). Die Amerikaner werfen die Wunderdroge – dort ein Nahrungsergänzungsmittel – ein wie Erdnüsse. Bei uns gibt es DHEA, wenn überhaupt, dann nur bei einem Anti-Aging-Arzt im Hormon-Cocktail gegen das Altern – übrigens schon ab 30.

Lohnt es sich, DHEA zu schlucken?
Die Ergebnisse zahlreicher Mäuse-Experimente klingen vielversprechend. Dicke Nager wurden schlank und muskulös, alte Nager jung: Sie bekamen plötzlich ein glänzendes, dichtes Fell, strotzten vor Vitalität und Potenz. Experimentier-Mäuse mit hohem Brustkrebsrisiko erkrankten seltener an Krebs. Und: DHEA-Gaben schürten das Immunsystem alter Mäuse dermaßen an, daß es Bakterien und Viren wie ein junger Mäuserich bekämpfte. Andere Mäuse wurden durch die Gabe einer Portion DHEA im Trinkwasser regelrecht clever.

➤ **INFO**

Je älter, desto weniger DHEA

AUCH DHEA geht uns mit der Zeit aus: Im Alter von 8 Jahren beginnt die Nebenniere das Junghormon zu bilden. Ab 30 beginnt der DHEA-Spiegel zu sinken, und mit 70 hat man nicht einmal mehr ein Fünftel der Menge eines 20jährigen.

DHEA ummantelt die Nerven gegen Streß
Wie sieht es beim Menschen aus? Die wohl wichtigste Wirkung des DHEA beruht auf seiner Streßkiller-Potenz. Eine Reihe kleiner Studien zeigen: Bei Frauen und Männern vermehrt sich die Muskelmasse, verbessert sich die Laune. Die Testpersonen schlafen tiefer, sind resistenter gegen Streß. DHEA hält das Streßhormon Cortisol in Schach und somit das Gedächtnis länger frisch. Der Grund: Das Hormon hemmt den Abbau der Schutzmäntel der Nerven.

DHEA rettet Gehirnzellen das Leben
Auch im Max-Planck-Institut in München forschte man an der Wirkung von Hormonen auf Gehirnzellen. Man fand heraus: DHEA verhindert, daß Streß Hirnzellen tötet. Unter Streß schüttet der Körper Cortisol aus. Dieses Streßhormon fördert besonders den Zelltod im Gehirn. Ältere Menschen, die DHEA einnehmen, berichten, daß sie sich vieles viel besser merken können.

Was wirkt, hat ...
Im Grunde weiß man viel zu wenig über dieses Hormon, nicht einmal, auf welche Organe es sich auswirkt. Es existieren keine Langzeit-Versuche. Man weiß nicht, was demjenigen im Alter von 50 passiert, der mit 30 startet, seinen DHEA-Spiegel künstlich mit Pillen oben zu halten, wie es die amerikanischen Anti-Aging-Experten empfehlen.
Im Tierversuch erkrankten mit DHEA behandelte Ratten zum Beispiel an Leberkrebs. Und Frauen berichteten von Bartwuchs. Der Preis dafür: 50 Euro im Monat.

Testosteron – das Hormon für inneren Antrieb

Testosteron reguliert Potenz und inneren Antrieb. Nicht nur beim Mann, auch bei der Frau. Frauen haben nur 10mal weniger von dem männlichen Powerhormon im Blut.
Das Problem: Streß killt das Testosteron im Blut. Der Mensch wird schlapp, antriebsarm und müde. Männer leiden nicht selten unter Impotenz. Auch regelmäßiger Alkoholgenuß kann den Testosteronspiegel signifikant nach unten drücken. Und: Auch Männer kommen in die Wechseljahre. Produzieren die Hoden ab etwa 45 weniger von dem männlichen Sexualhormon, sinkt der Testosteronspiegel im Blut: Mann verliert an Power, Durchsetzungskraft, Elan und Libido. Auch Schlafstörungen und Hitzewallungen können Zeichen der Wechseljahre des Mannes sein. Ein Testosteronpflaster verhilft wieder zu mehr Männlichkeit. Erwünschte Folgen davon sind: verbessertes Befinden, stärkerer Bartwuchs, mehr Dynamik, mehr Muskeln und mehr Lust auf Sex.

Sie wollen kein Pflaster?
Sie können Testosteron aber auch selbst herstellen, indem Sie die Produktion auf ganz natürliche Weise anregen – ohne Inanspruchnahme irgendeiner Hormontherapie oder eines Pflasters. Denn schon eine ausreichende Eiweißzufuhr und Zink in der richtigen Menge stimulieren die Bildung des heißbegehrten Hormons. Mehr darüber können Sie im Kapitel »Essen Sie sich jung!« ab Seite 91 lesen.
Aber auch Glück lockt das Powerhormon. In Untersuchungen wurde herausgefunden: Siegt die eigene Mannschaft, steigt der Testosteronspiegel der Fußballspieler rapide an. Techniken, wie Sie mit Glücksempfinden Ihren Testosteronspiegel steuern können, finden Sie im Kapitel »Denken Sie sich jung!« ab Seite 163.

Antriebsschwäche und Müdigkeit sind häufig Anzeichen für einen Testosteronmangel. Nicht nur Männer sind davon betroffen!

Östrogen schützt das Herz – doch zuviel fördert Brustkrebs

Frauen werden 80 Jahre alt, Männer nur 73. Der Grund: Die weiblichen Geschlechtshormone, die Östrogene, schützen vor Osteoporose (Knochenentkalkung), Herzinfarkt und Alzheimer. Östrogene stellen auch die Blutgefäße weit, halten sie elastisch, und die Innenwände bleiben glatt. Es kann sich also nichts daran ablagern. Die Gefäße verkalken nicht, und ohne Arteriosklerose entsteht auch kein Herzinfarkt. Dieser Schutz fällt leider nach den Wechseljahren oft weg.
Manche Fachärzte (Endokrinologen) verschreiben auch Männern das weibliche Hormon fürs Herz: Östriol – ein gering dosiertes schwaches natürliches Östrogen.

Auch Fettzellen produzieren Östrogene
Doch Östrogen hat auch seine gefährliche Seite. Zuviel davon fördert Brustkrebs. Chinesinnen erkranken um 80 Prozent seltener an dieser Geißel der Frauen als Amerikanerinnen. Der Hauptgrund: Nicht nur die Eierstöcke produzieren Östrogen, auch Fettzellen. Je mehr Fettzellen eine Frau hat und je voller sie sind, desto mehr Östrogene schwimmen im Blut – der nachweisliche Zündstoff für den Krebsherd in der Brust. Ab Seite 140 steht, wie Sie die gefährlichen Pölsterchen ohne sinnlose Diät für immer loswerden.

Killerhormon Cortisol

Cortisol ist der Grund für das plötzliche Lachssterben nach dem Laichen. Die hohe Cortisolproduktion nach der Laiche radiert das Immunsystem dieser Fischart aus. Binnen 14 Tagen sterben alle Lachse.
Im Grunde genommen ist Cortisol, das Hauptstreßhormon, überlebenswichtig. Ist Gefahr im Verzug, schüttet die Nebenniere eine Portion Cortisol aus, um uns für Kampf oder Flucht bereit zu machen. Auch wenn wir uns mit einer Krankheit anstecken oder verletzen, steigt die Cortisolproduktion an und macht den Körper bereit, die Verletzung oder die Infektion zu bekämpfen.

Cortisol zerstört Körpereiweiß
Streß läßt den Cortisolspiegel kontinuierlich ansteigen. Das Problem dabei: Das Hauptstreßhormon nagt am Körpereiweiß, es wirkt katabol, das heißt, es baut Körpersubstanz ab. Es schwächt das Immunsystem und führt so beispielsweise zu der typischen Viruserkrankung eine Woche vor einer wichtigen Prüfung.
Cortisol blockiert zudem das Denken. Es schädigt – unter dem Mikroskop sichtbar – ganze Hirnregionen. Wenn Menschen über längere Zeit viel Cortisol produzieren, fördert dieses Hormon im Gehirn den Zelltod. Genau diese Gefahr besteht bei vielen Managern, die unter Dauerstreß viel zu hohe Cortisolspiegel aufweisen. Wie Sie Streß abbauen können, steht ab Seite 164.

Mein Tip für Sie

Machen Sie sich Ihre Hormone doch einfach selbst!

DHEA, Melatonin, Wachstumshormon, Testosteron – der Hormon-Cocktail für Jugendlichkeit ist teuer. Und solange noch keine Langzeituntersuchungen mögliche Nebenwirkungen ausschließen, machen Sie Ihre Hormone lieber selbst: mit Bewegung, Ernährung und Denken.
In den folgenden Kapiteln finden Sie alle nötigen Tips und Tricks.

Das Gehirn: unsere Glücksfabrik

Täglich sterben 50.000 Gehirnzellen ab. Kein Problem. Wir haben Vorrat für 550 Jahre. Doch Nervenzellen müssen trainiert werden. Nichtgebrauch und Vitalstoffmangel lassen den Geist altern.

Erwachsene haben Datenautobahnen

Das Gehirn eines Säuglings wiegt 500 Gramm. Wieso bringt das Gehirn eines Erwachsenen dann 1.500 Gramm auf die Waage? Hirnzellen vermehren sich doch nicht? Sie können sich auch nicht teilen. Sie können nur absterben. Und trotzdem wiegt das Gehirn des Erwachsenen 3mal soviel wie das eines Babys. Der Grund: Erwachsene verfügen über 1 Kilogramm Dendriten (Verästelungen der Nervenzellen). Ohne die kann man keine Rechenaufgaben lösen, nicht schlagfertig sein, ja nicht mal einen Satz formulieren. Betrachtet man eine nackte Hirnzelle unter einem Mikroskop, sieht man nichts. Träufelt man aber ein Tröpfchen Noradrenalin darauf, sprießen kleine Ästchen aus der Hirnzelle. Mit diesen Ästchen sucht die Zelle Kontakt zur Nachbarzelle, mit der sie Informationen austauschen will. So bildet sich im Laufe eines Lebens ein Netz von Datenautobahnen bis in die entlegensten Hirnregionen. Das hört nie auf – solange man das Gehirn nicht in reizarmer Umgebung verhungern läßt. Das belegt folgender

Versuch: Kalifornische Wissenschaftler hielten Ratten in einer anregenden Umgebung, »fütterten« sie mit Reizen, und die Ratten entwickelten ein Turbo-Hirn. Der Grund: Stete Anregung erhöht den Noradrenalinspiegel. Und unter Einfluß des positiven Streßhormons bilden sich innerhalb des Gehirns mehr Verknüpfungen.

Abenteuer sind die Bausteine der Intelligenz

Kinder haben ein unglaublich dichtes neuronales Netz. Sie fragen gescheit, geben oft verblüffend intelligente Antworten und können ganz natürlich um die Ecke denken. Wenn man sie fördert. Denn Erlebnisse, Erfahrungen und Abenteuer sind die Bausteine der Datenautobahnen: Jedes vorgelesene Buch, jedes gelernte Instrument, jeder Tierparkbesuch reichert unsere Denkfabrik mit Straßen an. Doch sobald Routine ins Leben einkehrt und mit ihr Denkfaulheit, verkümmern die Nervenverbindungen.

Denken Sie sich jung!

Sobald das Fernsehgerät Bücher, soziale Kontakte und Reisen ersetzt, altert das Gehirn. Man wird vergeßlich, unlustig, träge. Diesen Prozeß kann man nicht nur aufhalten, sondern sogar umdrehen. Auch im hohen Alter können noch neue Dendriten wachsen, wenn man sein Gehirn fit hält. Gehirnforscher und Psychologen haben zudem festgestellt: Wer nicht stehenbleibt und sich in sozialen, geistig-intellektuellen Bereichen weiterentwickelt, erkrankt auch seltener an einer Depression und an Alzheimer.
Wer also sein Gehirn trainiert, kann auch noch im Alter von 120 Jahren neue Datenautobahnen legen. Und je mehr Ästchen sprießen, je mehr Kommunikationsflüsse zwischen den Zellen möglich sind, desto intelligenter ist der Besitzer dieses Gehirns. Gedächtniskünstler, die sich zum Beispiel komplizierte Zahlenreihen merken können, haben sehr viele solcher Datenautobahnen. Testen Sie Ihr Gehirn auf den nächsten zwei Seiten.

➤ INFO

Wunderwerk Gehirn

IN IHREM KOPF arbeiten 100 Milliarden Nervenzellen – sie sind komplizierter verschaltet und leistungsstärker als jeder Computer. Die vier Bereiche des Gehirns übernehmen verschiedene Aufgaben:

♦ **Das Großhirn:** Es verarbeitet die Informationen, welche die Sinnesorgane schicken. Es speichert Erinnerungen und gräbt sie wieder aus – für Gedanken und Pläne.

♦ **Zwischenhirn:** Der **Hypothalamus** steuert das vegetative Nervensystem, reguliert Eng- und Weitstellung der Blutgefäße, die Bewegung des Darms, Herzschlag und Atmung. Die zugehörige **Hypophyse** (Hirnanhangsdrüse) schickt Steuerhormone aus und sorgt dafür, daß der Körper für jede entsprechende Situation seinen Hormon-Cocktail mischt. Bei frisch Verliebten befiehlt sie der Niere beispielsweise mehr Adrenalin auszuschütten. Der **Thalamus** – das Tor zum Großhirn – bewertet eingehende Informationen, verwandelt das in Gefühle, was Sie sehen, hören, riechen, spüren.

♦ **Kleinhirn:** Daß Sie beim Autofahren nicht überlegen müssen, wo die Bremse ist, verdanken Sie dem Kleinhirn. Es koordiniert alle Muskelbewegungen.

♦ **Stammhirn:** Dieser Teil des Gehirns sichert unser Überleben. In ihm stecken Instinkte und Reflexe: Daß wir schlucken, wenn wir essen, die Augen schließen, wenn wir müde sind, daß wir das Atmen nicht vergessen, wenn wir schlafen.

TEST

Wie jung ist Ihr Gehirn?

Lust auf eine Runde Gehirnjogging? Dann können Sie hier gleich die Kondition Ihrer grauen Zellen testen und trainieren.

➤ 1. Wörter bilden

Prägen Sie sich das Wort LUFTBALLON ein und decken Sie es ab. Nun stellen Sie sich das Wort vor Ihrem geistigen Auge vor und bilden neue Wörter.

a) mit dem 4., 9. und 10. Buchstaben.

b) mit dem 3., 6., 7. und 8. Buchstaben.

c) mit dem 10., 2., 7. und 8. Buchstaben.

➤ 2. Logik

Das Wort in der Klammer wurde nach einer bestimmten Regel gebildet. Nach welcher? Finden Sie die fehlenden Wörter.

KOSTEN (TENNE) NEBEL
WÄLDER (   ) BYPASS
ROSEN (   ) KEFIR
PARAFFIN (   ) GERSTE

➤ 3. Wörter ergänzen

Finden Sie die Buchstabenfolge, die mit den Wortanfängen ein sinnvolles Wort bildet.

ST / FL / Z / W → IEGE

R / S / GEW / M → ...

TRAB / DIAM / K / ELEF → ...

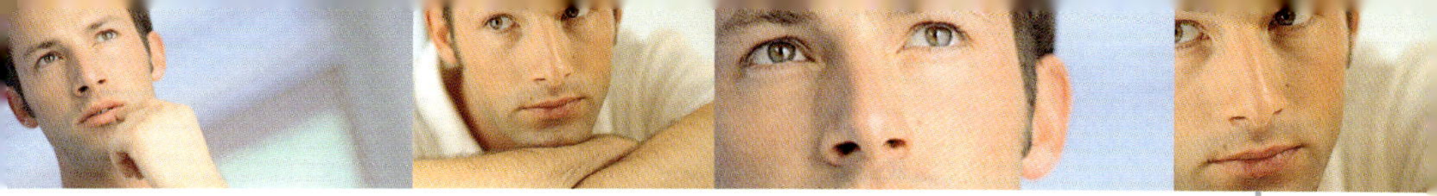

Konzentrations- und Gedächtnisübungen helfen, das Gehirn fit und jung zu halten.

➤ 4. Konzentriert lesen

In dem Zitat von Eckermann im Gespräch mit Goethe sind Buchstaben mit Zahlen vertauscht. Können Sie es lesen?

Das ist ab7r 7b7n das W7s7n d7r Dil7ttant7n, daß si7 di7 S4hwi7rigk7it7n ni4ht k7nn7n, di7 in 7in7r Sa4h7 li7g7n, und daß si7 imm7r 7twas unt7rn7hm7n woll7n, wozu si7 k7in7 Kräft7 hab7n.

➤ 5. Merken

Prägen Sie sich diese Silben 10 Sekunden lang ein:

BIL; KOR; ZAM; VES.

Und nun mit der Hand abdecken.

Nun ziehen Sie im Kopf von 51 immer 3 ab, bis Sie bei 0 angekommen sind. Dann streichen Sie unten die Silben durch, die Sie sich eingeprägt haben.

TUK; KOR; TIB; LIB; VES; SEC; MAZ; RIK; BIL; HOR; ZAM; TID; POR.

➤ 6. Verblüffender Denkspass

Schreiben Sie 10 Doppelwörter auf einen Zettel: z. B. Wasserball, Feuerleiter, Wäscheleine, Halsband ... Lernen Sie diese binnen 5 Minuten in der richtigen Reihenfolge auswendig. Die meisten Menschen können sich nur 5 bis 7 merken – testen Sie das mal mit Freunden. Doch Sie schaffen alle. Mit einem Trick: Bauen Sie sich eine Geschichte: Als Kind hatte ich einen roten *Wasserball*, mit dem spielte ich immer an der *Feuerleiter*, an der Mutter ihre *Wäscheleine* aufhängt. Eines Morgens hing an der Wäscheleine ein *Halsband*.

Lösungen zu 1, 2, 3, 4:
1: TON, FALL, NULL
2: DERBY, SENKE, FINGER
3: ...INNE, ...ANT
4: 7 = e, 4 = c

➤ 7. Zahlenmerk-Trick

Wollen Sie sich eine Telefonnummer, eine Geheimzahl merken? Dann ordnen Sie jeder Zahl das entsprechende Symbol zu. Das Gehirn kann sich nämlich Bilder viel besser merken als Zahlen. Fügen Sie die Bilder, die im Kopf entstehen, zu einer Geschichte zusammen. Beispiel: Ihre Geheimnummer der Kreditkarte lautet 5162. Die Geschichte dazu: Gestern schüttelte ich einem Bankbeamten die *Hand*, er schenkte mir eine *Kerze*, die trug ich in den Zoo zum *Elefanten*, und auf dem Nachhauseweg sah ich einen *Schwan*.

1 Kerze

2 Schwan

3 Kaktus

4 Stuhl

5 Hand

6 Elefant

7 Fahne

8 Sanduhr

9 Pfeife

10 Trommler

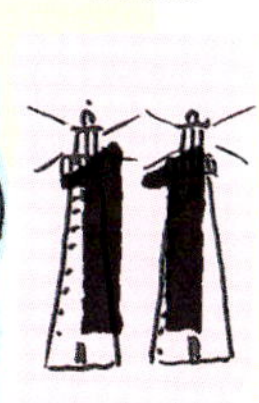

11 Leuchttürme

12 Uhr

Stellen Sie einfach mehr Postboten ein

Im neuronalen Netz alleine tut sich im Grunde noch gar nichts – Denken braucht Signalübertragung. Zwischen den Zellen muß Information fließen. Und dafür braucht das Gehirn Postboten, die von Neuron zu Neuron (also den Enden der Ausläufer der Hirnzellen) über eine Brücke, den synaptischen Spalt, die Gedanken mitnehmen. Der Wissenschaftler nennt sie Neurotransmitter. Rund 200 verschiedene kennen wir. Jede Veränderung in der Menge dieser Botenstoffe kann sich in krankhaftem Verhalten ausdrücken: in Desorientiertheit, Vergeßlichkeit, Unlust, Aggression und Depression. Uns interessieren die Neurotransmitter, die für Jugend, Kreativität und Glück zuständig sind: Acetylcholin, Noradrenalin, Serotonin und Dopamin.

> **INFO**
>
> *Die Postboten*
>
> ALS NEUROTRANSMITTER bezeichnet man die chemischen Postboten, die Informationen vom Ende der Datenautobahn (Dendrit) über eine Brücke (synaptischer Spalt) zur nächsten Nervenzelle leiten.

Braucht das Gehirn wirklich nur Zucker?

Bei Nervennahrung und Gedächtnisfutter denken wir immer an Zucker. In der Tat brauchen das Gehirn und andere Zellen des Nervensystems Glukose als Energieträger. Doch um Neurotransmitter, also seine Botenstoffe, zu basteln, um das neuronale Netz auf Vordermann zu bringen, um Gedanken fließen zu lassen, um gute Laune und Intelligenz möglich zu machen, braucht das Gehirn Vitamine, Mineralstoffe und vor allem Aminosäuren, die Eiweißbausteine.
Das Eiweiß in unserer Nahrung besteht aus 20 verschiedenen Aminosäuren, 8 davon sind essentiell. Das heißt, unser Körper kann sie selbst nicht herstellen (siehe Tabelle auf Seite 102).

> **INFO**
>
> *Gehirn-Nahrung Eiweiß*
>
> UNSER GEHIRN lebt von der ausreichenden Zufuhr aller Aminosäuren, damit Botenstoffe gebildet werden können und das neuronale Netz geknüpft werden kann. Die wichtigsten hirnaktiven Aminosäuren heißen: Methionin, Phenylalanin, Tyrosin, Lysin und Tryptophan. Sie stecken in Fisch, Fleisch, Geflügel, Milch, Milchprodukten, Käse, Soja und Hülsenfrüchten. Wichtiges über Eiweiß in der Ernährung finden Sie ab Seite 101.

Acetylcholin bremst die Vergeßlichkeit

Der Gehirnbotenstoff Acetylcholin ist der am längsten bekannte und am besten untersuchte Neurotransmitter. Er ist wichtig für das Lernen und das Gedächtnis. Acetylcholin schärft die Wahrnehmung, gilt als Neurotransmitter der Vernunft. Ein Mangel an diesem Botenstoff macht sich bemerkbar, wenn man ständig nach dem Schlüssel sucht, sich neue Namen nicht merkt, Telefonnummern und Termine vergißt. Eine schwache Gedächtnisleistung ist also ein sicherer Hinweis auf einen Mangel an Acetylcholin.

Reize fördern die Bildung von Acetylcholin, dem Botenstoff, der für die Hirnleistung entscheidend ist. Je mehr Reizen Kinder ausgesetzt sind, um so intelligenter werden sie.

Wie leicht wir lernen, wieviel wir behalten, wie logisch wir denken, wie schnell wir entscheiden, das alles hängt von der Menge des Acetylcholins im Gehirn ab. Hat man in bestimmten Hirnregionen viel zu wenig davon, leidet man unter Morbus Alzheimer.
Es gibt Studien, die zeigen: Wenn man dem Körper Cholin – das ist eine Vorstufe von Acetylcholin, die im Essen steckt – zuführt, kann man das Voranschreiten von Alzheimer im Frühstadium bremsen. Dies ist der Grund, warum Cholin als lebensnotwendige Substanz in Fachkreisen diskutiert wird.
Auch als gesunder Mensch können Sie davon profitieren, wenn Sie Ihren Acetylcholinspiegel im Gehirn durch Gehirntraining, Flucht aus dem Alltag in die Abenteuer der Literatur, Kultur oder Reisen und cholinhaltiges Essen anheben. Cholin steckt vor allem in Eiern, Sojabohnen und Sojaprodukten, Blumenkohl, Leber und Nüssen. Es stärkt die Konzentration und fördert den Informationsfluß zwischen den Gehirnzellen.

Mein Tip für Sie

Gehirn-Training

Gönnen Sie Ihrem Gehirn täglich 10 bis 20 Minuten Extra-Jogging: Lernen Sie Schlagzeilen der Morgenzeitung auswendig. Sprechen Sie lange Worte rückwärts aus, lösen Sie schwere »Um-die-Ecke-gedachte-Rätsel«, multiplizieren Sie einmal ohne Ihren Taschenrechner. Übrigens: Auch körperliches Training fördert die Hirnleistung. Alle Sportarten, die Muskelkraft und Ausdauer stärken, bremsen das Altern des Gehirns. Ideal sind Laufen, Tanzen, Radfahren.

Noradrenalin hilft den Gedanken auf die Sprünge

Auch die beiden Streßhormone Noradrenalin und Adrenalin wirken mit auf unser Gehirn ein. Adrenalin ist wichtig, damit der Mensch vor dem Säbelzahntiger flüchten kann und die Katze vor dem Hund.
Unsere Nebenniere schüttet Adrenalin aus, wenn wir in Streß geraten, wenn wir kämpfen oder flüchten müssen. Adrenalin läßt uns in Notsituationen zwar Höchstleistungen vollbringen, dabei aber pessimistisch sein. Noradrenalin ist eine Vorstufe von Adrenalin. Aber es ist ein positiver Botenstoff, mit anregender Wirkung auf das Gehirn.
Unser Netzwerk aus Datenautobahnen kann optimal ausgebaut werden, vorausgesetzt, wir haben einen hohen Noradrenalinspiegel im Blut. Wir kennen dieses Hormon, das die Gedanken blitzen läßt, uns optimistisch stimmt, auch als »Eu-Streßhormon«. Als positives Streßhormon, das uns für geistige Höchstleistungen aufputscht. Noradrenalin

läßt das Herz schneller und kräftiger schlagen, pumpt Wachsamkeit in den Kopf. Noradrenalin läßt uns schwierige Aufgaben mit Leichtigkeit lösen.

Serotonin stimmt fröhlich

Tummeln sich viele Serotonin-Moleküle in den synaptischen Spalten in unserem Gehirn, sind wir so richtig fröhlich. Mangelt es daran, leiden wir unter Depressionen, Schlafstörungen, Heißhunger, Aggressionen und oft sogar chronischen Schmerzen. Hirnforscher fanden im Hirngewebe verstorbener Depressiver Defizite an Serotonin.
Sicher kennen auch Sie Situationen, in denen Ihnen das Serotonin merklich ausgeht: Sie sitzen am Schreibtisch, fühlen sich niedergeschlagen und gereizt, haben plötzlich Lust auf Schokolade. Geben Sie dem Süßhunger ruhig nach, denn dadurch erhöht sich auch Ihr Serotoninspiegel im Gehirn. Besser wäre es allerdings, wenn Sie zur Banane greifen würden, die den Happy-Botenstoff ebenfalls in Mengen liefert. Sie können aber auch einen Spaziergang machen oder Sport treiben. Licht und Bewegung stimulieren nämlich ebenfalls die Produktion dieses Glückshormons.

Dopamin schickt uns Phantasie

Der Gehirnbotenstoff Dopamin lenkt die Finger des Pianisten über die Tastatur, koordiniert die grazilen Bewegungen eines Tänzers und schickt dem Kreativen seine Gedanken. Wer völlig in seiner Arbeit aufgeht, fast in Trance ein Netzwerk der Gedanken zu unglaublichen Ideen verspinnt, der hat einen hohen Dopaminspiegel. Sie kennen sicher die Situation, wenn Sie denken und dabei kleine Kunstwerke aufs Papier kritzeln. Dopamin zeichnet mit. Dopamin können Sie selbst herstellen: Warten Sie nicht länger auf eine Idee, eine Inspiration, die Lösung. Setzen Sie sich lieber ans Klavier, tanzen Sie, zeichnen Sie oder laufen Sie (siehe Anleitungen ab Seite 52). Alles, was die Feinmotorik herausfordert, erhöht auch den Dopaminspiegel im Gehirn.

➤ INFO

Und noch mehr Stoff fürs Gehirn

DIE FOLGENDEN Aminosäuren sind in allen eiweißreichen Lebensmitteln wie Fisch, Geflügel, Fleisch, Hülsenfrüchten, Nüssen und Samen, Soja, Milch, Käse und anderen Milchprodukten enthalten. Oder Sie bekommen die Substanzen in Form von Nahrungsergänzungsmitteln in der Apotheke.

- **Glutaminsäure:** Sie hat selbst die Eigenschaft eines Nervenbotenstoffes. Sie stellt das Gehirn auf wach, hilft beim Lernen und Merken.
- **Glycin:** Auch diese Aminosäure ist selbst als Neurotransmitter aktiv und beruhigt uns.
- **Taurin:** Muttermilch enthält viel Taurin. Es ist wichtig für die Entwicklung des Gehirns und sorgt für starke Nerven.
- **Karnitin:** Schützt unsere sensiblen Denknerven vor Zerstörung. Carnitin konnte zum Beispiel im Reagenzglas durch Alzheimer geschädigte Zellen reparieren.
- **Cystein:** Aus dieser Aminosäure baut der Körper Glutathion, ein Schutzschild gegen freie Radikale, auf. Diese aggressiven Substanzen zerstören die zarten Nervenstrukturen im Gehirn. Freie Radikale entstehen auch bei der Produktion von Nervenbotenstoffen, also besonders dann, wenn wir im Streß sind.

MUSKELN HALTEN JUNG

Stellen Sie Ihre biologische Uhr zurück und legen Sie sich einen Muskelpanzer gegen das Altern an! Wissenschaftler haben bewiesen: Muskeln wachsen in jedem Alter – wenn man sie bewegt.

Warum der Muskel jung hält

Sport verringert das Risiko, zu früh zu sterben, gewaltig. Eine Langzeitstudie des Cooper Institute for Aerobics Research in den USA untersuchte 10.000 Männer. Die Forscher fanden heraus: In der Gruppe der Untrainierten starben dreimal mehr Männer frühzeitig als in der Gruppe der Fitten.

Wieviel muß man nun trainieren, um sich ein längeres Mindesthaltbarkeitsdatum zu verschaffen? 15 Minuten Joggen reichen nicht aus. Und Marathonläufer, die 120 Kilometer in der Woche trainieren, richten ihr Immunsystem zugrunde und erkranken früher an Gedächtnisschwäche.

Ein 1500-kcal-Training, so fanden Forscher heraus, garantiert ein längeres Leben: Min-

➤ INFO

Das 1500-kcal-Training verlängert das Leben

DAS ENTSPRICHT über die Woche verteilt:

- 1 Stunde Langlaufen oder
- 1 Stunde Fußball oder
- 2 Stunden Joggen oder
- 2 Stunden Schwimmen oder
- 3 Stunden Badminton oder
- 3 Stunden Tennis oder
- 4 Stunden Tischtennis oder
- 4 Stunden Tanzen oder
- 4,5 Stunden schnell Gehen oder
- 5,5 Stunden Golf oder
- 9 Stunden langsam Radfahren

destens 1.500 Kalorien, aber höchstens 3.000, sollten jede Woche auf der Trainingsstrecke bleiben. Wer jedoch mehr als 3.500 Kalorien pro Woche abstrampelt, der verringert seine Lebenserwartung wieder.

Ohne Bewegung macht der Muskel schlapp

Früher jagte der Mensch hinter dem Mammut her, grub nach Wurzeln – er mußte sich bewegen, um nicht zu verhungern. Heute läuft er von der Tiefkühltruhe zur Mikrowelle. Wir bewegen uns um zwei Drittel weniger als vor 100 Jahren. Jeder Muskel aber braucht 300 Reize pro Tag, um sich aufzubauen, und mindestens 200, damit er fit bleibt. Am Muskel hängt der ganze Körper. Das Kölner Institut für Kreislaufforschung und Sportmedizin legte einmal zu Versuchszwecken fitte Sportmediziner 9 Tage ins Bett. Ergebnis: Die Leistungsfähigkeit der Organe sank um 21 Prozent, das Herz schrumpfte um 10 Prozent – in nur 9 Tagen!

Der Stuhl ist eine Krücke

Wir sitzen. Jahrzehntelang. Doch dafür ist der Mensch nicht geschaffen worden: Wir haben die Hände vom Boden genommen, den Kopf gehoben, die Hüfte gestreckt und die Knie durchgedrückt, um nach Millionen Jahren endlich aufrecht durch die Welt zu schreiten. Seit rund 150 Jahren beugt uns der Stuhl in zwei unnatürliche rechte Winkel. Er legt Skelett und Muskeln still, reduziert die Atmung, raubt den Füßen den festen Bodenkontakt. Bein- und Rückenmuskeln schlaffen ab, das Becken verliert an Stabilität, die Wirbelsäule an Elastizität, Bandscheiben wird die Nährstoffzufuhr abgedrosselt. Die Muskulatur verkümmert, und weil wir dann keine Kraft mehr haben, müssen wir uns immer wieder hinsetzen, wir brauchen die Krücke »Stuhl«. Sitzen macht süchtig. Als Nebenwirkungen nehmen wir Hämorrhoiden, krumme Wirbelsäulen, Kopfschmerzen, Verspannungen und Bandscheibenvorfälle in Kauf.

Mein Tip für Sie

Wenn schon sitzen, dann aktiv

WECHSELN Sie ab zwischen Stuhl, Gymnastikball, Knie- und Stehsitz. Ein Comeback erlebt übrigens gerade das Stehpult. Probieren Sie es einmal aus. Bauen Sie zunächst kurze Stehperioden ein, sie werden mit der Zeit von selbst immer länger. Verlassen Sie, wann immer es geht, den Arbeitsplatz. Sie werden spüren: Im Gehen denkt es sich besser.

Der Muskel stellt Ihre biologische Uhr zurück

Im Sessel sitzend läßt man seine 500 Skelettmuskeln verkümmern, das Fett siegt. Die Schwabbelmasse schleicht sich Kilo für Kilo in den Körper ein, drosselt Mobilität und Denkvermögen. Mit jedem Gramm weniger Muskelmasse wird die Haut schlaffer, die

➤ INFO

Davor schützt Sie Ihr Muskel

REGELMÄSSIGER Sport senkt das Risiko für ...
- **Darmkrebs** um 17 Prozent,
- **Brustkrebs** um 37 bis 72 Prozent,
- **Herzinfarkt, Schlaganfall** um 40 bis 60 Prozent,
- **erhöhten Blutdruck** um 50 Prozent.

Knochen brüchiger, das Immunsystem schlapper, der Geist träger. Das muß nicht sein! Wer länger jung bleiben will, legt sich einfach einen Muskelpanzer gegen das Altern an. Der Muskel ist übrigens das einzige Organ, das die biologische Uhr sogar zurückstellen kann. Wenn Sie jetzt anfangen, Ihre Muskeln zu hegen und zu pflegen, dann gewinnen Sie Jahre. Dafür ist es nie zu spät.

Muskeln wachsen auch noch mit 70

Von wegen »natürlicher Muskelschwund ab dem 50. Lebensjahr« – Muskeln sind bis ins höchste Alter trainierbar. So der Konstanzer Professor Dirk Pette. Daß der Grund für den Schwund nur in mangelnder Bewegung, Übergewicht und Gelenkproblemen liegt, und nicht im Muskel selbst, bewies er an Ratten. Er regte deren Muskeln elektrisch zur Bewegung an. Die Muskelmasse wuchs, egal, wie jung oder alt die Nager waren. Also: Auch wenn ein 80jähriger trainiert, kann er an Muskelmasse zulegen. Früher hieß es: Im Alter wird der Muskel schwach, weil mehr und mehr freie Radikale, also wild gewordener Sauerstoff, die Mitochondrien, die Kraftwerke der Zellen, zerstören. Heute weiß man: Auch bei Hochbetagten bilden sich durch Training mehr Mitochondrien, die Energie liefern. Energie ist Jugend.

Ihr wichtigster Muskel: das Herz

Wie lange hält eine Pumpe, die täglich 11.000 Liter durch 240.000 Kilometer lange Pipelines schicken muß? Maximal 120 Jahre – wenn man sie entsprechend wartet. Es geht um Ihr Herz. Dreimilliardenmal schlägt das faustgroße, 300 Gramm schwere Organ im Laufe eines kurzen 80jährigen Lebens und pumpt Blut von den großen Arterien bis in die kleinsten Kapillaren, von der Haarwurzel bis zum großen Zeh. Das können Sie ihm erleichtern.

➤ INFO

Des Muskels Dankeschön

- **Jugendliches Aussehen**: Eine starke Muskulatur unter der Haut hält die Züge glatt und frisch.
- **Straffe Figur**: Mit jedem Gramm mehr Muskelmasse wird auch mehr Fett verbrannt.
- **Kräftige Knochen**: Starke Muskeln bewahren das Knochengerüst vor Fehlbelastung, Gelenkschmerzen sowie Rückenproblemen und beugen Osteoporose vor. Mit jeder Muskelkontraktion wird das stabilisierende Kalzium in die Knochen gepumpt.
- **Schlagkräftige Abwehr**: Muskeln in Aktion kurbeln das Immunsystem an – aktivere und aggressivere Killerzellen vernichten Bakterien, Viren und Krebszellen.
- **Starke Lunge**: Jede einzelne Zelle wird besser mit Sauerstoff versorgt – Doping für die Leistungskraft von Körper und Geist.
- **Sauberes Blut**: Wenn Muskeln arbeiten, vermindert das die Blutfette, senkt den Cholesterinspiegel. Das Blut fließt besser und gerinnt nicht so leicht.
- **Kräftiges Herz**: Der Ruhepuls sinkt, das Herz arbeitet ökonomischer, schlägt länger.
- **Maximale Leistungsfähigkeit**: Sie erhalten die maximale körperliche und geistige Leistungsfähigkeit, die Sie zwischen 25 und 30 erreichen, bis ins 70. Lebensjahr.

Bewegung senkt den Ruhepuls

Treiben Sie Sport. Dann muß Ihr Herz nicht mehr 80mal pro Minute pumpen, um normale Lebensfunktionen aufrechtzuerhalten. In Ruhe schlägt das trainierte Herz dann 60mal – oder weniger. Und Sie fühlen sich pudelwohl. Es muß also 25 Prozent weniger leisten, dafür schlägt es auch 20 Jahre länger – wenn Sie sich zudem um die Pipeline kümmern: Ein Herz ist nur so gut wie die Gefäße, die es mit Blut versorgen. Sind die Gefäße verfettet, verkalkt und verstopft, führt das zum Herzinfarkt. Der ist vermeidbar: Rauchen einstellen, durch Bewegung den Blutdruck senken und auf ausreichend Herzschutz-Vitamine C, E, B_6, B_{12} und Folsäure achten. Mehr darüber können Sie ab Seite 112 lesen.

Straffe Muskeln können Sie Ihr ganzes Leben lang durch Training bekommen – auch wenn Sie erst spät damit beginnen.

Die Energie-Tanks des Muskels

Wo verbrennt Fett? Weder in den Knochen noch im Gehirn noch in den Fingernägeln. Fett verbrennt nur in einem einzigen Organ: im Muskel.
In Sportbüchern können Sie immer wieder lesen: Erst nach 30 Minuten verbrennt der Muskel Fett. Das stimmt nicht. Wenn Sie richtig dosiert trainieren, zapft der Muskel seinen größten Tank, den Fettspeicher, schon in der ersten Sekunde an. Jedoch gilt: Je intensiver die Belastung, desto weniger Fett wird verbrannt. Zum Beispiel beim Treppensteigen: Wenn Sie eine Stufe pro Sekunde nehmen, verbrennen Sie 80 Prozent Fett und 20 Prozent Zucker. Nehmen Sie zwei Stufen pro Sekunde, kehrt sich das Verhältnis um, Sie verheizen höchstens 20 Prozent aus Ihren Hüften. Wenn Sie mit dem Mountainbike die Hügel hochdüsen, greift Ihr Körper nur auf die Zuckertanks zu. Und es dauert ewig lange, bis Ihr Muskel sich wieder aus den Fettpölsterchen der Hüften bedient.

Use it – or lose it

Wie schon gesagt: Der wichtigste Satz der Medizin lautet: »Use it or lose it« – gebrauch es oder verlier es. Der Muskel von Reinhold Messner verbrennt Fett, der Muskel des Bergbauern verbrennt Fett. Sonst könnte er nicht 11 Stunden lang die Sense schwingen. Der Muskel des Kopfarbeiters verbrennt Zucker. Er nutzt die schnelle, unkomplizierte Art, an Energie zu kommen. Der Grund: Kopfarbeiter haben ihre Fettenzyme schon seit 10, 15, 20 Jahren nicht mehr gebraucht. Sie haben schon lange nicht mehr 11 Stunden körperlich gearbeitet.
Alles raus, was keine Miete zahlt! sagt der Körper und eliminiert die Fettenzyme – also die Biostoffe, die Fett killen –, weil die Kohlenhydratenzyme effektiver arbeiten. Als rudimentäres Überbleibsel verfügt der Kopf-

> **TIP**

Berechnen Sie Ihren Kalorienverbrauch

1. BERECHNEN Sie zunächst Ihren **Grundumsatz.** Er mißt die Menge der Kalorien, die Ihr Körper braucht, um in Ruhe alle Körperfunktionen aufrechtzuerhalten.

Männer
Gewicht x 21,6 = _____ kcal
Frauen
Gewicht x 19,2 = _____ kcal

Beispiel: Frau, 54 kg,
54 x 19,2 = 1037 kcal

2. Nun multiplizieren Sie Ihren Grundumsatz mit Ihrem **Aktiv-Faktor:**

Eher faul
Bewegung ist Mangelware, Sie sitzen fast nur auf dem Bürostuhl, im Auto. Ihr Motto: No sports!
Grundumsatz x 1,4 = _____ kcal

Eher agil
Auch wenn Sie oft am Computer sitzen, radeln Sie viel, laufen Treppen, halten sich fit.
Grundumsatz x 1,7 = _____ kcal

Turboaktiv
Sie arbeiten körperlich (Handwerker, Bauarbeiter, Hausfrau ...) und treiben aktiv Sport: 4mal pro Woche.
Grundumsatz x 2,0 = _____ kcal

Ihr täglicher Kalorienverbrauch hängt also von Ihrem Grundumsatz und Ihrem Aktiv-Faktor ab. Nehmen Sie nur so viele Kalorien auf, wie Ihr Körper auch wirklich verbrennt. Den Rest legt er in Fettdepots an.

arbeiter nur noch über 10 Prozent der kleinen effektiven Fettkiller – das reicht gerade für die Sahne im Kaffee.
Das (Miß-)Verhältnis zwischen den mit der Nahrung aufgenommenen Kalorien und dem, was der Körper verbraucht, schlägt sich auf den Hüften nieder.

Verändern Sie Ihre Körperchemie
Wieder eine gute Nachricht: Sie können die Chemie Ihres Körpers so verändern, daß er Fett verbrennt, rund um die Uhr, in der Nacht, in der Hängematte, am Schreibtisch. Ganz einfach: durch aerobe Übungen, durch Muskel-Training im Sauerstoffüberschuß – mit Training »light«, ohne Anstrengung, mit einem Lächeln, bei einem niedrigen Puls, wie auf Seite 78 beschrieben. Dann braucht Ihr Körper Fettenzyme, und dann produziert er sie auch.

Aktivieren Sie den größten Muskel

Wie überzeugen Sie Ihren Muskel, künftig Fett zu verbrennen? Sie können Liegestütze machen – so ab 3 bis 4 Stunden am Stück lohnt es sich. Das beste wäre Skilanglauf. 90 Prozent Ihrer Muskulatur werden dabei aktiv. Doch seien Sie ehrlich zu sich selbst: Meistens schauen Sie zum Fenster hinaus und stellen fest: Heute spielt das Wetter sowieso nicht mit. Beim Radfahren setzen Sie 35 Prozent Ihrer Muskeln ein. Schwimmen ist noch gesünder und ebenfalls ein rein aerober Sport. Doch dabei verwandeln Sie nur 15 Prozent Ihrer Muskulatur in eine Fettverbrennungsmaschine.

Die Lösung ist ganz einfach
Laufen Sie! Binnen 4 Wochen verwandeln Sie dadurch 70 Prozent Ihrer Muskulatur in fettverheizende Öfchen. Die Anleitung finden Sie im folgenden Kapitel.

LAUFEN SIE SICH *JUNG!*

DIE FÜSSE federn über Morgentau. Muskeln werden warm, streifen die Schwere der Nacht ab. Sauerstoff durchflutet 70 Billionen Körperzellen. Jeder Schritt lockert den Geist, räumt im Kopf auf, bis die Gedanken fliegen. Ein Kokain-Kästchen öffnet sich im Bauch, übersprudelt den Körper mit Fröhlichkeit. So schön kann Laufen sein!

LAUFEN IST DIE WUNDERPILLE

Laufen ist die Wunderpille, für die viele ein Vermögen zahlen würden, wenn es sie in der Apotheke zu kaufen gäbe.

Lebensqualität zum Nulltarif

Was wäre es Ihnen wert, wenn folgende Wünsche in Erfüllung gingen? Sie dürfen essen, worauf Sie Lust haben, und behalten trotzdem eine schlanke, straffe Figur. Auf einmal sprühen Sie vor Kreativität und haben einen herrlich klaren, wachen Geist. Sie strotzen vor Vitalität, sind ausgeglichen und verfügen plötzlich über mehr Zeit als je zuvor. Fröhlichkeit erfüllt Sie, und auch auf Glück müssen Sie nicht mehr warten – Sie spüren es täglich. Ihr Arzt ist begeistert von Ihren Blutwerten, Ihr Chef und Ihre Mitarbeiter von Ihren Ideen. Herbst und Winter ziehen ohne Erkältung vorbei, Ihre Bluthochdruck-Medikamente können Sie absetzen. Das alles – und mehr – kostet nicht viel. Täglich nur 30 Minuten. Laufen Sie mit dem richtigen Puls. Laufen Sie einfach los. Dafür ist es nie zu spät. Auch nicht mit 70!

Laufend gewinnen Sie Zeit und werden klüger

Jahrelang liest man Time-Management-Bücher, um ein paar Minuten mehr aus dem Tag zu machen. Und plötzlich findet man die eigene, maßgeschneiderte Lösung. Man jagt nicht mehr hinter Ideen her. Sie kommen ganz von selbst. Bleiben auch Sie nicht länger an Problemen rätselnd, bleistiftkauend am Schreibtisch sitzen, denn beim nächsten Lauf kommt die Lösung von selbst. Das heißt: Sie verlieren keine Zeit, sondern Sie gewinnen sie.

Sauerstoff macht klug – und jung

Der kostenlose Jungbrunnen heißt Sauerstoff. Jede unserer 70 Billionen Zellen ist auf die ständige Zufuhr von Sauerstoff angewiesen. Besonders das Gehirn. Wird die Zufuhr auch nur für 8 Sekunden gedrosselt, sinken wir bewußtlos zu Boden. Sauerstoff versorgt den Herzmuskel, verbrennt Kalorien, und nur durch höheren Sauerstoffumsatz bauen wir Übergewicht ab. Sauerstoff füttert Ihre

> **INFO**
>
> ### *Läufer-Jargon*
>
> ◆ **Aerob** heißt: im Sauerstoffüberschuß. Man läuft ohne Anstrengung, der Muskel hat genügend Sauerstoff, um Fett zu verbrennen.
>
> ◆ **Anaerob** heißt: Man strengt sich stark an, dem Muskel geht der Sauerstoff aus, und er muß, um schnell Energie zu gewinnen, Kohlenhydrate verbrennen.
>
> ◆ **Wichtig:** Nur Laufen im aeroben Bereich, also mit genügend Sauerstoff, hat all die in diesem Buch beschriebenen positiven Eigenschaften für Körper und Seele.

Vitalität, Ihre Lebensenergie. Darum heißt auch die Luftmenge, die wir einatmen, »Vitalkapazität«. Laufen macht Ihre Lunge zum Blasebalg, solange Sie nicht außer Atem kommen. Sie müssen nur, wie ab Seite 78 beschrieben, langsam laufen. Und zwar mit einem Fettverbrennungspuls im Sauerstoffüberschuß.

Übrigens: Bis zu 5 Liter Luft können wir mit einem Atemzug in die Lunge pumpen. Beim Fernsehen verbrauchen Sie 1/4 Liter Sauerstoff, beim Laufen achtmal so viel.

Sauerstoff lockt das Kreativitätshormon

Beim Morgenlauf vor Arbeitsantritt können Sie in wenigen Minuten die Probleme vom Vortag lösen, den neuen Tag durchplanen und durchdenken. Denn Laufen öffnet das rechte, das kreative Gehirn. Der Grund: Langsames Laufen durchflutet das Gehirn mit 100 Prozent mehr Sauerstoff. Das verdoppelt die Denkleistungskraft und setzt eine Flut des Kreativitätshormons ACTH frei. Das Hormon der Hypophyse (Zirbeldrüse) senkt den Blutdruck, entspannt den Körper, macht den Geist kristallklar und hellwach. Und es ist die einzige uns bekannte Substanz, die in der Lage ist, Fettablagerungen zwischen den Gehirnzellen abzulösen, damit der Strom wieder fließt – und mit ihm die Gedanken. ACTH öffnet sozusagen die kreative Denkschiene für den ganzen Tag. Das macht sich auch Stunden nach dem Laufen am Schreibtisch noch bemerkbar.

Energiezuckerl und Luft fürs Gehirn

Wenn Sie langsam laufen, stellt Ihr Muskel auf Fettverbrennung um und läßt dem Gehirn den Zucker übrig. Das Gehirn braucht zum Denken Glukose. Wenn aber nun der Muskel des Kopfarbeiters Glukose verbrennt, weil er lange Zeit nicht bewegt wurde, dann sinkt der Blutzuckerspiegel. Darauf reagiert das Gehirn empfindlich: Man wird müde, fahrig und unkonzentriert. Sobald Sie aber Ihr Enzymsystem auf Fettverbrennung umgestellt haben (nach 3 Monaten Laufen ist es soweit), bleibt der Blutzuckerspiegel konstant. Sie können sich beliebig lange konzentrieren, ohne mit Traubenzucker nachzuhelfen. Dieser Energielieferant sorgt nur für einen raschen Anstieg des Blutzuckers. Tatsächlich lockt er Streßhormone, und nach 1/2 Stunde ist man nervöser und fahriger als zuvor.

Laufen Sie gegen den Schwindel an

Tabletten, die die Sauerstoffversorgung des Gehirns verbessern, zählen zu den meistver-

Mein Tip für Sie

Laufen Sie!

DENN WENN SIE SICH beim richtigen Puls bewegen, erhöht sich die Sauerstoffaufnahme des Gehirns um 100 Prozent. Das spüren Sie, weil das munter macht.

kauften auf der Welt. Die besten schaffen 5 Prozent mehr Sauerstoff für das Gehirn. Für Menschen, die durch eingeengte Arterien unter ständiger Müdigkeit und Schwindel leiden, sind diese Medikamente ein Segen. Die nächstbessere Methode: die Sauerstoffmehrschritt-Therapie nach Manfred von Ardenne. Dabei atmen die Patienten ein Luftgemisch mit hohem Sauerstoffanteil ein. Der Erfinder behauptet, dadurch erhalte das Gehirn 25 Prozent mehr Sauerstoff.

Laufen macht aus einer Ente einen Jaguar

In unseren Zellen, egal ob Herzmuskelzelle, Leberzelle oder Gehirnzelle, produzieren winzige Kraftwerke, die Mitochondrien, Energie. Daraus ziehen wir Kraft und Leistungsfähigkeit. Sind nur wenige Kraftwerke da, entsteht ein Engpaß im Alltag. Man kann die großen Anforderungen, die auf einen einstürmen, nur in kleine Leistungen umsetzen. Dieser Engpaß läßt sich durch Joggen öffnen. In den Mitochondrien wird Sauerstoff verheizt. Wenn man dem Körper nun viel Sauerstoff zuführt, muß er sich mehr Kraftwerke zulegen.
Die Zahl der Mitochondrien kann sich durch regelmäßiges Ultralight-Laufen (siehe ab Seite 78) versechsfachen! Man wird also gewissermaßen vom Zweizylinder zum Zwölfzylinder, von der Ente zum Jaguar. Das Herz ist stärker, das Gehirn arbeitet schneller, sogar die Leber entgiftet in sechsfach höherem Tempo. Dort, wo der Zweizylinder durchs Leben schnauft, zieht der Zwölfzylinder souverän vorbei. Überdurchschnittliche Leistungen sind für Sie dann eine Selbstverständlichkeit – am Schreibtisch und beim Triathlon.

Laufen ist die einzige Diät, die ewig hält

Diäten funktionieren nicht. Wer abnehmen will, sollte es wie das Reh machen: Es meidet nicht, es verbrennt Fett. Doch Fett verbrennt man nur im Muskel und nur im Sauerstoffüberschuß, also beim Fettverbrennungspuls, ob der nun 180 oder 120 ist. Kurz bevor der Körper von Fettverbrennung auf Kohlenhydrate umschlägt. Dann verbrennen Sie nämlich 100 Prozent Fett.

➤ INFO

Laufen bremst den Hunger

RELATIV NEU ist die Erkenntnis: Man hat nach dem Joggen nicht mehr, sondern weniger Hunger, weil durch Laufen im Sauerstoffüberschuß mehr *Cholecystokinin* ausgeschüttet wird. Dieses Enzym signalisiert dem Gehirn: *»Ich bin satt!«*

Nach 3 Monaten Laufen können Sie essen, was und wieviel Sie wollen

Wenn Sie als Untrainierter loslaufen, verbrennen Sie in 1/2 Stunde 0,1 Gramm Fett, das entspricht nicht mal der Größe eines Stecknadelkopfes. Doch in 4 Wochen verheizen Ihre Muskeln schon 5 Gramm, also

50mal mehr Fett. Und in 12 Wochen sind es 25 Gramm – immerhin 225 Kalorien reines Fett. Denn Laufen verändert mit der Zeit Ihre Körperchemie: Nach 3 Monaten dürfen Sie essen, was und wieviel Sie wollen. Denn dann können Sie nicht mehr zunehmen. Durch das Training steigt die Menge der fettabbauenden Enzyme in Ihrem Körper gewaltig an. Muskelmasse nimmt zu, Fett schmilzt weg. Die Anzahl der fettverbrennenden Öfchen vervielfacht sich. Und: Die Angriffspunkte an den Fettzellen nehmen zu. Mehr Enzyme können andocken und die pralle Zelle entleeren.

Werden Sie schlank im Schlaf

Die froheste Botschaft lautet: Laufen steigert Ihren Stoffwechselumsatz um 25 Prozent, und zwar für den ganzen Tag. Auch wenn Sie Ihre Joggingschuhe in die Ecke gestellt haben und genüßlich in der Hängematte liegen oder schlafen, verbrennt Ihr Körper weiter Fett. Wenn Sie Laufen zu Ihrem Hobby machen, sogar bis zu 10 Gramm in der Stunde. Deutsche, Österreicher, Schweizer essen durchschnittlich 142 Gramm Fett pro Tag. Sie bräuchten also nur 14,2 Stunden täglich zu schlafen und hätten Ihr Fett weg. Sie müssen Ihre Fettverbrennungsmaschine nur jeden Tag anwerfen.

Werden Sie schlank im Schlaf: Wenn Sie zum Läufer werden, verbrennt Ihr Körper Fett – sogar, wenn Sie in der Hängematte liegen.

Laufen weckt Körper-Intelligenz

Wer läuft, braucht sich um gesunde Ernährung keine Gedanken mehr zu machen. Denn der Körper wird mit der zehnfachen Menge Sauerstoff durchflutet. Dadurch erwacht nach ein paar Wochen Training ein körperliches Instinktzentrum: die körperliche (somatische) Intelligenz. Sie sorgt dafür, daß sich der Körper seinen Speiseplan unbewußt zusammenstellt. Wie das Kind, das instinktiv weiß, wann es genug hat: Beim ersten und zweiten Löffel Spinat lächelt es. Doch den dritten hat die Mama im Gesicht.

➤ **INFO**

So werden Sie Ihr Fett wieder los

LAUFEN IST DER REIZ für Ihren Körper, wieder fettabbauende Enzyme zu produzieren. Das Verhältnis von Kohlenhydratenzymen zu Fettenzymen liegt im trägen Körper bei 10:1, im durchschnittlich trainierten bei 5:5, im gut trainierten bei 2:8. Kopfarbeiter, die ihre Muskeln lange Zeit, oft Jahre, brachliegen ließen, verbrennen fast nur noch Kohlenhydrate. Und davon hat man gerade mal 500 Gramm im Körper. Laufen ändert das Enzymsystem jeder Muskelzelle von Zucker- auf Fettverbrennung.

Läufer beginnen automatisch, richtig zu essen

Die Läufer-Eßlust ändert sich zwangsläufig: Man ißt mehr Kohlenhydrate und Eiweiß, weniger Fett. Mehr Obst und Gemüse, weniger Fleisch. Es ist klüger, zu laufen, als Ernährungsbücher zu lesen. Dahinter steckt eine Erkenntnis aus dem Zen-Buddhismus: »Wenn du etwas Wichtiges willst im Leben, ziele nicht ins Schwarze, sondern ziel daneben. Und du triffst.« Anders ausgedrückt: Beschäftige dich nicht mit Ernährung, laufe – und du ißt instinktiv richtig.

Laufen kräftigt Herz und Muskeln

Laufen kräftigt und vergrößert das Herz. Wenn Sie Ihre Fitneß-Pumpe nicht belasten, schlägt sie normalerweise 100.000mal am Tag. Das Herz leistet also auch über Nacht Schwerstarbeit. Das können Sie ihm leichter machen. Denn: Laufen senkt den Ruhepuls von 75 auf 55. Das heißt, das Herz spart sich 30.000 Schläge pro Tag, also 10 Millionen im Jahr. Durch Laufen arbeitet Ihr Herz ökonomischer und schlägt dafür länger.

Ganz nebenbei entstehen neue Blutgefäße

Wenn Sie Ihren Muskel bewegen, können Sie sich viermal mehr Blutgefäße züchten. Man spricht dann von einem gut vaskularisierten, ausdauertrainierten Muskel. Denn durch die vielen Blutgefäße können optimal Nährstoffe und Sauerstoff angeliefert werden. Sind Gefäße bereits verkalkt, sprossen neue ein und gewährleisten eine ausreichende Blutversorgung.

Deshalb können Schaufensterkrankheit und sogar Herzinfarkt erfolgreich mit einem Lauftraining therapiert werden.

➤ INFO

Laufen räumt im Blut auf

LASSEN SIE vor dem Trainingsbeginn Ihre Blutfette messen und dann noch einmal nach 4 Wochen. Wetten, daß danach auch Ihr Arzt zu laufen anfängt? Denn:

- **Laufen senkt den Cholesterinspiegel**
Es gibt kein Medikament, keine Diät auf der Welt, die den Cholesterinspiegel so drastisch senkt, die Blutfettwerte so verbessert wie Laufen. Triglyceride (Blutfette) sinken, das »gute« Cholesterin HDL steigt an. Hoher Blutdruck sinkt, das Blut fließt besser. Laufen ist das ideale Herzschutzmittel.
- **Laufen senkt den Harnsäurespiegel**
Laufen schützt vor Gicht, weil die Harnsäure im Blut nicht mehr in nadelspitze Kristalle ausfallen kann. Diese würden ansonsten die Gelenke reizen oder den Schutzfilm in den Gefäßinnenwänden zerstören, was schließlich zu Arteriosklerose führt.
- **Laufen beugt Diabetes vor**
Es senkt den Insulinspiegel im Blut. Insulin ist das Hormon, das Zucker in den Muskel schafft und Fett auf den Hüften bunkert. Insulin speichert zudem Salz im Körper, hält so das Wasser im Gewebe und läßt einen schwammig aussehen. Die Insulinsenkung beugt Alters-Diabetes vor. Denn hohe Insulinspitzen reizen Jahr um Jahr die Körperzellen, die dann irgendwann resistent gegen die Botschaften des Hormons werden. Ein ständig hoher Blutzuckerspiegel zerstört Nerven und feine Gefäße.
- **Laufen beugt Osteoporose vor**
Mit jedem Schritt wird der Knochen gestärkt. Kalzium lagert sich ein. Das mindert das Osteoporoserisiko (Knochenentkalkung). Denn durch Nichtgebrauch des Skelettsystems werden Mineralsalze aus dem Knochen herausgeschwemmt.

Kein Medikament mobilisiert die Killerzellen so wie Bewegung im Sauerstoffüberschuß.

Laufen entstreßt

Sah der Steinzeitmensch einen Säbelzahntiger, erschrak er fürchterlich, bekam einen Adrenalinstoß, den er während seiner 3 Kilometer langen Flucht wieder abbaute. Das Streßhormon verschwand aus dem Körper. Wer heute nicht nach jedem Ärger oder Schrecken eine Runde ums Karree drehen kann, sollte wenigstens einmal am Tag die zirkulierenden Streßhormone verbrennen. Denn Adrenalin schlägt Kerben in die Gefäßinnenwände, macht sie porös. Fett und Kalk docken an, die Ader müllt zu. Bekannte Folgen sind Arteriosklerose, Schlaganfall und Herzinfarkt.

Laufen stärkt das Immunsystem

Wir kennen kein Medikament, welches das Immunsystem so stärkt wie Bewegung im Sauerstoffüberschuß. Schon nach 30 Minuten finden sich im Blut 31 Prozent mehr Killerzellen. Diese sind aggressiver geworden und können Bakterien und Viren viel wirkungsvoller bekämpfen als vorher – auch die Krebszellen.

Sogar dem Krebs läuft man davon

Jeder von uns bekommt jeden Tag viermal Krebs. Viermal täglich entarten Körperzellen. Ein gesundes und kompetentes Immunsystem erkennt diese Krebszellen und vernichtet sie. Das bestätigt Klaus Haetzl, der Mann, der dem Darmkrebs davonlief. Der Sprecher des Senatspresseamtes in Berlin war 1980 schwer an Krebs erkrankt – und 1998 noch Marathonläufer. Ohne bewußte Untertreibung hätte er das nicht geschafft. Denn sobald man zu schnell läuft, der Körper also eine Sauerstoffschuld eingeht, schädigt man das Immunsystem – seinen Schutzschild gegen Krebs. Wer »schneller, höher, weiter«, also anaerob, trainiert, setzt seinen Körper einer Kaskade von freien Radikalen aus, jener aggressiven Sauerstoffmoleküle, welche die Körperzellen zerstören und die Abwehr schwächen. Auch das Streßhormon Cortisol steigt durch zu intensives Training an und schwächt zudem das Immunsystem.

Laufen läßt selig schlummern

Studien zeigen: Wer läuft, leidet viel seltener unter Schlafstörungen. Darum sollten alle, die mit dem Sandmann auf Kriegsfuß stehen, es einmal mit Ultralight-Lauf probieren statt mit Tabletten. Aber seien Sie geduldig: Der Erfolg stellt sich erst nach etwa 2 Monaten ein. Wichtig: Nach 19 Uhr dürfen Sie nicht mehr trainieren, weil das Laufen Wachhormone lockt.

Auch Seele und Libido laufen mit

Fragen Sie einen (langsamen) Läufer, wie er sich danach fühlt. »Froh«, wird er sagen, »seelisch ausgeglichen«, »einfach pudelwohl«. Laufen kurbelt nämlich die Lebensfreude an und dopt das Selbstwertgefühl. Vor allem Frauen fühlen sich nach dem Laufen entspannt, ausgeglichen, glücklich.

Laufen macht Lust

Der amerikanische Sportmediziner Professor Laurence E. Morehouse sagte klipp und klar: »Eine der unmittelbaren Auswirkungen der Fitneß zeigt sich im Bett. Nicht nur, was die

Laufen stimuliert, Ihr ganzes Leben bekommt mehr Schwung, und das wirkt sich aus – auch auf die sexuelle Lust.

Leistungsfrequenz, sondern auch, was die Qualität betrifft. Je besser der Organismus reagiert, desto intensiver sind die sexuellen Empfindungen.« Viele Studien folgten. So manche Ehefrau ließe ihren Mann nicht mehr zum Joggen aus dem Haus, würde sie alle Studienergebnisse kennen. Kalifornische Forscher schickten zum Beispiel mehr als 100 40jährige jeden Morgen 20 Minuten lang joggen. Die Testläufer berichteten einhellig: Laufen macht Lust auf mehr – mitunter aufs Doppelte!

Testosteron macht unbesiegbar

Der Grund für soviel Lust liegt im Anstieg des Testosterons im Blut – das Hormon ist der Turbolader des Menschen. Das männliche Sexualhormon, das auch Frauen im Blut haben, steht für innere Dynamik, Libido und Durchsetzungsvermögen. Es setzt unter Strom, verleiht Kräfte und macht unbesiegbar. Doch Vorsicht: Wenn man sich total verausgabt, wird das Testosteron verbrannt. Nach einer Marathonstrecke läuft unter der Decke gar nichts mehr.

Laufen macht glücklich

Warum sind Bodybuilder süchtig nach täglichem Training? Schon nach wenigen Minuten maximaler Muskelanspannung wird der Mensch frisch, wach, tatendurstig, lebenslustig. Grund dafür sind die Hormone: Der Muskel produziert, sobald er angespannt wird, das Powerhormon Testosteron, das für inneren Antrieb sorgt, oder das schlankmachende Wachstumshormon.

Welches Hormon der Muskel herstellt, das läßt sich sogar steuern. Um Muskel aufzubauen, machen Sie 10- bis 15mal dieselbe Übung an der Kraftmaschine, mit Hanteln oder Thera-Band. Dann machen Sie eine Pause und wiederholen die Übungen in 3 bis 5 Durchgängen (Sätzen).

So produziert Ihr Muskel Testosteron

Machen Sie zwischen den Sätzen, also nach den 10 bis 15 maximalen Anspannungen, längere Pausen von 60 oder 90 Sekunden, warten sozusagen, bis sich der Muskel wieder erholt hat, dann wird Testosteron produziert. Ein Anabolikum (Muskelaufbaumittel), das den Menschen frisch, fit, voller Elan und Antrieb pumpt. Das ist der Grund, warum Krafttraining auch am Abend noch für Stunden stimuliert – auch im Bett.

So produziert Ihr Muskel Wachstumshormon

Macht man zwischen den Sätzen nur ganz kurze Pausen, beispielsweise 10 bis 30 Sekunden, dann hat sich der Muskel noch nicht erholt. Die maximale Kraft wird bei der dritten, vierten, fünften Serie immer geringer. Man wird immer schwächer, bis man am Ende ist. Dann produziert der Muskel das andere Muskelaufbaumittel, das Wachstumshormon. Der stärkste Stimulator für Muskelbildung und Fettverbrennung – und Garant für Jugend und glatte Haut.

Öffnen Sie Ihr körpereigenes Kokain-Kästchen

Laufen im Sauerstoffüberschuß setzt Endorphine frei, körpereigenes Rauschgift. Sie werden im Gehirn produziert und strömen verheißungsvoll durch das gesamte Nervensystem. Als Neurotransmitter hüpfen sie von Nervenzelle zu Nervenzelle, agieren als Botenstoffe für Euphorie. Die Natur hat uns mit diesem Stoff ausgestattet, damit wir Schmerzen nicht hilflos ausgeliefert sind. Bei der Geburt hat der Endorphinpegel der Mutter ein Maximum, läßt sie die Schmerzen aushalten und vergessen. Sonst würde keine Frau mehr ein Kind bekommen. Auch Läufer kennen diese Hormonausschüttung. Sie nennen es »Runner's high«. Endorphine versetzen den ganzen Körper in einen kribbelnden Rauschzustand, ähnlich dem Gefühl, das man hat, wenn man frisch verliebt ist. Wer das einmal erlebt hat, möchte es immer wieder spüren. Unser Kästchen voll Kokain bleibt oft ein Leben lang zu – es sei denn, wir laufen. Sie müssen Ihren Körper nur etwas länger als 30 Minuten mit Sauerstoff ölen, dann geht das Kästchen auf. Und das ist Glück.

Laufen beflügelt die Seele

Auch den Glücksbotenstoff Serotonin – den Neurotransmitter, der im Gehirn für gute Laune sorgt – können Sie täglich selbst erzeugen. Serotonin ist *das* Anti-Depressivum. Sämtliche modernen Anti-Depressiva, also Psychopharmaka, die die Stimmung heben, wirken über die Anhebung des Serotonins. Man muß keine Pillen schlucken. Den gleichen Effekt kann man durch Laufen erzeugen. Viele Studien zeigen, daß Menschen mit depressiven Verstimmungen durch Lauftraining aus ihrem Tief kommen. Serotonin macht glücklich, schafft Distanz zu den Mühen des Alltags. Wer morgens joggt, läuft Problemen gegenüber den ganzen Tag innerlich drei Schritte auf Abstand.

Hormone können Sie laufend steuern
Mit Zunahme der Laufgeschwindigkeit werden auch andere Hormone ausgeschüttet. Wer Lust hat, kann das mal ausprobieren. Erst überflutet Serotonin das Gehirn mit Glück, wenn Sie etwas schneller laufen, sorgt ACTH für kristallklaren, wachen Geist. Und im dritten Gang übersprudeln Endorphine Ihren ganzen Körper mit Fröhlichkeit.

Mein Tip für Sie

Auch ein Gummiband macht Muskeln

Sie brauchen keinen Fitneß-Park mit High-Tech-Kraftmaschinen, im Grunde reichen Hanteln und Thera-Bänder (Gummibänder, die es in unterschiedlichen Stärken gibt). Wer also mehr von den Powerhormonen will, macht zusätzlich zum Lauftraining morgens und abends noch ein paar Minuten Krafttraining. Das Wichtigste lernen Sie in einem Schnupperkurs in einem Fitneß-Zentrum, oder Sie buchen sich für ein paar Stunden einen Personal-Trainer.

Laufen ist die beste Medizin

9 Herz/Blutkreislauf

Das Herz wird kräftiger und bringt mehr Leistung. Der Ruhepuls sinkt. Das Herz kann sich besser erholen – lebt länger. Das Blut wird flüssiger. Die schlechten Blutfette sinken, das »gute« HDL-Cholesterin steigt an. Der Blutdruck normalisiert sich.

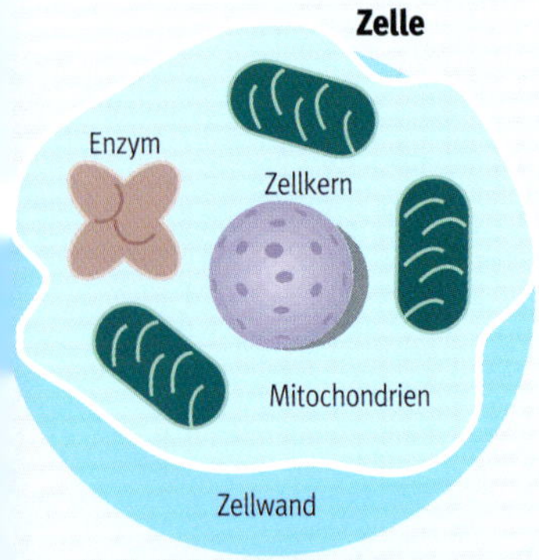

8 Lunge

Die Lunge wird kräftiger. Belüftung und Durchblutung sind verbessert. Der ganze Körper wird vermehrt mit Sauerstoff versorgt. Kohlendioxid wird über die Lungenbläschen schneller ausgeschieden.

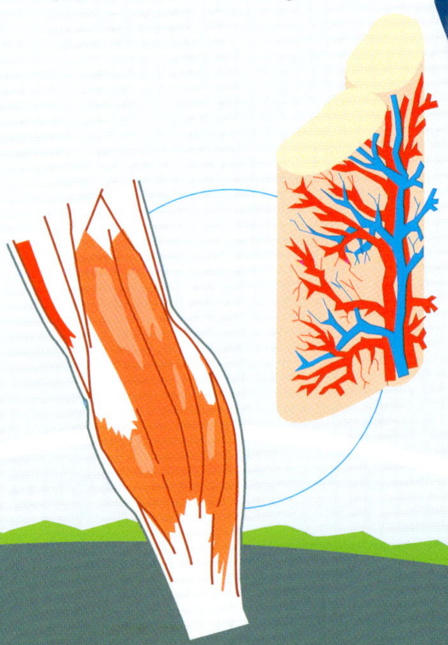

Mitochondrien

Die Kraftwerke in unseren Zellen werden stärker – und sie vermehren sich sogar: Leistungsfähigkeit und Konzentration nehmen zu.

1 Gehirn

Es wird besser durchblutet – mit der doppelten Menge Sauerstoff versorgt. Das macht wach, erhöht die Konzentration und Leistungsfähigkeit unserer Denkmaschine.

2 Neuronales Netz

Laufen hält das Gehirn jung. Denn es werden neue Datenautobahnen im Gehirn angelegt. Die Verknüpfungen der Gehirnzellen nehmen laufend zu. Im Regelfall nimmt die Zahl der Verknüpfungen im Laufe des Lebens ab.

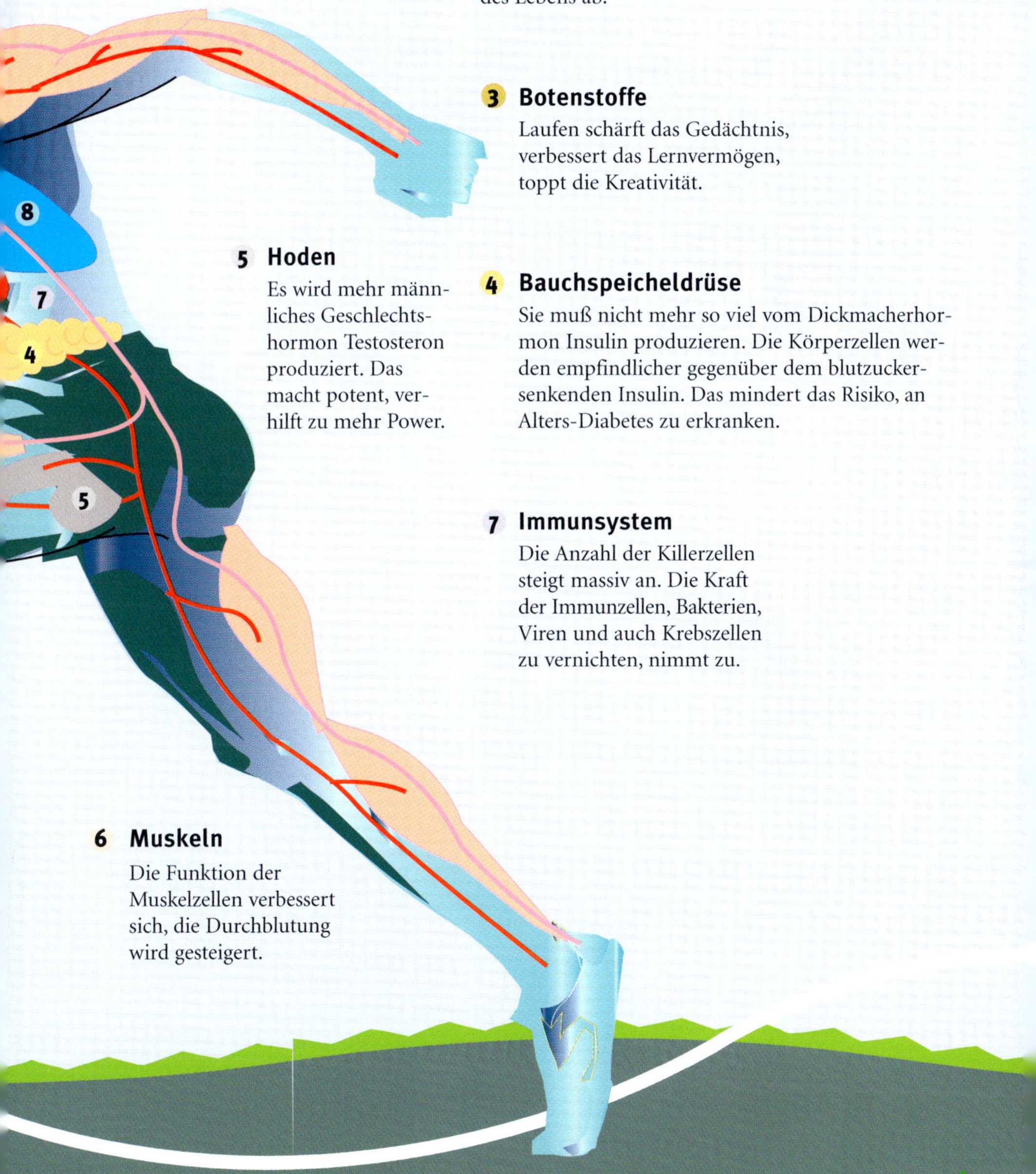

3 Botenstoffe

Laufen schärft das Gedächtnis, verbessert das Lernvermögen, toppt die Kreativität.

5 Hoden

Es wird mehr männliches Geschlechtshormon Testosteron produziert. Das macht potent, verhilft zu mehr Power.

4 Bauchspeicheldrüse

Sie muß nicht mehr so viel vom Dickmacherhormon Insulin produzieren. Die Körperzellen werden empfindlicher gegenüber dem blutzuckersenkenden Insulin. Das mindert das Risiko, an Alters-Diabetes zu erkranken.

7 Immunsystem

Die Anzahl der Killerzellen steigt massiv an. Die Kraft der Immunzellen, Bakterien, Viren und auch Krebszellen zu vernichten, nimmt zu.

6 Muskeln

Die Funktion der Muskelzellen verbessert sich, die Durchblutung wird gesteigert.

*Fitneß*TEST

Für Einsteiger

➤ Bevor Sie loslaufen

Wenn Sie mit dem Laufen beginnen wollen, finden Sie zuerst einmal heraus, wie es eigentlich um Ihre Fitneß steht – um Ihre Ausdauer, Kraft, Beweglichkeit und Ihr Koordinationsvermögen.
Nur wer seine Form richtig einschätzt, kann sein Training optimal darauf abstellen.

Auch wenn Sie mit dem Laufen begonnen haben, sollten Sie die folgenden Tests ab und zu wiederholen. So können Sie den Erfolg Ihres Trainings messen.

Wie gesund sind Sie?

1. Leiden Sie an einem Herzfehler oder an einer Herzerkrankung?	Ja	Nein
2. Haben Sie Gelenkbeschwerden, sind die Gelenke geschwollen oder entzündet?	Ja	Nein
3. Haben Sie beim schnellen Gehen ein Engegefühl, ein Brennen oder einen Druck in der Brust?	Ja	Nein
4. Fühlen Sie sich schwach oder schwindelig, wenn Sie schnell gehen?	Ja	Nein
5. Fühlen Sie sich sehr müde?	Ja	Nein
6. Haben Sie zur Zeit Fieber?	Ja	Nein

Wenn Sie eine dieser Fragen mit Ja beantwortet haben, sollten Sie den folgenden Test nicht machen, auch nicht joggen oder walken, bevor Sie mit Ihrem Arzt gesprochen haben.

Wollen Sie mit dem Laufen beginnen? Bevor Sie sich startklar machen, sollten Sie Ihre Fitneß mit Hilfe der folgenden Tests checken.

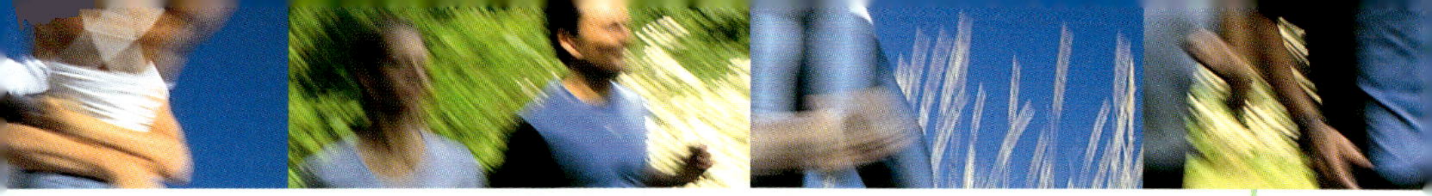

Wichtiger Grundsatz nicht nur beim Laufen: Behalten Sie immer Ihren Puls im Auge!

➤ Erst den Puls messen

Ermitteln Sie Ihren Ruhepuls
Während des Fitneß-Tests und später beim Training müssen Sie immer wieder Ihre körperliche Belastung kontrollieren. Der beste Parameter dafür ist Ihre Herzfrequenz. Wenn Sie noch keine Pulsuhr besitzen, ertasten Sie Ihren Puls, indem Sie Zeige- und Mittelfinger an Hals- oder Handschlagader legen. Zählen Sie 10 Sekunden lang die Zahl der Schläge und multiplizieren Sie das Ergebnis mit 6. So erhalten Sie die Zahl Ihrer Herzschläge pro Minute. Bevor Sie aktiv werden, ermitteln Sie auf diese Weise Ihren Puls.

Ihr Ruhepuls ______________

Messen Sie Ihren Belastungspuls nach jeder Übung
Messen Sie Ihren Belastungspuls nach jeder Übung. Er ist optimal, wenn Sie ihn noch leicht tasten können, wenn Sie nur leicht schwitzen, schnell, aber noch gleichmäßig atmen und sich trotz der Anstrengung wohl fühlen. Wenn Sie übermäßig schwitzen, unter Schwere- oder Schwächegefühlen oder gar Schwindel leiden, sind Sie viel zu weit gegangen. Sportler erreichen eine Herzfrequenz von 200 Schlägen pro Minute, aber Untrainierte und Ältere sollten den Wert in der Tabelle oben rechts auf keinen Fall überschreiten. Beachten Sie, daß die Werte Ihnen nur als grober Anhaltspunkt dienen: Ihr Optimum kann auch deutlich niedriger sein.

Ihr Belastungspuls ______

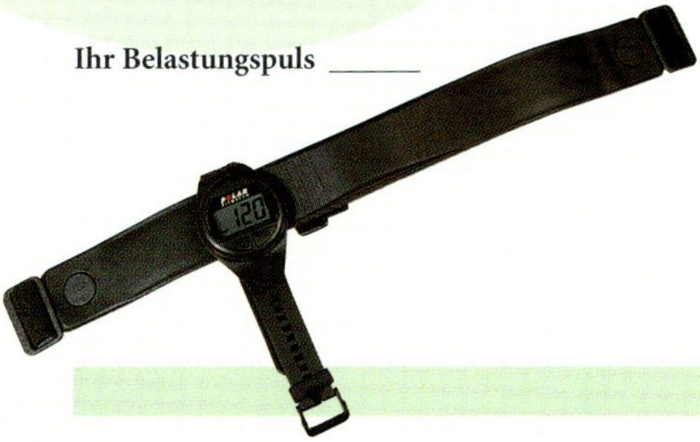

Ihr Belastungspuls

Die Tabelle dient nur als grober Anhaltspunkt. Am sichersten ist, den optimalen Puls beim Sportmediziner messen zu lassen.

	Alter/max. Belastungspuls				
Ruhepuls pro Min.	**20–39**	**40–49**	**50–59**	**60–70**	**›70**
bis 50	140	135	130	125	120
50–59	140	135	130	125	120
60–69	145	140	135	130	125
70–79	145	140	135	130	125
80–89	145	140	135	130	125
90–100	150	145	140	135	130

➤ Jetzt kann's losgehen ...

Werfen Sie sich in bequeme Trainingskleidung für den »Außen-Test« – und vergessen Sie die Uhr (siehe Seite 66) nicht. Für die Übungen zu Hause schaffen Sie sich ein bißchen Platz und legen folgende Hilfsmittel zurecht:

- Decke oder Turnmatte,
- Uhr mit Sekundenzeiger (oder Pulsuhr),
- Papier und Stift, einen Stuhl.

Hier die Punkt-Verteilung für die Test-Auswertung:
Geben Sie sich nach jeder Übung Punkte nach folgendem Schema:

- sehr gut 4
- gut, bestanden 3
- mittel 2
- schwach 1
- sehr schwach, nicht bestanden 0

Finnischer 2-km-Walking-Test

➤ Testen Sie Ihre Ausdauer

Ausdauer ist beim Laufen das A und O. Sie läßt sich mit dem Walking-Test ermitteln. Er wurde 1987 in Finnland entwickelt und eignet sich auch für Untrainierte und Übergewichtige. Lassen Sie sich nicht abschrecken, die Berechnungsformel mag zuerst etwas verwirren, ist aber im Grunde genommen ganz einfach.

So geht's
Sie sollen eine 2 Kilometer lange, flache Gehstrecke (Halle, Sportplatz, Park) in möglichst kurzer Zeit zurücklegen. Gehen Sie mit kräftigen Armschwüngen, aber laufen Sie nicht. Das heißt, Sie dürfen nie beide Füße gleichzeitig vom Boden abheben. Und natürlich dürfen Sie nicht aus der Puste kommen. Sie wissen ja: Überanstrengen lohnt sich nicht.

Messen Sie die Zeit
Am Ziel erfassen Sie die benötigte Gehzeit in Minuten und Sekunden. Wenn Sie 17 1/2 Minuten unterwegs waren, notieren Sie 17 Minuten, 30 Sekunden. Dann messen Sie sofort Ihren Belastungspuls wie auf Seite 65 beschrieben. Mit Hilfe der rechts oben abgebildeten Tabelle errechnen Sie anschließend Ihren Walking-Test-Index.
Dazu benötigen Sie noch Ihr relatives Körpergewicht, den BMI (Body-Mass-Index). Dividieren Sie dafür Ihr Körpergewicht in Kilogramm durch Ihre Körpergröße in Metern zum Quadrat (siehe Seite 18).

$$\text{BMI} = \frac{\textbf{Körpergewicht (kg)}}{\textbf{Körpergröße (m)}^2}$$

Ihr relatives Körpergewicht ________

Egal ob dick, dünn, trainiert oder untrainiert – der Ausdauertest ist für Sie machbar, wenn Sie gesund sind!

So ermitteln Sie Ihren Walking-Index

	MÄNNER	FRAUEN
1. Berechnen und addieren Sie folgende Einzelwerte:		
Gehzeit (Minuten)	______ x 11,6 = ______	______ x 8,5 = ______
(Sekunden)	______ x 0,2 = ______	______ x 0,14 = ______
Belastungspuls	______ x 0,56 = ______	______ x 0,32 = ______
Relatives Körpergewicht	______ x 2,6 = ______	______ x 1,1 = ______
Zwischensumme:	______	______
2. Subtrahieren Sie von dieser Summe Ihr Alter (Jahre)	______ x 0,2 = ______	______ x 0,4 = ______
Zwischensumme:	______	______
3. Subtrahieren Sie diese Zwischensumme von	420 – ______	304 – ______
Ihr Walking-Test-Index	______	______

Ermitteln Sie nun mit Hilfe der kleinen Übersicht rechts die Beurteilung Ihres persönlichen Walking-Test-Index. Das ist dann Ihr Test-Ergebnis. Tragen Sie das Ergebnis zusammen mit den folgenden Testergebnissen in die Gesamt-Testauswertung auf Seite 71 ein.

➤ Ihr Ergebnis

Walking-Test-Index	**Beurteilung**
mehr als 130	sehr gut
111–130	gut
90–110	mittel
70–89	schwach
weniger als 70	sehr schwach

Wie steht es um Ihre Kraft?

Wer Sport treibt, braucht nicht nur Puste, sondern auch Muskelkraft. Schlappe Muskeln sind für Haltungsschäden (Rücken) und Schwächen im Bandapparat (Gelenke) mitverantwortlich. Anhand der folgenden beiden Übungen können Sie testen, wie es um Ihre Kraft bestellt ist.

➤ Einbeinaufstehen

So geht's

Mit diesem Test können Sie Ihre Beinkraft beurteilen. Setzen Sie sich auf einen Stuhl, verschränken Sie die Arme vor dem Körper und stehen Sie mit einem Bein auf. Wiederholen Sie die Übung mit dem anderen Bein. Wenn Sie beim ersten Versuch Probleme haben, probieren Sie es nach einiger Zeit noch mal.

Messen

Für diesen wie für die folgenden drei Tests gibt es nur die Bewertungen: »bestanden« oder »nicht bestanden« – also 4 Punkte oder 0 Punkte.
Den Test haben Sie bestanden, wenn Sie ohne das Gleichgewicht zu verlieren mit dem linken und rechten Bein aufstehen und sicher stehenbleiben können. Schaffen Sie das nicht, ist bei sportlicher Betätigung Vorsicht angesagt: Sie tragen ein erhöhtes Unfallrisiko, denn ein sicherer Stand ist notwendige Sport-Voraussetzung.

Ihr Ergebnis: ______________

➤ Crunches

So geht's

Diese Übung mißt die Kraft der Bauchmuskulatur. Legen Sie sich auf den Rücken. Die Beine sind angewinkelt, die Füße stehen mit der ganzen Fußsohle auf dem Boden. Die Arme halten Sie seitlich neben dem Körper. Richten Sie sich nun ohne Schwung (!) in die Sitzstellung auf. Die Arme bleiben nach vorne gestreckt, und die Füße bleiben am Boden.

Messen

Sie haben den Test bestanden, wenn Sie sich ohne Schwung aufrichten können.

Ihr Ergebnis: ______________

*Beweglichkeits*TEST

WIE GESCHMEIDIG IST IHR KÖRPER?

Gute Beweglichkeit bedeutet Verletzungsprophylaxe im Sport. Wie dehnbar sind Ihre Glieder, Gelenke und Muskeln? Finden Sie es mit den folgenden zwei Übungen heraus!

➤ BEINDEHNUNG

So geht's
In dieser Übung kommt es auf Ihre rückwärtige Beinmuskulatur an. Sie sitzen auf einem Stuhl oder dem Boden und halten einen Fuß mit beiden Händen fest. Dabei das Bein nach vorne durchstrecken und nach oben halten. Wiederholen Sie die Übung mit dem anderen Bein. *Wichtig:* Die Streckung nicht ruckartig, sondern langsam und kontinuierlich durchführen. Dehnen Sie nie über die Schmerzgrenze hinaus.

Beindehnung: Wenn Sie Probleme mit Ihrem Rücken haben, machen Sie den Test im Liegen.

Messen
Sie haben den Test bestanden, wenn Sie die Beine ohne Schwierigkeiten und Schmerzen mindestens 5 Sekunden durchgedrückt halten können.

Ihr Ergebnis: ____________

➤ SCHULTERBEWEGLICHKEIT

So geht's
Stellen Sie sich mit dem Rücken an eine Wand. Die Füße plazieren Sie etwa 30 bis 40 Zentimeter vor der Wand. Die Arme hängen herab. Führen Sie aus dieser Haltung die Hände mit gestreckten Armen nach vorne und über den Kopf bis an die Wand. Der gesamte Rücken und der Po bleiben währenddessen an der Wand.

Messen
Sie haben die Aufgabe bestanden, wenn Sie die Hände über den Kopf zur Wand führen können, ohne daß der Po den Kontakt zur Wand verliert.

Ihr Ergebnis: ____________

Schulterbeweglichkeit: Bekommen Sie bei dieser Übung Schulter- oder Rückenschmerzen, sollten Sie einen Arzt aufsuchen.

*Koordinations*TEST

Wie steht es um das Zusammenspiel Ihrer Muskeln?

Die Fähigkeit zur Koordination, dem Zusammenspiel verschiedener Muskelgruppen, wird im Sport oft vernachlässigt, obgleich sie mit steigendem Alter immer wichtiger wird. Sie ist die Basis für Gleichgewicht und Reaktionsschnelligkeit des gesamten Körpers.

➤ Einbeinstand mit geschlossenen Augen

Einbeinstand mit geschlossenen Augen: Bei diesem Test kommt es auf Sekunden an.

So geht's
Stellen Sie sich auf ein Bein. Strecken Sie die Arme seitlich aus. Legen Sie den Unterschenkel des anderen Beins an das Knie des Standbeins. Nun schließen Sie die Augen.

Messen
Machen Sie diese Übung maximal 30 Sekunden lang. Anschließend führen Sie die Übung mit dem anderen Bein wieder 30 Sekunden aus. Messen Sie jeweils die tatsächliche Standzeit. Sie haben pro Bein zwei Versuche – der bessere zählt.

Ihr Ergebnis: ______________

Lesen Sie aus dieser Tabelle Ihre Koordinationsfähigkeit

Männer / Frauen	m / w	Einbeinstand mit geschlossenen Augen (in Sekunden) 30–49 Jahre	50–59 Jahre
sehr gut	m	› 18	› 14
	w	› 17	› 12
gut	m	11–17	9–14
	w	10–16	7–12
mittel	m	5–10	2–8
	w	4–9	2–6
schwach	m	1–4	1
	w	1–3	1
sehr schwach	m	0	0
	w	0	0

Nach Bös, 1996 (Seite 187)

Test AUSWERTUNG

Ihr Gesamtergebnis

➤ **Zählen Sie die Punkte Ihrer Ergebnisse zusammen**

Ausdauer ____________

Kraft ____________

Beweglichkeit ____________

Koordination ____________

Ihr Endergebnis: ____________

◆ **18 bis 24 Punkte:** Super! Sie sind wirklich fit. Machen Sie weiter so. Wenn Sie Läufer sind, können Sie sich das nächste Kapitel vielleicht sogar sparen.

◆ **14 bis 17 Punkte:** Ihre Fitneß ist gut. Mit gezieltem Training kann Sie etwas besser werden. Lesen Sie die nächsten Seiten, und dann düsen Sie los – bald gewinnen Sie Ihren ersten Marathon.

◆ **9 bis 13 Punkte:** Dieses Testergebnis ist Durchschnitt. Falls Sie noch nicht zur Spezies der Jogger zählen, dann starten Sie vielleicht auf der nächsten Seite damit. Das Ultralight-Lauftraining mit regelmäßigen Stretchübungen verbessert Ihre Ausdauer, Beweglichkeit, Kraft und Koordination.

◆ **0 bis 8 Punkte:** Um Ihre Sportlichkeit steht es schlecht. Sie sollten dringend etwas tun. Beginnen Sie mit dem Ultralight-Lauftraining auf der nächsten Seite, und gehen Sie vorher zum Arzt. Kontrollieren Sie nach einigen Wochen Ihre Leistungen nochmals mit diesem Test.

Anleitung zum Ultralight-Lauf

Sie brauchen nur gute Joggingschuhe, eine Pulsuhr und den richtigen Laufreflex. Dann geht alles wie von selbst. Denn Laufen macht süchtig. Sie müssen nur anfangen.

So überwinden Sie den schärfsten Schweinehund

In Deutschland tun es jeden Morgen etwa 7,5 Millionen Menschen, und es werden immer mehr. Wer einmal damit anfängt, 4 Wochen lang jeden Tag zu laufen, kann nicht mehr aufhören. Laufen macht süchtig. Joschka Fischer weiß das, seit er 1996 das erste Mal den Bundestag umrundete – damals noch mehr keuchend als laufend, was sich aber bald änderte. Dabei tankte er täglich kiloweise Kreativität und ließ ganz nebenbei 70 Pfund auf der Strecke an den Bonner Rheinauen. Viele Politiker holen sich morgens laufend ihre Kondition fürs Amt. Fußballer und Formel-1-Fahrer halten sich joggend in Form, Stars und Sternchen laufen dem Fernsehstreß davon. Und alle dem Altwerden. »Runner's world« kennt keine Grenzen: Kein Sport ist so einfach und überall durchzuführen, kein Sport ist so effektiv. Kein Sport ist so gesund und so natürlich. Denken Sie an Kinder, die jeden Tag umgerechnet 10 Kilometer in Bewegung sind – nur heißt es da noch nicht joggen, sondern spielen.

Entwickeln Sie einen Laufreflex

Der Wille ist da. Nur die Beine wollen einen einfach nicht vor die Tür tragen? So geht es vielen. Aber das läßt sich ändern. Der Trick besteht darin, einen Automatismus zu schaffen, einen Laufreflex, so wie jeder einen Frühstücksreflex hat: Sich völlig automatisiert hinsetzen, das Ei köpfen, sich weder aufraffen noch überreden müssen. Genau so einen Reflex brauchen Sie für das Laufen. Wie Sie das machen? Indem Sie 4 Wochen lang täglich zur gleichen Zeit laufen.

Praktisch geht das so
Sie kaufen ein paar Laufschuhe (siehe ab Seite 74), stellen sie abends neben das Bett, rumpeln früh hoch, fallen in die Schuhe, erschrecken fürchterlich und laufen los. Wichtig: Nicht erst Zähne putzen und duschen. Denn das kostet 12 Minuten. Da fallen Ihnen garantiert 14 Ausreden ein, warum Sie gerade heute zufällig ausnahmsweise keine Zeit zum Laufen haben.

Bald wird Laufen zur Routine
Glauben Sie mir, es geht wirklich darum, in den ersten 4 Wochen das Denken abzustellen und einfach loszulaufen. In dieser Zeit ist das bitter, vor allem, wenn es draußen schneit oder regnet. Nach 4 Wochen aber wird es unglaublich süß. Dann wollen Sie nämlich laufen. Jeden Tag. Weil Sie merken, daß Ihnen ohne Ihr morgendliches Ritual etwas ganz Wichtiges fehlt.

Ode an den Nüchternlauf

Wenn andere noch mit dem Aufstehen kämpfen, die bleiernen Glieder aus der Bettdecke wühlen, dann stehen Sie schon längst fröhlich pfeifend unter der Dusche. Nach Ihrem Morgenlauf. Es spricht viel dafür, den Tag in leichtem Trab zu beginnen: Kein Termin, kein voller Magen, kein Anruf, einfach nichts kann sich zwischen Ihre Bettwärme und die Frischluft drängen. Die morgendliche Sauerstoffdusche hilft in wenigen Minuten, lächelnd laufend, die Probleme vom Vortag zu lösen. Und man plant mit hellwachem Verstand den Tag, der vor einem liegt, gleich mit.

Morgens ist die Welt noch in Ordnung
Morgenluft ist meßbar frischer. Nachmittags und abends schnuppert man mehr Schadstoffe aus der Luft, auch Ozon ist morgens kein Problem. Und: Wer nüchtern trainiert, also morgens ohne Frühstück in den Wald läuft, zwingt den Körper, Fett zu verbrennen, weil nur wenig vom schnell verfügbaren Zucker im Blut kreist. Ein Morgenlauf reinigt zudem den Körper: Wer nach längerer Nüchternphase den Körper zu Aktivitäten drängt, setzt einen dynamischen Reinigungsprozeß in Gang: Zellmüll wird abtransportiert, auch Organe, Blut, Haut und Lunge putzen sich.

Laufen Sie nie los ohne ...

... Stretching-Übungen gemacht zu haben
Sie kommen steif aus dem Bett, riskieren eine Verletzung, wenn Sie aus dem Stand losdüsen. Gehen Sie am besten 5 Minuten mit raschem Schritt, damit der Körper auf die richtige Betriebstemperatur kommt. Und dann lockern Sie mit Stretching Ihre Muskeln und machen Ihre Gelenke geschmeidig (Übungen siehe Seite 82/83).

... geeignetes Schuhwerk
Unsere Gene sind lockeren Waldboden gewohnt. Diesen muß heute die High-Tech ersetzen, damit der Asphalt uns nicht den Körper zerstört.

... 0,3 bis 0,5 Liter getrunken zu haben
Auch wenn Sie langsam laufen, fangen Sie nach wenigen Minuten zu schwitzen an. Und auf Wasserverlust reagiert der Organismus mit körperlichem und geistigem Leistungsabfall. Kein Wunder: Der Mensch besteht immerhin zu 60 Prozent aus Wasser. Da auch Mineralien verlorengehen, wählen Sie als Getränk am besten Mineralwasser. Achten Sie vor allem darauf, daß die Sportlermineralien Kalzium und Magnesium reichlich darin enthalten sind.

➤ TIP

Schauen Sie bei Mineralwasser aufs Etikett

BEI KALZIUM und MAGNESIUM sollte jeweils ein Wert von mehr als 100 mg/l auf dem Etikett ausgewiesen sein.

... Sonnenschutz oder Mütze und Handschuhe, wenn es draußen kalt ist
Wer schwitzt, läuft Gefahr, sich einen kräftigen Sonnenbrand zu holen. Cremen Sie sich gut ein, bevor Sie starten, und schützen Sie die Kopfhaut mit einer Kappe.
Für kältere Tage gilt: Über Kopf und Nacken gehen 40 Prozent der Körperwärme verloren. Ansonsten sollten Sie sich nicht zu dick einmummeln. Bewegung macht von innen heraus warm. Wird es zu warm: Einfach den Jackenreißverschluß öffnen.

Das richtige Outfit

Geeignetes Schuhwerk und die passende Kleidung sorgen dafür, daß das Laufen rundum guttut und Spaß macht.

Joggingschuh – das neueste Modell?

Seit 20 Jahren läuft man auf hervorragender Technik. Und viele neue Raffinessen fallen unter die Rubrik Werbestrategie. Sie können also ruhig auch ein preisgünstiges Auslaufmodell wählen. Wichtig ist nur: Besorgen Sie Ihre Laufschuhe nicht im Supermarkt, sondern nur in einem Fachgeschäft mit High-Tech-Ausrüstung: einem Laufband mit Videokontrolle und einem Verkäufer, der sich Zeit nimmt für eine Beratung. Denn jeder Mensch hat unterschiedliche Laufgewohnheiten – Asphalt, Waldwege oder beides. Darauf muß der Schuh Rücksicht nehmen.

Joggingschuh ist nicht gleich Joggingschuh. Nehmen Sie sich für den Kauf Zeit, und lassen Sie sich in einem Fachgeschäft beraten.

> TIP

Finden Sie Ihre Fußstellung heraus

Normalfuß
Sie haben ein normales Fußgewölbe. Der Fußabdruck zeigt deutlich die Bereiche von Vor-, Mittel- und Rückfuß. Als Normalfüßler berühren Sie beim Laufen erst mit der Außenseite des Rückfußes den Boden, dann knicken Sie nach innen ab, um den Aufprall aufzufangen. Experten sprechen von natürlicher Pronation. Ihr Laufschuh sollte einen gebogenen Leisten haben (siehe Lexikon Seite 76).

Senk-Spreizfuß
Sie haben ein niedriges Fußgewölbe und hinterlassen einen kompletten Fußabdruck. Sie knicken nach der Landephase sehr stark nach innen ab. Experten sprechen von Überpronation. Wenn Sie den falschen Schuh wählen, riskieren Sie eine Verletzung. Der Leisten Ihres Laufschuhs sollte gerade oder leicht gebogen sein. Eine feste Zwischensohle oder Pronationsstützen sollten im Schuh die Fehlstellung Ihres Fußes korrigieren.

Hohlfuß
Ihr Mittelfuß ist beim Auftreten nur an der Außenseite zu sehen. Die meisten Läufer mit Hohlfüßen knicken in der Landephase nicht nach innen ab (Unterpronation), sondern hinterlassen nur im Vor- und Rückfußbereich einen Abdruck. Der natürliche Aufprallschutz des Fußes fehlt. Ihr Laufschuh sollte einen gebogenen Leisten haben und unbedingt über gute Dämpfungseigenschaften und gute Flexibilität verfügen.

Was noch wichtiger ist: Jeder Mensch hat eine andere Fußstellung – und auf diese muß der Schuh maßgeschneidert sein. Um sie zu erkennen, muß man auf dem Laufband laufen. Ein Video zeichnet die Lande- und Abrollphase der Füße auf. Spielt man das Band dann in Zeitlupe ab, liefert es die nötigen Informationen für den richtigen Schuh.

Ein guter Laufschuh muß ...
... *dämpfen:* Bei jedem Schritt knallt das doppelte Körpergewicht auf den Fuß über das Gelenk hinauf zum Knie bis zur Wirbelsäule. Mindestens 100 Tonnen Belastung muß Ihr Bewegungsapparat während eines Laufs aushalten. Ein guter Schuh dämpft das hervorragend ab.
... *stützen:* Ein guter Schuh schützt den Fuß vorm seitlichen Abknicken, hält ihn stabil. Vor allem, wenn Sie unter einer Fußfehlstellung leiden, sollten Sie auf eine ausgeklügelte Stützfunktion achten. Sonst laufen Sie Gefahr, sich die Achillessehne zu verletzen oder die Gelenke übermäßig zu belasten.
... *führen:* Eine stabile Fersenkappe vermeidet, daß sich der Fuß beim Aufsetzen nach innen neigt. Läufer mit O-Beinen knicken auf unebenen Böden leicht nach außen um – auch das verhindert der Schuh mit guter Führung.

Tips für den Schuhkauf
> Bringen Sie Ihre alten Schuhe ins Sportgeschäft mit, daraus kann ein guter Fachverkäufer viel über Ihre Fußstellung lesen (siehe dazu den Tip links).
> Wenn Sie Probleme mit den Füßen haben, dann lassen Sie sich vom Sport-Orthopäden eine maßgeschneiderte Einlage herstellen, die den Fuß besser stützt als die Schaumstoffeinlagen vom Hersteller.
> Ein guter Verkäufer fragt Sie nach: Gewicht, Fußtyp, Beinstellung (X- oder O-

➤ INFO

Laufschuh-Lexikon

◆ **EVA:** Ethylenvinylacetat. Sehr leichter Kunststoff, der in Laufschuhen als Zwischensohlenmaterial verwendet wird. Druckgeschäumtes EVA ist nicht nur leicht, es hat auch sehr gute Dämpfungseigenschaften.
◆ **Lateral:** die Außenseite des Schuhs.
◆ **Leisten:** Es gibt gebogene, leicht gebogene und gerade Leisten. Beim geraden Leisten ist die mediale – also innere – Seite des Schuhs gerade gestaltet. Das hat den Vorteil, daß die Fußinnenseite besser gestützt wird als beim gebogenen Leisten. Gebogene Leisten eignen sich für Läufer ohne Fußprobleme.
◆ **Medial:** Innenseite des Fußes.
◆ **PU:** Polyurethan. Synthetisches Gummi, das überwiegend als Material für Zwischensohlen verwendet wird. PU ist fester und schwerer als EVA, aber auch haltbarer.
◆ **Überpronation:** Unter Pronation versteht man das natürliche Einknicken des Fußes nach innen bei jedem Laufschritt. Ein leichtes Pronationsverhalten ist physiologisch normal. Bei Überpronation knickt der Läufer zu stark nach innen ein. Dies sollte unbedingt ausgeglichen werden, um Verletzungen vorzubeugen. Durch einen Schuh, bei dem die Innenseite besonders gestützt ist, und/oder Einlagen.
◆ **Unterpronation:** Auch Supination genannt – kommt viel seltener vor als Überpronation. Der Fuß knickt nach dem Auftreten nicht nach innen ab. Erkennbar an abgelaufenen Außensohlen.

Beine). Wie lange und wieviel Sie laufen. Welchen Laufuntergrund Sie bevorzugen. Und ob Sie dazu neigen, sich häufiger etwas zu verletzen oder öfter Schmerzen haben.
➤ Kaufen Sie Ihre Schuhe erst am späten Nachmittag, denn im Laufe des Tages werden die Füße größer.
➤ Tragen Sie bei der Anprobe Socken, die Sie auch beim Laufen tragen. Sie können einen Unterschied von einer halben Schuhgröße ausmachen.
➤ Vorne sollte immer ein Fingerbreit Platz sein. Der Fuß rutscht beim Abrollen nach vorne. Schnüren Sie den Schuh sorgfältig, strecken Sie dabei die Zehen nach oben und drücken Sie die Ferse fest in die Fersenschale. Das Obermaterial darf nicht zu eng am Fuß anliegen – das beeinträchtigt sonst die Bewegung.
➤ Testen Sie die Laufschuhe im Laufschritt eventuell sogar vor dem Laden.
➤ Kaufen Sie zwei Paar Schuhe, und zwar von unterschiedlichen Herstellern. Denn Abwechslung tut Sehnen, Gelenken und Muskeln gut.

Muß es funktionale Sportswear sein?

Die Kleidung muß den Läufer schützen – vor Hitze und vor Kälte. Also muß sie funktionieren. Sicher können Sie in Baumwoll-T-Shirt und Baumwoll-Leggings laufen. Wenn möglich aber nicht im Hochsommer. Denn wer läuft, schwitzt. Die Baumwolle saugt sich voll wie ein Schwamm und leitet die Wärme schlecht ab. Die Körperwärme staut sich, das kann zum Hitzeschock führen. Wählen Sie deshalb eine atmungsaktive, pflegeleichte Kleidung.
Die ausgeklügelten Kunstfasern in der modernen Sportswear sind nicht nur quietschfarbene Modegags, sondern haben ihre Vorteile. Die neuen Mikrofasern – dagegen sind Baumwollfasern dicke Seile – schmiegen sich ultraleicht an den Körper, bilden Tausende von winzigen Luftkammern und dämmen gegen Kälte und Hitze. Sie saugen sich nicht mit Wasser voll, sondern leiten die Feuchtigkeit schnell ab. Durch die feinen Fasern dringt auch kein Regentropfen nach innen.

Es klebt kein feuchter Stoff auf der Haut, die Muskeln bleiben warm. Sie fühlen sich mit solcher Kleidung bei Wind und Wetter wohl. Und das ist ganz besonders wichtig, gerade wenn es draußen so richtig ungemütlich ist und Sie eigentlich gar keine Lust haben, rauszugehen, geschweige denn, Ihren täglichen Lauf zu machen.

Mit der richtigen Joggingkleidung macht Laufen Spaß – bei jedem Wetter.

Hosen

Empfehlenswert sind enganliegende Hosen aus Kunstfasern, die für jeden Geschmack und in jeder Größe angeboten werden. Sie halten warm, schützen vor allem auch die Nieren, und da sie glatt sind, scheuern Sie sich beim Laufen nicht wund.

Ist es kalt, sollten Sie einfach einen Trainingsanzug aus Baumwolle über Hose und Oberteil tragen.

Oberteil

Wählen Sie helle Kleidung, wenn Sie auf der Straße laufen, und schützen Sie sich abends mit Reflektoren. Auch hier leistet die zweite Haut aus Kunstfasern gute Dienste. Sie schickt den Schweiß zum Verdunsten an die Luft. Wenn es kalt wird: Eine Baumwoll-Trainingsjacke darüber ziehen. Für Regentage sollten Sie sich eine gute wasserdichte Regenjacke besorgen.

BH

Frauen sollten einen elastischen Sport-BH tragen. Er ist nicht nur bequem, sondern federt vor allem auch alle Bewegungen ab. Wichtig: Achten Sie auf flache, nicht scheuernde Nähte.

Socken

Ideal sind dünne Söckchen aus Baumwolle, ohne Naht über den Zehen. Wer zu Blasenbildung neigt, steckt auch gut in einem Paar spezieller Laufsocken. Sie kosten zwar mehr (um die 13 Euro), sind aber auf die natürliche Paßform des Fußes rechts und links zugeschnitten und haben keine auftragenden Nähte. Sportsocken gibt es zum Beispiel speziell fürs Joggen, Walken, Sprinten. Sie polstern den Fuß an der Stelle, an der bei der jeweiligen Sportart die höchste Belastung auftritt. Eine Investition, die sich lohnt, wenn Sie ernsthaft regelmäßig laufen wollen.

Stirnband

Es ist viel mehr als ein hübsches Accessoire. Ein Stirnband hat mehrere schützende Funktionen: Es verhindert, daß Schweißtropfen in die Augen fließen, wärmt an kalten Tagen die Stirnhöhlen und kühlt an heißen Tagen, wenn man es vorher in Wasser getaucht hat.

Wichtig: Im Winter ersetzt es auf keinen Fall die Mütze. Denn über den Kopf geht viel Körperwärme verloren.

Laufen Sie langsam!

Super-Läufer Dieter Baumann verkündete nach seinem Olympiasieg: »Seit ich langsamer trainiere, renne ich schneller!«
Der entscheidende Punkt beim Laufen ist nämlich der richtige Puls: Er darf nicht rasen. Wer zu schnell läuft und schnauft, erzeugt eine Sauerstoffnot im Körper. Die Milchsäure im Blut steigt an, der Mensch wird sauer, und alle Läufermühe ist umsonst.

Nur wer lächelt, verbrennt Fett
Sobald wir 4 Jahre alt sind, werden wir auf Leistung getrimmt. Darum laufen die meisten Menschen genauso, wie sie arbeiten: angestrengt, verbissen, leistungsorientiert, erfolgssüchtig. Das bewies der Kölner Sportmediziner Prof. Richard Rost.

Beim Sportmediziner können Sie sich per Fahrrad-Ergometer Ihren individuellen Fettverbrennungspuls bestimmen lassen.

➤ INFO

Bei Laktat 4 bleibt das Fett liegen

EIN GESETZ der Physiologie heißt: Ist zu viel Milchsäure (Laktat) im Blut, leidet der Muskel unter Sauerstoffnot. Der Körper reagiert sauer, weil Sie hecheln, keuchen, schwitzen, sich anstrengen, leiden. In Zahlen ausgedrückt: Laktat über 4 mmol/l im Blut ist der Beweis dafür, daß – trotz enormer Anstrengung – mangels Sauerstoff nur eine Handvoll Kohlenhydrate verbrannt werden, wie zum Beispiel beim Sprinten, Squashen, Tennisspielen oder Mountainbiken. Fett hingegen läßt der Körper links liegen.
Laufen Sie mit dem Puls, der den Laktatspiegel gerade noch unter 4 hält. Diesen zu bestimmen, hilft Ihnen der Sportmediziner für etwa 75 Euro.

Er fing im Kölner Stadtpark 50 Jogger ein. Führungskräfte von Ford, die, statt Mittag zu essen, lieber Fett verbrennen wollten.
Prof. Rost nahm ihnen einen Tropfen Blut aus dem Ohrläppchen und raubte ihnen nach der Analyse die Hoffnung, auch nur 1 Gramm Fett verloren zu haben. Nicht verwunderlich, denn der Muskel verbrennt Fett nur im Sauerstoffüberschuß, sonst bedient er sich aus dem Reservetank der Kohlenhydrate. Und das ist im Blut nachweisbar. Schon leicht erhöhte Milchsäurespiegel machen die Fettverbrennung komplett unmöglich.

Das Geheimnis heißt: Ultralight-Lauf
Sie laufen leicht, locker, lächelnd. Ohne sich anzustrengen. Nur wenn Sie sich 5 Minuten nach dem Laufen frisch fühlen und Bäume ausreißen könnten, war es richtig. Wenn Sie 1 Stunde brauchen, bis Sie wieder fit sind, zeigt das: Alle Reserven sind aufgebraucht.

Glauben Sie keiner Faustregel

220 minus Lebensalter geteilt durch die Dioptrienstärke der Brille mal die Anzahl der Kinder – weder diese noch irgendeine andere Faustformel ist hundertprozentig richtig.

Hundertachtzig minus Lebensalter?
Das wurde lange propagiert als der richtige Puls. Es gibt aber 80jährige, die mit einem Puls von 140 noch im aeroben Bereich düsen, und 20jährige, die bei 120 schon zu keuchen anfangen. 130 heißt der Gesundheitspuls – er kann bei Ihnen aber auch bei 140 oder auch bei 180 liegen.

Vorsicht: Plappernd geht's in die Sauerstoffschuld
Eine weitere Faustregel lautet: Solange man sich fließend unterhalten kann, läuft man richtig. Da der Körper aber auch eine Sauerstoffschuld eingehen kann, merken Sie erst einmal gar nichts. Sie können 15 Minuten mit dem falschen Puls weiterlaufen, bis Sie nicht mehr flüssig dahinplappern und merken, daß Ihnen die Luft ausgeht. Die 15 Minuten waren also umsonst. Selbst wenn Sie nun das Tempo drosseln und im aeroben Bereich weiterlaufen, brauchen Sie 15 Minuten, um die Milchsäure wieder abzubauen. Fazit: Sie sind 30 Minuten umsonst gelaufen.

So finden Sie Ihren optimalen Puls

Leider haben wir keine Meßuhr eingebaut, die sagt: Stop, dein Herz schlägt zu schnell, es kommt nicht genügend Sauerstoff nach, du schaltest auf Kohlenhydratverbrennung um. Bis zu einem bestimmten Puls verbrennen Sie Fett, sagen wir bis 140 Schläge pro Minute, darüber Kohlenhydrate. Das kann schon bei 142 passieren.
Eine annähernde Faustformel, nach der Sie

Mein Tip für Sie

Bestimmen Sie Ihren Fettverbrennungspuls

WENN SIE rhythmisch atmen, so wie weiter unten beschrieben, wirkt die Atmung als »Drehzahlbegrenzer«. Sie können mit dieser Atmung gar nicht zu schnell laufen, Sie bremst Sie, und dabei verbrennen Sie Fett. Sie finden Ihren Fettverbrennungspuls nach der folgenden Methode nur, wenn Sie mit schnellen, kleinen Trippelschritten laufen. Machen Sie also kürzere Schritte, erhöhen Sie ganz bewußt die Frequenz der Schritte. Tun Sie also etwas Bewußtes, etwas, was Ihnen nicht automatisch zufällt.

- **Für Anfänger. In den ersten 4 bis 6 Wochen:** Sie laufen. Leicht, locker, lächelnd. Und dabei atmen Sie. Rhythmisch. 3 Schritte atmen Sie ein, 3 Schritte atmen Sie aus. Also: 3 ein, 3 aus. Gleichmäßig. Wenn Sie das schaffen, verbrennen Sie Fett.
- **Für Fortgeschrittene. Nach 4 bis 6 Wochen:** Sie laufen. Sie atmen 3/3, also 3 Schritte ein und 3 Schritte aus. Und jetzt beschleunigen Sie. Langsam, aber stetig. Sie werden schneller. Nach einiger Zeit wird Ihnen die Luft knapp. Sie müßten schneller atmen. Tun Sie es! Atmen Sie jetzt 2 Schritte ein und 3 aus. Also 2/3. Bleiben Sie dabei. Sie sind jetzt näher an der Grenze, Sie haben jetzt einen effektiveren Puls für die Fettverbrennung gefunden.

Ihren optimalen Fettverbrennungspuls in etwa finden können, lautet: Wer beim Laufen zweimal einatmet und dreimal ausatmet, bewegt sich im Sauerstoffüberschuß und ist ziemlich nah beim idealen Fettverbrennungspunkt. Durch diese Atemtechnik begrenzen Sie automatisch Ihre Geschwindigkeit – und Sie können nicht sprinten!

Check beim Sportmediziner
Sie können Ihren individuellen Puls auch vom Sportmediziner messen lassen. Zu diesem sollten Sie sowieso gehen, wenn Sie älter sind als 35. Er macht erst mal einen Vital-Check. Und er bestimmt den Laktatspiegel im Blut. Dafür strampeln Sie auf einem Fahrrad-Ergometer und werden zunehmend belastet. Je mehr Sie sich anstrengen, desto schneller schlägt Ihr Herz. Und in regelmäßigen Abständen zapft der Arzt einen Tropfen Blut aus dem Ohrläppchen ab und mißt den Laktatwert. Der Arzt notiert sich beides: Puls und Laktatwert. Nun muß er nur noch ablesen, bei welchem Pulsschlag Ihr Laktatwert über 4 mmol/l angestiegen ist. Und genau diesen Wert sollten Sie laufend nicht überschreiten.

➤ TIP

Ultralight-Lauf

LANGSAM ZU LAUFEN ist Luxus für Ihren Körper: Ihr Muskel wird dadurch optimal durchblutet. Milchsäure und Schlacken werden abtransportiert, Fett wird verbrannt. Laufen Sie 30 Minuten. Sie könnten es aber auch 2 Stunden tun.

Tragen Sie eine Pulsuhr

Sie fragen sich, warum man sich von einer Pulsuhr den Lauftakt diktieren lassen soll, es ginge doch auch einfach, mit der herkömmlichen Methode: Puls fühlen, 15 Sekunden die Schläge zählen, mit 4 multiplizieren – das kann jedes Kind –, und schon hat man den Belastungspuls. Ja, funktionieren tut es per Hand schon, aber eben nicht genau. Denn Sie legen für jede Messung einen Stopp ein. Sobald Sie stoppen, nimmt die Schlagfrequenz des Herzens ab, und das verfälscht die Ergebnisse um bis zu 10 Prozent.

Aber weit gefährlicher ist: Trimmfanatiker stellen das Pulsmessen irgendwann ein. Sie laufen und laufen und manchmal nicht dem Herzinfarkt davon, sondern direkt hinein. Schon mancher Jogger hat die Warnzeichen des Körpers mißachtet und seine Grenzen überschritten. Das verhindert ein Pulsmeßgerät. Es überwacht Ihre Belastung, dosiert Ihre Leistung und schützt Ihr Herz. In den USA gehören Brustgurt und Uhr am Handgelenk schon längst zum Fitneß-Standard-Equipment. Denn die Elektronik mißt während des Laufens kontinuierlich und so genau wie ein EKG – und man kann danach seine Belastung präzise analysieren. Super-Geräte mit Herzfrequenz-Speicherfunktionen optimieren das Training von Profis. Sie können anschließend mit Hilfe von Computerprogrammen das Training auswerten.

Wie funktioniert so ein Herzfrequenzmesser?
Schnallen Sie den Brustgurt um – die eingebauten Elektroden messen die elektronischen Impulse, die das Herz bei seiner Kontraktion auslöst. Das Signal wird verstärkt und an die Uhr am Handgelenk gefunkt. An der digitalen Anzeige können Sie Ihren aktuellen Pulsschlag ablesen. Dann müssen Sie nur noch Gas geben, wenn er zu niedrig ist, oder

Die Pulsuhr hilft Ihnen, immer mit Ihrem optimalen Verbrennungspuls zu laufen.

die Bremse einlegen, wenn das Herz zu schnell schlägt. In den meisten Modellen ist ein akustischer Wächter eingebaut, der piepst, sobald man in langsamen Trott verfällt oder das Herz zu jagen anfängt.
Die cleveren Pulsuhren sind auch hilfreiche Abnehm-Experten. Sie rechnen für Sie aus, wieviel Fett Sie verbrennen, welche Anzahl von Kalorien auf der Strecke bleiben und wieviel Pfunde. Gute Pulsmeßgeräte bekommen Sie im Sanitäts- und Sportfachhandel schon ab etwa 50 Euro. Lassen Sie sich das Anlegen der Pulsuhr dort genau demonstrieren, damit Sie zu Hause sofort klarkommen.

Wann sollte man nicht laufen?

Mit Fieber gehören Sie ins Bett, nicht in den Wald. Dann setzt sich der Körper nämlich mit dem Infekt auseinander. Wird er dagegen belastet, kann es sein, daß sich der Erreger auf den Herzklappen einnistet und sogar den Herzmuskel angreift.
Auch während des Laufens sollten Sie immer auf die Warnsignale Ihres Körpers hören. Über starke Müdigkeit oder Schmerzen darf man nicht hinweglaufen. Denn wer es übertreibt und sich etwas beweisen will, läuft direkt in den Herzinfarkt hinein.
Auch wenn Sie sich verletzt haben, ist es klar, daß Sie sich erst einmal eine Regenerationszeit gönnen. Treiben Sie mit Ihrem Körper keinen Raubbau wie viele Leistungssportler, die auf eine Verletzung die nächste setzen und sich zum Wrack trainieren.
Nur: Zimperlich dürfen Sie auch nicht sein. Wenn Sie Ihre Gelenke und Muskeln über längere Zeit nicht gebraucht haben, ist es klar, daß sie anfangs zwackend und zwickend rebellieren. Nicht aufgeben – das legt sich bald. Genießen Sie, daß Sie Ihren Körper spüren. Laufen Sie ihn ein.

Mein Tip für Sie

10 ultimative Tips für Laufeinsteiger

◆ **Teamgeist:** Wenn Sie alleine nicht in die Gänge kommen, dann suchen Sie sich einen Partner. Zu zweit ist es doppelt so schön.

◆ **Laufsteg:** Gehen Sie nicht in Ihren ausgebeulten Leggings von vorgestern auf die Piste. Sie werden sich wohler fühlen, wenn Sie verschwitzt Bekannte treffen und dabei wenigstens »korrekt angezogen« sind.

◆ **Hürden-Lauf:** Setzen Sie sich nicht zu hohe Ziele. Sonst macht es bald keinen Spaß mehr. In einer Woche ist noch keiner zum Marathonläufer geworden.

◆ **Laufreflex:** Planen Sie Ihren täglichen Lauf so ein, daß Ihnen auch wirklich nichts dazwischenfunken kann. Er sollte wie das Frühstücken zum Leben gehören.

◆ **Check-up:** Wenn Sie älter als 35 sind und eher zur Spezies Sportmuffel gehören, dann sollten Sie einen Sportarzt aufsuchen, bevor Sie einfach drauflosIaufen.

◆ **Aus dem Bauch heraus:** Laufen Sie nie mit vollem Magen los. Die letzte Mahlzeit liegt idealerweise 3 Stunden zurück.

◆ **Fremdlaufen:** Keine Ausrede, Laufen können Sie immer und überall. Packen Sie Ihre Ausrüstung auf jeder Reise mit ein.

◆ **Abwechslung:** Manchem tut es gut, wenn er jeden Tag die gleiche Strecke läuft. Doch genießen Sie die Natur wenigstens am Wochenende in einem anderen Wald.

◆ **Trotzdem laufen:** Auch wenn die Muskeln am Anfang zwicken, die Gelenke knurren, sollten Sie nicht gleich stehenbleiben und womöglich das ganze Lauftraining stecken. Das gibt sich mit der Zeit.

◆ **Trinker-Regel:** Sie verlieren pro Stunde Joggen 1 bis 2 Liter Flüssigkeit. Unbedingt nachfüllen!

*Die besten Stretching-*ÜBUNGEN

VOR UND NACH DEM LAUFEN

Sitzend verkürzen sich die Muskeln. Gönnen Sie Ihren Muskeln ruhig zwei Stretching-Runden vor dem Laufen zum Warmwerden. Und nach dem Laufen, wenn die Muskeln gut durchblutet und geschmeidig sind.

➤ STRETCHING-REGELN

◆ Halten Sie Ihren Rücken bei jeder Übung gerade.
◆ Nur nicht wippen: Wer nachfedert oder sich ruckartig bewegt, riskiert, daß Muskeln, Bänder und Gelenke gezerrt werden. Wippen bringt Muskeln dazu, sich dagegenzustemmen. Sie spannen sich an, statt sich zu entspannen.
◆ Schmerz meiden. Dehnen Sie nur so weit, bis Sie ein deutliches Ziehen verspüren, aber nie so weit, daß es schmerzt.

➤ DEHNUNG DER ÄUSSEREN, LANGEN WADENMUSKULATUR

Ausgangsposition: Die Füße parallel in Schrittstellung. Vorderes Bein beugen, hinteres strecken. Die Ferse des hinteren Beines gegen den Boden drücken. 20 Sekunden, 2 Sekunden Pause und noch mal dehnen, Stellungswechsel, mit dem anderen Bein die Übung wiederholen.

➤ DEHNUNG DER INNEREN, KURZEN WADENMUSKULATUR

Ausgangsposition: Rücken gerade. Linkes Knie beugen, rechte Ferse mit durchgestrecktem Bein vor den Körper stellen, die Zehen hochziehen. Die Belastung ist nun auf dem gebeugten Bein, die ganze Sohle auf dem Boden. 20 Sekunden. 2 Sekunden Pause. Noch mal. Beinwechsel.

➤ DEHNUNG DES INNEREN OBERSCHENKELS

Ausgangsposition: Grätschstellung. Füße stehen parallel. Ein Bein beugen. Gewicht auf das gebeugte Bein verlagern. Der äußere Fußrand des gestreckten Beins bleibt am Boden. 20 Sekunden, 2 Sekunden Pause, noch mal dehnen, wechseln.

➤ Dehnung des vorderen Oberschenkels

Ausgangsposition: Beide Füße nebeneinander, gerade stehen. Einen Fuß in die Hand nehmen, an den Po drücken, die Knie dabei zusammenhalten, Hüfte nach vorne strecken. 20 Sekunden, 2 Sekunden Pause, noch mal dehnen, dann wechseln.

➤ Dehnung der Schulter-muskulatur

Ausgangsposition: Arme über den Kopf. In gerader Haltung rechten Ellenbogen mit der linken Hand hinter den Kopf ziehen. Kopf nicht zur Seite biegen. Dann 20 Sekunden, 2 Sekunden Pause, dann wiederholen und wechseln.

➤ Dehnung des hinteren Oberschenkels

Ausgangsposition: Gerade und aufrecht stehen. Dann mit gestreckten Beinen und geradem Rücken den Oberkörper vorsichtig und langsam zu den Beinen biegen. Den Rücken auf alle Fälle bei dieser Übung gerade halten. 20 Sekunden, dann 2 Sekunden Pause und anschließend die Übung wiederholen.

➤ Dehnung der Brust- und Schulter-muskulatur

Ausgangsposition: Die Hände hinter dem Rücken verschränken. Nun mit geradem Rücken die gestreckten Arme vorsichtig nach oben ziehen und 20 Sekunden sanft dehnen, 2 Sekunden Pause einhalten und die Dehnübung wie beschrieben wiederholen.

Achtung, fertig, los ...

Haben Sie sich jetzt entschlossen, mit dem Laufen zu beginnen? Den Risiko-Check von Seite 64 bis 71 gemacht? Dann schnallen Sie Ihren Pulsmesser um, ziehen die Laufschuhe an und suchen sich eine 3- bis 5-Kilometer-Strecke ohne Hügel. Nun machen Sie 10 Minuten Ihre Dehnübungen (Seite 82/83) – und laufen los.
Glauben Sie mir, wenn Sie lächelnd und mit der Pulsuhr laufen, die Sie piepsend warnt, sobald Sie zu schnell werden, mit Ihrem optimalen Puls, dann können Sie sofort am Stück 30 Minuten laufen.

Beginnen Sie langsam
Wenn Sie das anfangs nicht schaffen sollten, beginnen Sie mit 3 Minuten und gehen anschließend in flottem Tempo, bis Sie wieder Lust haben, 3 weitere Minuten zu laufen. Hängen Sie einfach jeden Tag 1 weitere Trainingsminute an. Nach genau 4 Wochen sind Sie dann bei den wertvollen 30 Minuten. Und auch Ihre Sehnen und Gelenke haben sich daran gewöhnt – Sie haben sich eingelaufen!

➤ **INFO**

Laufen Sie sich ein

JEDER LAUFTAG macht Sie fitter, das heißt, auch Ihr Puls verändert sich. Nach ein paar Wochen stellt sich ein »steady state« ein, eine Pulsfrequenz, die Ihr persönlicher Belastungspuls wird.
Mit »steady state« ist ein Rahmen gemeint, in dem sich der Belastungspuls im Laufe der Zeit einpendelt. Die Variation ist anfangs sehr hoch, wird aber im Laufe des Trainings immer kleiner.

So fit werden Sie

Schon nach 2 Monaten stellt sich ein Fitneß-Level ein, von dem Sie bisher nur träumen konnten. Sie werden Ihre 5 Kilometer plötzlich in weniger als 30 Minuten laufen – und Lust auf 10 Kilometer und längere Läufe bekommen. Sie werden mühelos Hügel in Ihre Strecke einbauen und ab und zu kleine Sprints einlegen. Das glauben Sie nicht? Laufeinsteiger sind genau auf diese Weise binnen 10 Wochen zum Marathonläufer geworden – ganz aus Versehen.

Die Atmung stellt den Puls täglich neu ein

Setzen Sie vor jedem Lauf Ihren körpereigenen Drehzahlbegrenzer ein (siehe Seite 79). Laufen Sie langsam los. Atmen Sie drei Schritte ein und drei Schritte aus, drei ein, drei aus ... So laufen Sie sich auch erst mal warm. Nach 5 Minuten lesen Sie auf der Pulsuhr, welcher Takt für diesen Tag der richtige für Sie ist. Denn der Puls variiert jeden Tag, mit der Anzahl der Kaffeetassen, der geschlafenen Stunden und ähnlichem.
Nun laufen Sie 30 Minuten oder auch länger, mit diesem Puls. Lächelnd, leicht, vergnügt, nicht angestrengt. Wenn sich der Puls erhöht, drosseln Sie die Geschwindigkeit, und bergab legen Sie einen Zahn zu.

Nicht mit der Ferse aufdonnern
Laufen Sie einmal barfuß über eine Wiese: 95 Prozent der Menschen laufen nämlich dann richtig, wenn sie keine High-Tech zwischen Boden und Fußsohle haben. Das natürliche Laufen ist das Normale. Die meisten machen den Fehler, daß sie die Ferse zuerst aufsetzen. Der punktförmige Kontakt hat zur Folge, daß der gesamte Bewegungsapparat stärker belastet wird. Profis setzen dagegen zuerst den Vorfuß auf und federn

Laufen Sie wie ein Profi: Setzen Sie zuerst den Vorfuß auf, und dann die Ferse.

weich durch, dann erst berührt die Ferse den Boden. Dadurch wird der Schritt von den körpereigenen Stoßdämpfern, den Gelenken und der Muskulatur, weich abgefangen. Doch das ist für Amateure sehr ungewohnt, und es strengt die Wadenmuskulatur stark an. Versuchen Sie auf jeden Fall, mit dem Mittelfuß aufzusetzen, also mit der ganzen Sohle, dann machen Sie es auch richtig. Und, wenn Sie Ihre Wadenmuskeln kräftigen wollen, dann laufen Sie zwischendurch mal auf dem Vorfuß. So laufen übrigens auch die Tiere.

➤ **TIP**

Seitenstechen?

EIN WARNSIGNAL! Sie laufen zu schnell. Ihr Hauptatemmuskel, das Zwerchfell, hat zu wenig Sauerstoff bekommen. Oder Sie sind mit einem vollen Bauch gelaufen, auch das nimmt das Zwerchfell übel. Starten Sie immer erst 3 Stunden nach einer größeren Mahlzeit mit dem Laufen. Und wenn es sticht: Tempo drosseln, tief einatmen, mit der Faust fest auf die stechende Stelle drücken, lange ausatmen, wieder Luft holen und dreimal länger ausatmen.

Bewahren Sie Haltung

Machen Sie kleine Schritte, und setzen Sie die Füße in einer geraden Linie auf – damit vermeiden Sie die Überpronation, also das zu starke Abknicken nach innen.

Die Schultern hängen locker, die Arme schwingen entspannt neben dem Körper und unterstützen lediglich die Beinbewegung. Solange Sie entspannt sind, können Sie nichts falsch machen. Wichtig: Lassen Sie Ihren Lauf langsam ausklingen. 3 Minuten vor Ende des Laufens das Tempo drosseln, dann noch 50 Meter gehen. Das bringt Ihren Kreislauf in Normallauf.

Wie oft sollten Sie laufen?

Das aerobe Lauftraining, also das Laufen im Sauerstoffüberschuß, sollte täglich stattfinden, mindestens aber vier- bis fünfmal pro Woche. Das ist optimal für Ihre Gesundheit und Fitneß. Laufen Sie gleichmäßig, nonstop bei einer Ihnen angenehmen Geschwindigkeit und mindestens 15 Minuten.

Nutzt Kilometerfuttern die Gelenke ab?

Haben Sie schon mal ein Reh mit Arthrose gesehen? Gelenke oder Bandscheiben bestehen aus Knorpel. Doch durch Knorpel ziehen sich keine Blutgefäße. Wie werden sie dann ernährt? Durch Diffusion, durch Bewegung, das entspricht dem Prinzip einer Druck-Saug-Pumpe. Der Mensch ist eben dazu geschaffen, sich zu bewegen. Er tat es, bis ihm Gaspedal und Bremse die Füße ersetzten. Laufen ist normal – und nicht das Stillsitzen, das man mit 6 Jahren bereits antrainiert bekommt.

Nur weil wir nicht mehr genügend laufen, leidet übrigens mit 50 jeder zweite an Rückenschmerzen.

Gelatine und Vitamin E gegen Gelenkschmerzen

Wer seine Gelenke nicht benützt, leidet oft unter Arthritis. Und das schmerzt. Mit 1 Gramm Vitamin E täglich können Sie die Entzündung stoppen. Das tut man übrigens heute bei jedem Rheumakranken und spart so Schmerzmittel ein. Gelatine hilft, den Knorpel wieder aufzubauen. Und zwar ganz normale Haushaltsgelatine. Sie stört den Knorpel, stimuliert ihn dadurch zur Abwehr, wodurch er stärker wird. Weichen Sie täglich ein etwa 5 mal 5 Zentimeter großes Stück Blattgelatine 5 Minuten in kaltem Wasser ein, und lösen Sie diese dann zum Trinken in etwas Tee auf.

Und was ist mit Muskelkater?

Das ist völlig normal und kann auch Leistungssportlern passieren. Und Sie müssen nicht befürchten, daß Sie vielleicht zu schnell gelaufen sind.
An den schmerzenden Muskeln ist übrigens nicht die Milchsäure schuld, wie lange angenommen, sondern kleinste Verletzungen der Muskeln, sogenannte Mikrotraumen. Der Muskel ist diese Belastung, die Sie ihm von nun an gönnen, eben noch nicht gewöhnt. Nur starker Muskelkater zeigt: Das war eindeutig zu viel des Guten. Nach 3 Tagen ist aber normalerweise alles wieder in Ordnung. Mit wenigen Tricks können Sie den Muskelkater lindern.

Wärme lindert Muskelkater
Wärme fördert die Durchblutung und lindert spürbar den Muskelschmerz. Gehen Sie in die Sauna oder legen Sie sich in die mit angenehm warmem Wasser gefüllte Badewanne. Vergessen Sie am nächsten Tag auf keinen Fall Ihre Stretching-Übungen zu machen. Und: Laufen Sie betont langsam. Wenn Sie die gleiche Belastungsform, die zum Muskelkater geführt hat, am nächsten Tag mit etwa halber Intensität wieder auf Ihre Muskeln einwirken lassen, verschwindet der Schmerz schnell. Denn die stärkere Durchblutung liefert gewissermaßen Kittmaterial für die Reparatur der verletzten Muskelfasern.

Walking oder Jogging?

Ob Walking oder Joggen – beide Formen des Laufens tun gut. Entscheiden Sie sich für die Form, die Ihnen besser liegt.

Walking steht, was die Gesundheit und das Wohlgefühl betrifft, dem Joggen in nichts nach. Es stärkt genauso das Herz-Kreislauf-System, macht fit und schlank.
Für manche Menschen ist Walking aber einfach besser als Joggen: Sportlich untrainierten, übergewichtigen oder älteren Menschen fällt diese Form der Bewegung leichter. Auch wer Probleme mit den Gelenken hat, walkt lieber. Es kann natürlich sein, daß man nach einer gewissen Walking-Zeit in einen leichten Trab verfällt. Das passiert meistens dann, wenn die Kilos weniger sind und die Ausdauer größer ist.

Kleine Walking-Schule

➤ Starten Sie mit einem gemäßigten Tempo und achten Sie auf eine tiefe, gleichmäßige Atmung.
➤ Halten Sie den Körper aufrecht, den Kopf gerade, das Kinn parallel zum Boden. Die Schultern sind locker und entspannt. Der Brustkorb wird angehoben.
➤ Richten Sie Ihren Blick 4 bis 5 Meter nach vorne.
➤ Anders als bei der olympischen Wettkampfdisziplin Gehen sind die Schritte beim Walking unverkrampft und natürlich. Die Füße setzen mit angezogenen Zehen zuerst mit der Ferse bei leicht gebeugtem Knie auf und rollen bis zur Zehenspitze ab. Beendet wird der Abrollvorgang mit dem Abstoßen der Zehen und gleichzeitiger Kontraktion des Gesäßmuskels.
➤ Die Fußspitzen möglichst in Gehrichtung setzen. Die Arme schwingen im 90-Grad-Winkel seitlich am Körper vor und zurück – und zwar gegengleich zu den Beinen (rechter Arm, linkes Bein und umgekehrt).
➤ Die Hüften bleiben beim Walken locker, schwingen auch vor und zurück und weichen keinesfalls zur Seite aus. Im Gegensatz zum Joggen werden Sehnen, Gelenke und Bandapparat beim Walken wesentlich geringer belastet.

Wie oft sollte man walken?

Optimal ist es, 2.000 Kalorien pro Woche durch Walken zu verbrauchen. Das erreichen Sie, wenn Sie täglich 40 Minuten trainieren. Das ist Ihnen zu viel? Kein Problem. Natürlich tut es Ihrer Gesundheit auch schon gut, wenn Sie drei- bis viermal pro Woche walken. Die Gehgeschwindigkeit sollte nicht mehr als ca. 6,5 km/h betragen. Das entspricht etwa 130 bis 140 Schritten pro Minute.

➤ **INFO**

Walking oder Wogging?

IN DEN USA HABEN sich bereits 100 Millionen Menschen mit dem Walking-Fieber infiziert. Auch bei uns sieht man immer mehr Bewegungslustige mit strammem Schritt und wehenden Armen durch die Parks sausen. Der Begriff »Walking« stammt aus dem angloamerikanischen Sprachgebrauch und bedeutet: forciertes, zügiges Gehen – mit betontem Armeinsatz. »Bodywalking« oder »Wogging« meinen das gleiche.

Führen Sie ein Trainingstagebuch!

Führen Sie regelmäßig ein Trainingstagebuch. Dort tragen Sie die Werte ein, die für Sie persönlich wichtig sind – nennen wir sie Biofaktoren. Das können sein: Gewicht, Ruhepuls, Schlafqualität, Zufriedenheit, aber auch die Motivation zum Trainieren.
Anhand der Biofaktoren können Sie Ihren persönlichen Trainingserfolg kontrollieren. Das gilt übrigens für jedes Training – sei es Joggen, Walken, Schwimmen oder Radfahren: Sie können feststellen, ob Sie sich glücklicher fühlen, schlanker werden, ob der Ruhepuls sinkt, ob Sie Fitneß und Zufriedenheit tanken – ob Sie in ein neues Leben hineinlaufen, -schwimmen oder -radeln.
Wiederholen Sie ab und zu den Einsteiger-Test von Seite 64 bis 71, um Ihre Fitneß zu überprüfen. Hinten in diesem Buch finden Sie eine Anleitung, wie Sie ein Lauftagebuch anlegen können.

Des Läufers Do's ...

➤ 1. Banane nimmt der Gegner krumm

Das Päckchen aus leichtverdaulichen Kohlenhydraten, Magnesium und Kalium liefert die beste Voraussetzung für Siegertypen. Der ideale Imbiß für Gehirn, Nerven und Muskeln.

➤ 2. Hafer beruhigt Läufernerven

Ein Müsli versorgt nicht nur mit Vitaminen, Mineral- und Ballaststoffen – Haferflocken enthalten auch Lichenin. Der Schleimstoff bildet im nervösen Magen eine Schutzschicht und beruhigt den ganzen Organismus.

➤ 3. Apfel aktiviert die Muskeln

Wer schwitzt, verliert Kalium. Mangelt es den Nerven an diesem Mineralstoff, geben sie an die Muskeln Reize nur noch sparsam weiter – es fehlt die Kraft zum nächsten Schritt. Der Apfel (auch in flüssiger Form) liefert schnellen Nachschub. Idealer Partner: Mineralwasser. Es liefert das Nervenmineral Magnesium dazu. Apfelsaftschorle ist der beste Läuferdrink.

➤ 4. Volles Korn kurbelt die Leistung an

Vitamin B_1 braucht der Sportler für den Kohlenhydrat-Energie-Stoffwechsel: für funktionierende Nerven, agile Muskeln und ein schnell schaltendes Gehirn. Es steckt jede Menge in Vollkornprodukten, aber auch in Kartoffeln, Hefe, Hülsenfrüchten.

➤ 5. Obst sorgt für saftige Ideen

Es enthält als Zucker Fruktose, die nicht wie Traubenzucker und Schokoriegel zu kräftigen Blutzuckerschwankungen führt, sondern dem Gehirn seinen Zündstoff kontinuierlich liefert. Auf Läufers Speiseplan stehen 5 Portionen täglich. Auch ideal, weil konzentriert im Mineralstoffgehalt, sind Trockenfrüchte.

➤ 6. Knödel runden den Lauf ab

Nudeln, Reis, Brot, Kartoffeln liefern Kohlenhydrate, auf die der Läufer setzen kann. Sie liefern Energie und machen nicht dick – ohne Sauce!

➤ 7. Bananendrink statt Isodrink

Eine vollreife Banane mit schwarzen Pünktchen auf der Schale enthält 90 Prozent Fruchtzucker, der für schnelle Energie sorgt, die 10 Prozent langkettigen Kohlenhydrate für langfristige. Bei einer halbreifen, leicht grünlichen Banane ist es umgekehrt. Machen Sie es wie die Cracks: Reife und halbreife Bananen mit etwas Mineralwasser mixen und vor dem Training genießen.

Wertvolles Eiweiß, Kohlenhydrate und viel Flüssigkeit – das ist die Basisernährung für Läufer.

… AND DON'TS

➤ 8. STEAK MACHT FIT?

Kein Sportler dopt sich heute noch mit Steak. Die Kraft-Formel heißt: Kohlenhydrate (Nudeln, Getreide, Reis), noch mehr Gemüse und Obst und dazu hochwertiges Eiweiß: magere Milchprodukte, magerer Fisch, mageres Geflügel, Hülsenfrüchte, Vollkorn.

➤ 9. EIN EI STEIGERT DIE LÄUFER-POTENZ?

Ein weiches Ei hängt nicht lange im Magen, versorgt das Gehirn mit Denker-Treibstoff Lezithin – und beschwert das Herz mit 250 mg Cholesterin. Also: 3 Eier pro Woche sind genug.

➤ 10. NÜSSE KNACKEN DIE KONZENTRATION

Sie liefern zwar viele Mineralstoffe und Vitamine, zerbrechen aber die mentale Vorbereitung und gehören nicht zum Repertoire an Läufer-Snacks.

➤ 11. MILCH MÖBELT AUF?

Aber nicht als Durstlöscher! Nur als Lebensmittel. Sie peppt Knochen und Nerven mit ausreichend Kalzium auf und strotzt vor Vitaminen – und Kalorien. Milch ist ein Grundnahrungsmittel, kein Getränk für zwischendurch.

➤ 12. KAFFEE MACHT DAMPF?

Koffein verhilft zwar zur geistigen Fitneß, doch an Marathon-Tagen gilt: Finger weg von der Tasse. Man ist nervös, und Koffein verhindert den Abbau der Streßhormone. Zucker liefert noch eine Portion Streßhormone dazu und macht so den Pulstreiber vollkommen.

➤ 13. ISODRINK LÄSST DIE LEISTUNG ABSAUFEN

Statt den Körper mit Mineralstoffen zu verwöhnen, scheidet man mit schlechten isotonischen Getränken mehr Wasser und Mineralstoffe aus. Oft sind sie auch unvollkommen dosiert, das führt zu Leistungsabfall. Positiv ist: In Isodrinks stecken nicht nur Zucker für die schnell verfügbare Energie, sondern auch langkettige Kohlenhydrate, die über längere Zeit den Körper mit Energie versorgen. Auch hier gibt es eine natürliche Alternative: die Banane.

➤ 14. IM STRESS MIT ENERGIERIEGELN

Traubenzucker oder Schokoriegel liefern keine Energieschübe, sondern stupsen Sie ins Leistungstief. Sie peitschen nämlich den Blutzuckerspiegel hoch, das Insulin zieht nach, um den Zucker in die Zellen zu bringen. Das treibt die Hormone Adrenalin und Noradrenalin auf die Rampe, die den ganzen Läufer unter Streß setzen. Kurz fühlt man sich fit, bis der Tanz der Hormone den Blutzucker wieder nach unten sacken läßt, tiefer als zuvor. Locken die schnellen Kohlenhydrate die Streßhormone aus ihren Löchern, bekommt das einem Sprinter über 200 Meter gut – danach kann er schlappmachen. Aber wer nach dem Lauf noch am Schreibtisch arbeiten muß, braucht kontinuierlich Energie: Trockenfrüchte oder frisches Obst.

ESSEN SIE SICH JUNG!

ESSEN ist die stärkste Droge der Natur. Was Sie Jahr für Jahr dreimal täglich tun, wirkt sich aus: Es beeinflußt die Klangfarbe Ihrer Gedanken, Ihre Stimmung, die innere Dynamik, Ihre Kreativität. Mit dem richtigen Essen können Sie sich Ihre Glückshormone selbst herstellen, Ihre Leistungskraft optimieren, Ihrer Stimmung Flügel verleihen – und vor allem: das Altern verzögern.

Achtung Ernährungsfallen!

Schlägt der Waagenzeiger aus, fehlt der Antrieb und fällt Ihnen der Name Ihres Nachbars nicht mehr ein – dann tappen Sie von nun an nicht mehr in Fettnäpfchen, essen Sie die richtigen Kohlenhydrate und genug Eiweiß!

Von der Mammutkeule zum Alltagsbraten

Unsere Vorfahren wußten noch nichts von den gutgemeinten Ratschlägen der Ernährungswissenschaftler, die sagen: »Essen Sie 15 Prozent Eiweiß, 30 Prozent Fett und 55 Prozent Kohlenhydrate.« Unsere Vorfahren aßen das, was da war. In guten Zeiten, also an den Tagen, wo das Jagdglück auf ihrer Seite stand, aßen sie 80 Prozent Säbelzahntigersteak und Mammutkeulen und 20 Prozent Früchte, Pilze, Wurzeln, Getreide, Blätter. Also Unmengen an Eiweiß, natürlichen Kohlenhydraten und ein bißchen pflanzliches Fett – weil es das in guten Zeiten eben gab. In schlechteren Zeiten drehte sich das Verhältnis Fleisch zu Pflanzen einfach um: 80 Prozent Pflanzen, 20 Prozent Fleisch – so wie es der Schimpanse im Urwald heute noch macht.

Der zivilisierte Menschen ißt auch nicht, was die Ernährungsexperten empfehlen, sondern genauso wie seine Ahnen das, was da ist: Fettes und Süßes, Fritten und Riegel. Wie ihm das bekommt, wissen wir ja.

Übrigens: Auch Hochleistungssportler halten sich nicht daran, was Ernährungspäpste lange Zeit empfohlen haben: Sie nehmen 35 bis 45 Prozent der täglichen Gesamtkalorien in Form von Eiweiß auf. Manager tun das mittlerweile auch. Aber davon später. Erst zur Zivilisationsdroge Fett.

Fett: Feind der Figur und der Gedanken

Fett ist der Dickmacher Nummer eins: Denn 1 Gramm liefert 9 Kalorien. Fett macht nicht satt, sondern verführt dazu, mehr zu essen, weil es schmeckt. Jedes Gramm, das wir nicht verheizen, lagert sich im Körper ein, und zwar an zwei Stellen: erstens sichtbar als »Hüftgold« oder mittlerer Ring; zweitens unsichtbar in den Gefäßinnenwänden, was schließlich zu Schlaganfall oder Herzinfarkt führt. Denn das Gefäßnetz des Menschen ist einige 1.000 Kilometer lang. Da paßt viel Fett von Braten und Kaiserschmarrn hinein.

Außerdem raubt Fett uns mit den Jahren intellektuelle Leistungsfähigkeit, Schlagfertigkeit, geistige Frische. Inzwischen ist bekannt, daß die Gehirnzellen direkt miteinander »sprechen«. In ihren Wänden liegen feine Kanälchen, durch die Strom fließt: Ein Licht geht auf. Wenn diese winzigen Ströme mit einer Intensität von billionstel Ampere (Maßeinheit für die elektronische Stromstärke) durch diese Kanälchen von Zelle zu Zelle fließen, heißt das »denken«. Genau vor diesen Kanälchen lagert sich unverbranntes Nahrungsfett ab und behindert die Intensität der Gedanken. Wenn es also irgendwann länger dauert, bis der Geist blitzt, oder wenn gar kein Einfall kommt, dann sind die Denkporen wahrscheinlich durch fette Kost verstopft – Strom kann nicht fließen, der Geist ist tranig, der Denkprozeß zäh. Dann braucht man schon mit 30 einen Einkaufszettel und einen Terminplaner als Gedächtnisstütze. Nun dauert es nur noch ein paar fette Bratenjahre, bis gar kein Strom mehr fließt. Das heißt dann Alzheimer.

Mein Tip für Sie

Verbrennen Sie Fett

NUN DIE gute Nachricht: Sie werden Ihr Fett auch wieder los – von den Hüften, aus den Gehirnzellen und den Gefäßen –, ohne von morgens bis abends ins Fitneß-Studio rennen zu müssen. Verbrennen Sie Fett, laufen Sie und halbieren Sie Ihre Fett-Kalorien. Das ist übrigens die schnellste Art, wieder jünger zu werden. Wie Sie das mit Lust und Genuß machen, erfahren Sie auf den folgenden Seiten.

Plötzlich wiegt man einen Zentner mehr

Der Körper verfettet schleichend. Denn der Speckgürtel um die Taille wird über Jahre, ohne daß man es deutlich spürt, aufgebaut: Angenommen, Sie essen täglich nur 1 Eßlöffel (ca. 10 Gramm) Butter mehr, als Ihr Körper tatsächlich in Energie umsetzen kann, dann würden Sie in 10 Jahren knapp 1 Zentner zulegen. Und um diesen wieder abzubauen, müßten Sie 350.000 Kalorien verbrennen. Das entspricht 700 Stunden Training im Fitneß-Studio!

Weniger Fett macht schlank – und verlängert das Leben

Daß Kalorienreduktion die effektivste Art ist, dem Herrgott ein längeres Mindesthaltbarkeitsdatum abzutrotzen, haben Sie ja schon im ersten Kapitel gelesen. Auf Diät gesetzte Ratten und Affen werden zu kleinen Methusalems.

Doch es macht wenig Sinn, mit dem Messer auf dem Teller die Möhre und das Schnitzel zu halbieren. Denn so stutzen Sie gleichzeitig Vitalstoffe und wertvolle ungesättigte Fettsäuren, die Jugendelixiere. Besser ist es, wenn Sie die Fettzufuhr halbieren. Und das wirkt. Denn Studien zeigen: Wer täglich nur 10 Gramm Fett spart (zum Beispiel 1 Eßlöffel Butter), verliert auf Hüften und Po 4,7 Kilo pro Jahr. Wenn Sie Ihren Fettkonsum also von 140 auf 60 Gramm reduzieren, führt das zu 37 Kilo weniger Körperfett.

➤ Info

Kleine Fettsäuren-Kunde

♦ **Linolsäure:** Diese mehrfach ungesättigte Fettsäure – lange als gesund gepriesen – kann, zuviel genossen, das Risiko für Herzkrankheiten erhöhen. Sie fördert die Mechanismen, die zu Gefäßverkalkung und zur Bildung von Blutgerinnseln führen. Viel Linolsäure steckt in Distelöl, Sonnenblumenöl, Maiskeimöl.

♦ **Alpha-Linolsäure:** Steckt in Raps- und Olivenöl, Walnußkernen und Sojaöl. Diese Fettsäure hemmt die Blutplättchenaktivität, die zur Bildung von Blutgerinnseln führt. Und senkt das Infarktrisiko gewaltig. Alpha-Linolsäure sorgt zusammen mit Ölsäure dafür, daß auch in Japan die Herzen länger schlagen als bei uns.

♦ **Ölsäure:** Hauptbestandteil von Olivenöl. Hat seinen Herzschutz-Charakter in vielen Studien eindeutig bewiesen.

Fett ist nicht gleich Fett

Es gibt gesättigte, einfach ungesättigte und mehrfach ungesättigte Fettsäuren. Die gesättigten Fettsäuren stecken in tierischen Produkten wie Sahne, Butter, Fleisch, Wurst und Käse. Diese sollten Sie nur in Maßen genießen. Denn gesättigte Fettsäuren sind maßgeblich an unseren Zivilisationskrankheiten beteiligt. Sie können zum Beispiel den Cholesterinspiegel erhöhen. Cholesterin ist an sich eine lebenswichtige Substanz, die von unserem Körper zum großen Teil selbst hergestellt wird. Damit er damit zum Beispiel Zellwände bauen kann, Hormone und eine Schutzschicht für die Nerven. Experten sind sich darüber einig, diesen Stoff nicht überzubewerten. Doch schwimmt zuviel davon im Blut, wird Cholesterin zum Gesundheitsrisiko.

Lipide, böses und gutes Cholesterin

Fette (oder Lipide) spielen ihre Hauptrolle im Energiestoffwechsel. Sie fließen über die Blutbahn in den ganzen Körper. Damit sie im Blut transportiert werden können, verbünden sich die Fette mit Eiweiß (Proteinen) zu Lipoproteinen.

Diese Eiweiß-Fett-Verbindungen dienen dann als Transportmittel für Cholesterin.

Je mehr Eiweiß die Lipoproteine enthalten und je weniger Fett, desto dichter und kleiner sind sie. Kleine magere Eiweißkügelchen heißen High Density Lipoprotein oder HDL, sie werden auch das »gute« Cholesterin genannt. Low Density Lipoprotein, LDL, sind dagegen große, fette Eiweißkügelchen – sie werden auch als das »böse« Cholesterin bezeichnet.

Aber warum gut und böse?

Ganz einfach: HDL schützt die Gefäße, denn es schafft das Cholesterin aus dem Blut heraus zur Leber, dort wird es zu Gallensäure abgebaut und ausgeschieden. Das

Fettnäpfchen und ihre mageren Alternativen

Fettnäpfchen	Magere Alternativen
Milchprodukte	
Sahnejoghurt (10 g)	entrahmte Milch (0,1 g)
Schmand (10 g)	Molke (0,2 g)
Crème fraîche (30 g)	Magerjoghurt (0,3 g)
süße Sahne (32 g)	Buttermilch (0,5 g)
Crème double (40 g)	Kefir, fettarm (1,5 g)
Käse	
Edelpilzkäse (60 % F.i.T.; 39 g)	Magerquark (0,3 g)
Bavaria blu (70 % F.i.T.; 40 g)	Harzer Käse (0,7 g)
Cambozola (70 % F.i.T.; 40 g)	Hüttenkäse (3 g)
Mascarpone (48 g)	Kochkäse (10 % F.i.T.; 3 g)
Wurst	
Leberwurst, grob (29 g)	Schinken ohne Fettrand (3 g)
Mortadella (33 g)	Gemüse-Putenwurst (4 g)
Salami (33 g)	Roastbeef (5 g)
Mettwurst (37 g)	Geflügelwurst (5 g)

Fettnäpfchen	Magere Alternativen
Fleisch	
Rinderhack (14 g)	Putenbrust (1 g)
Bauchfleisch (21 g)	Kalbsschnitzel (2 g)
Schweineschulter (23 g)	Schweinefilet (2 g)
Schweinemett (28 g)	Rehrücken (2 g)
Gans (31 g)	Lammfilet (3 g)
Lammkotelett (32 g)	Tatar (3 g)
Rückenspeck (83 g)	Rinderfilet (4 g)
	Hühnerbrust (6 g)
Fisch	
Makrele (12 g)	Krebs (0,5 g)
Lachs (14 g)	Kabeljau (0,6 g)
Hering (18 g)	Schellfisch (0,6 g)
Thunfisch in Öl (21 g)	Zander (0,7 g)
Aal (25 g)	Barsch (0,8 g)
Süßes und Desserts	
Mousse au chocolat (16 g)	Gummibärchen (0 g)
Sahne-Eis (17 g)	Zitronensorbet (0,1 g)
Müsliriegel (19 g)	Rote Grütze (0,1 g)
Schokolade (30 g)	Geleefrüchte (0,2 g)
	Mohrenkopf (0,2 g)

Jeweils Fett in Gramm pro 100 Gramm Lebensmittel

fette LDL holt das Cholesterin aus der Leber heraus und schifft es im Blut zu den Zellen. Dabei kann sich folgendes Problem entwickeln: Hat die Zelle genug Cholesterin, weist sie das LDL ab. So passiert es, daß das LDL im Blut herumschwimmt und der Blutfettwert ansteigt. Das LDL dockt schließlich in den Wänden der Blutgefäße an und bildet somit die Basis für Arteriosklerose und Herzinfarkt.

Genau dieser Mechanismus läuft ab, wenn Sie fette Braten, Fritten oder Torten essen und Ihre Zellen bereits mit Cholesterin reichlich gefüllt sind.

Das Geheimnis der ungesättigten Fettsäuren

Die pflanzlichen ungesättigten Fettsäuren kann unser Körper selbst nicht herstellen. Sie sind lebenswichtig, und wir müssen sie täglich mit der Nahrung aufnehmen – sie sind essentiell. Diese Fettsäuren schützen uns vor Herzinfarkt, denn sie können das LDL-Cholesterin senken. Besonders aktive Lebensverlängerer sind die einfach ungesättigten Fettsäuren (in Olivenöl, Rapsöl), weil sie nicht nur das LDL vertreiben, sondern auch den HDL-Spiegel im Blut erhöhen.

FdH: Fett – die Hälfte

➤ 1. Natürlich light

Naturbelassene Lebensmittel sind fettärmer: 100 g Pellkartoffeln haben 0,3 Gramm Fett (66 Kalorien), Chips 40 Gramm (549 Kalorien).

➤ 2. FdH-Kochen

Beschichtete Pfannen nur mit Öl auspinseln. Fett nach dem Anbraten von Fleisch aus der Pfanne gießen.

➤ 3. Null-Tarif

Zugreifen bei Obst, Gemüse, Kartoffeln, Salat – alles hat kein Gramm Fett. Dämpfen und grillen kann man ohne Fett.

➤ 4. Sparversion

»Teller frei!« gilt auch für Getreide, Nudeln, Reis, sie enthalten Fett nur in Spuren.

➤ 5. Mager-Variante

Bei Fleisch, Fisch und Wurst immer zu der mageren Spezies greifen. Bei Käse und Milchprodukten lassen Sie sich Prozente geben und wählen ebenfalls die mageren Versionen. Ein Becher Vollmilchjoghurt wartet zum Beispiel mit 5,3 Gramm Fett auf, Magerjoghurt nur mit 0,3 Gramm (siehe Tabelle Seite 95).

➤ 6. Buttertrick

Toast auskühlen lassen, sonst saugt er viel Fett auf. Butter mit Zimmertemperatur läßt sich dünner verstreichen. Unter Konfitüre paßt auch kalorienarmer Magerquark.

➤ 7. Hausmacher-Müsli

Mixen Sie Ihr Müsli lieber selbst. Fertigmüslis enthalten viel Fett in Nüssen und Schokolade. Natürlich light: Haferflocken, magere Milchprodukte und frisches Obst liefern nur wenig Fett.

➤ 8. Naschen erlaubt

Bonbons, Gummibärchen, Fruchteis, Mohrenköpfe und Salzstangen haben kaum oder überhaupt kein Fett. Kuchen, Torten, Eiscreme und Schokolade sind dagegen wahre Fettbomben.

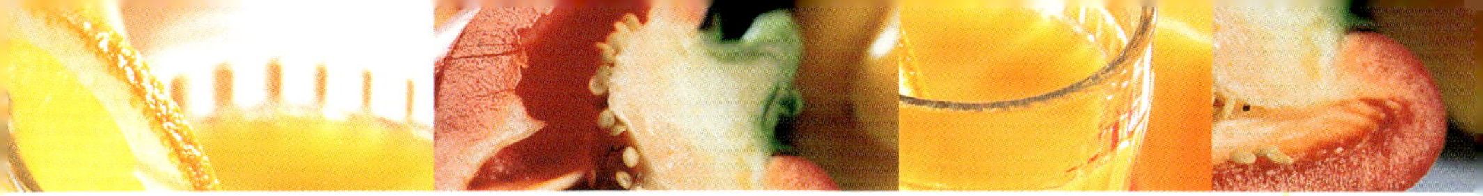

Rohes Gemüse und Obst im Ganzen oder als Drink sind ideal für eine gesunde, fettarme Ernährung.

➤ 9. Dosierbremse

Wenn Öl satt aus der Flasche fließt, sieht man ihm kaum an, daß es sich um reines Fett handelt. Egal, ob tierisch oder pflanzlich, Fett liefert 9 Kalorien pro Gramm. In 1 Eßlöffel Öl verbergen sich also etwa 90 Kalorien! Deshalb sollten Sie sich für Ölflaschen einen Tröpfchendosierer zulegen, der verhindert, daß regelrechte Niagarafälle an Öl-Kalorien Ihren Salat ersticken. Es hilft auch, wenn Sie das Öl mit einem Löffel abmessen.

➤ 10. Fett – die Hälfte

Schneiden Sie die sichtbaren Fettränder vom Fleisch weg, und lassen Sie die Wurst an der Fleischtheke so hauchdünn schneiden, daß Sie durchblicken können. Es genügt, Butter oder Margarine auf dem Brot dünn aufzustreichen. Entfernen Sie die Haut von Geflügel, bevor Sie es garen. So gelangt das Fett erst gar nicht in die Sauce oder die Suppe.

➤ 11. Leichte Anmache

Rühren Sie Ihr Salatdressing mit Joghurt oder anderen mageren Milchprodukten an statt mit Öl. Gut schmeckt zum Beispiel Hüttenkäse, wenn Sie ihn im Mixer mit den frischen Kräutern und Gewürzen kurz mischen. Und wenn schon Öl, dann nehmen Sie bitte nur wenig. Am besten bekommen Sie das in den Griff, wenn Sie es mit einem Teelöffel abmessen. Verzichten Sie auf fertige Dressings aus der Flasche.

➤ 12. Saucen-Trick

Ersetzen Sie die Sahne in der Sauce durch fettarme Dickmilch oder Sauerrahm. Saucen kann man wunderbar andicken, wenn man mitgegartes Wurzelgemüse mit der Bratenflüssigkeit püriert.

➤ 13. Panade ade

Panade ist ein wahrer Fettschwamm – Sie sollten sie immer vom Fisch oder Fleisch kratzen. Allem aus der Friteuse sollten Sie sowieso die kalte Schulter zeigen.

➤ 14. Sorten-Tausch

In 30 Gramm Crème fraîche stecken 9 Gramm Fett, in derselben Menge saurer Sahne nur 3 Gramm. 30 Gramm Camembert liefern 10,2 Gramm Fett, 30 Gramm Harzer Käse nur 0,2.

Zucker und Weißmehl sperren Fett in die Fettzellen ein, lassen die Pfunde wuchern. Die gute Nachricht: Von den natürlichen Kohlenhydraten dürfen Sie essen, soviel Sie wollen – sie können gar nicht dick machen.

Von wegen Nervennahrung!

Gehören Sie auch zu den Menschen, die an die Kraft der Nervennahrung glauben und mit Traubenzucker oder Schokoriegeln schnell Energie tanken und dem Gehirn auf die Sprünge helfen wollen? Oder sind Sie ein Nascher, der an keiner Praline vorbeikommt? Meiden Sie den schnellen Zucker! Er löst Heißhungerattacken aus und delegiert das Fett auf die Hüften.

Was verbirgt sich hinter dem glykämischen Index?

Lebensmittel mit einem hohen glykämischen Index machen dick und erhöhen das Diabetes-Risiko. »Glykämisch« bedeutet: Hormonaufruhr und überforderter Blutzuckerspiegel. Sie können sich das folgendermaßen vorstellen: Kaum essen Sie Zucker, Süßes, Weißmehlprodukte oder polierten Reis, schießt der Zucker ins Blut, der Blutzuckerspiegel schnellt hoch. Die Bauchspeicheldrüse erschrickt und schüttet viel Insulin aus, das Blutzuckerhormon. Es

Tappen Sie nicht in die Insulinfalle!

Vor Millionen Jahren bastelte die Natur die Bauanleitung für unseren Stoffwechsel. Vor 200 Jahren machten wir also unseren Stoffwechsel erstmals mit Zucker bekannt, dann mit weißem Mehl und poliertem Reis. Das war eben seinerzeit besonders schick, und man stellte seine Ernährung von naturbelassen auf »raffiniert«, das heißt bearbeitet, um. Doch immer noch erschrickt unsere Bauchspeicheldrüse, wenn die fremden, schnellen Kohlenhydrate kommen: Sie schickt einen Schockstoß Insulin ins Blut! Das ist das Hormon, das uns dick macht.

INFO

Vorsicht Falle!

WENN SIE die schnellen Kohlenhydrate Zucker, Weißmehl, polierten Reis gemeinsam mit Fett essen, schlägt das besonders zu Buche. Zucker lockt viel Insulin ins Blut. Das Hormon sperrt das Fett in die Zellen. Diese Kombinationen machen zusammen dicker als jeder für sich alleine: Braten mit Knödel, Mischbrot mit Butter, Käsetasche mit Zuckerguß, Pommes mit Ketchup (in 1 Flasche stecken 23 Würfel Zucker), polierter Reis mit Sahnesauce.

fordert den Muskel auf: »Schnell, hol dir Süßes!« Das tut er, und daraufhin geht dem Gehirn der Zucker aus, wir werden müde. Weil der Blutzuckerspiegel unter den Ausgangswert sinkt, reagiert der Körper mit Heißhunger. Und siehe da: Er findet garantiert die nächste Tafel Schokolade, in die wir hineinbeißen. Und der Blutzuckerspiegel schnellt in Kürze wieder in die Höhe.
Das Insulin heißt aber noch aus einem anderen Grund das Dickhormon: Ißt man Lebensmittel mit einem hohen glykämischen Index (siehe Tabelle) zusammen mit fettreichen Nahrungsmitteln, schickt das Insulin die Nahrungsfette direkt dorthin, wo wir sie nicht haben wollen: in die Fettzellen. Dort ruht das Fett, wird nicht abgebaut, weil in der Fettzelle keine fettverheizenden Öfchen arbeiten. Solange viel Insulin im Blut über den Energiestoffwechsel regiert, bleibt das Fett in den Fettzellen eingesperrt. Das drückt den Waagenzeiger nach oben.

Insulinresistenz führt zu Diabetes

Wer viel Süßes, viele Weißmehlprodukte und polierten Reis ißt, riskiert auch die Entwicklung eines Diabetes. Die Bauchspeicheldrüse läuft in der Insulinproduktion auf Hochtouren. Dieser ständige Insulinreiz macht die Körperzellen resistent gegen das Blutzuckerhormon. Die Bauchspeicheldrüse kurbelt die Insulinproduktion noch stärker an, um die Zellen mit einem Mehrangebot zu überzeugen und den gefährlichen hohen Blutzuckerspiegel zu senken, der Nerven und feine Blutgefäße zerstört. Der Arzt diagnostiziert schließlich Alters-Diabetes.

Erste Hilfe bei Insulinresistenz
Das Spurenelement Chrom kann die Insulinresistenz der Körperzellen abbauen bzw. verhindern. Führt man dem Körper Chrom zu, wirkt es sofort. Es baut die Insulinresi-

➤ **INFO**

Glykämischer Index

HOCH

Die folgenden Lebensmittel sollten Sie nicht mit Fett kombinieren. Sie haben einen hohen glykämischen Index, der jeweils hinter dem Produkt angegeben ist, und locken viel Insulin ins Blut.

Traubenzucker 100
Weißbrot 95
Schnellkochreis 85
Cornflakes 85
Haushaltszucker, Biskuit 70
Weizenvollkornbrot 60
Graubrot 65
Rosinen 65
Konfitüre 65
polierter Reis 60
Banane 60
Vollreis 55

TIEF

Die folgenden Produkte dürfen Sie getrost mit Fett kombinieren. Sie haben einen niedrigen glykämischen Index und machen nicht dick.

Tomaten 15
Gemüse 15
Schokolade (über 70 Prozent Kakao-Anteil) 22
Kirschen 22
Kichererbsen, Linsen 30
Bohnen 30
Milchprodukte 30
Apfel, Birne 38
weiße Nudeln, Vollkornnudeln 40
frischer Fruchtsaft 40
Haferflocken 40
Vollkornmüsli ohne Zucker 40
Trauben, Pfirsich 45
Schrotbrot 50

stenz ab. Die Körperzellen reagieren wieder auf Insulin: Die Bauchspeicheldrüse spuckt weniger Insulin aus, dadurch wird wieder weniger Fett in die Zellen geschleust, und die Fettzellen werden wieder durchlässig.
Viele Sportler nehmen Chrompräparate, um Fett ab- und Muskeln aufzubauen. Oft in hohen Dosen. Doch eine unkontrollierte, zu hohe Chromeinnahme kann beträchtliche Nebenwirkungen haben.

Greifen Sie zu den natürlichen Kohlenhydraten

Die Natur weiß es besser. Sie meidet Insulinspitzen. Meiden Sie deshalb künstliche Kohlenhydrate, greifen Sie zu den natürlichen: Vollkornprodukte, Kartoffeln, Obst und Gemüse. Sie liefern Ballaststoffe, entgiften, halten den Darm in Schwung und sättigen lange. Natürliche Kohlenhydrate halten schlank und beugen Heißhungerattacken vor. Denn der Insulinspiegel steigt nach dem Genuß dieser Kohlenhydrate nur langsam und kontinuierlich an. Und schließlich: Von den natürlichen Kohlenhydraten können Sie nicht dick werden. Jedes Gramm liefert nur 4 Kalorien. Um diese im Körper in Fett umzuwandeln, muß der Organismus sogar noch 1 Kalorie zuschießen!

Süßen Sie mit Honig

Gut 34 Kilo Zucker versüßen uns jedes Jahr das Leben und versauern uns leider die Gesundheit mit leeren Kalorien. Das heißt: Zucker liefert zwar viel Energie, aber leider überhaupt keine Vitalstoffe. Süßen Sie deshalb künftig Ihren Joghurt, Ihren Tee, Ihre Milch, ja sogar Ihren Kaffee mit Honig. Je mehr Zucker Sie durch Honig ersetzen, desto gesünder. Denn Honig enthält, im Gegensatz zu Zucker, wichtige Vitalstoffe. Studien zeigen: Honig läßt sogar Wunden rascher heilen, beugt Herzinfarkt und Krebs vor. Übrigens: Je kräftiger seine Farbe ist, desto gesünder ist das süße Gold für Sie.

➤ **TIP**

Haben Sie genug Chrom?

SIE SOLLTEN täglich 150 bis 250 Mikrogramm Chrom aufnehmen. Wenn Sie es mit dem Essen nicht schaffen, weil Sie hohes Übergewicht haben oder zu wenig Gemüse und Vollkornprodukte essen, sollten Sie ein Nahrungsergänzungspräparat nehmen. Sprechen Sie einmal mit Ihrem Arzt und lassen Sie Ihren Chromspiegel messen (siehe Seite 25). Vollkorngetreide, Weizenkeime, Pflaumen, Brokkoli, Nüsse, Bierhefe, Leber und Käse enthalten besonders viel Chrom.

Natürliche Kohlenhydrate wie in Obst und Gemüse beugen Heißhungerattacken vor.

Eiweiß – der Stoff, aus dem das Leben ist

Eiweiß ist der wertvollste Nahrungsbestandteil – der Baustein, aus dem Leistung, Laune und Jugend sind.

Leistung und Laune nähren sich aus Eiweiß: »Größere Eiweißmengen wirken stimulierend, erhöhen die Arbeits- und Lebensfreude.« Das steht in einem Standardwerk über Biochemie und Physiologie der Ernährung. Diesen Band scheinen die Ernährungspäpste nicht gelesen zu haben. Denn sie predigen seit Jahrzehnten: Alle essen zu viel Eiweiß. Doch das stimmt so nicht. Es kommt nämlich darauf an, welches Eiweiß man ißt.

Unbestritten ist, daß alle zuviel (eiweißreiches) Fleisch essen, aber keiner zuviel Reis, Mais, Hirse, Weizen, Hülsenfrüchte zu sich nimmt, gesunde, eiweißreiche Grundnahrungsmittel, die ganze Kontinente ernähren. Sie haben vielleicht schon in Asien, Afrika oder Südamerika erlebt, daß die Menschen dort viel fröhlicher sind. Klar, sie essen wenig Fleisch, aber viel pflanzliches Eiweiß. Nur wenn wir unseren Körper optimal mit Eiweiß versorgen, können alle Organe maximal funktionieren. Eiweiß ist die Grundvoraussetzung für Kreativität und Höchstleistung. Mit viel Eiweiß im Blut sind Sie wacher, können sich besser konzentrieren und fühlen sich rundum glücklicher.

Wie auf Seite 25 beschrieben, sollten Sie Ihren Eiweißspiegel anheben. Und zwar möglichst in den oberen Normbereich auf 8 g/dl. Wenn er jetzt bei 6 g/dl oder 7 g/dl herumdümpelt, spiegelt das Ihren Körperzustand wider: Sie haben schwache Knochen, zu wenig Blut fließt durch Ihren Körper, Sie haben ein labiles Immunsystem und auch kaum Glückshormone. Füllen Sie Ihre leeren Speicher also unbedingt auf! Bis auch der Bluteiweißspiegel steigt, kann es allerdings Monate dauern.

➤ TIP

Welches Eiweiß ist optimal?

EIN OPTIMALER Eiweißlieferant ist die Linse. In ihr stecken 23 Prozent Eiweiß und weniger als 1 Prozent Fett. Sie steht stellvertretend für andere Hülsenfrüchte, wie Erbsen, weiße Bohnen, und Körner, wie Reis, Weizen, Hirse, Hafer und Grünkern. Milchprodukte, Fisch und Fleisch liefern zwar auch wertvolles Eiweiß, aber meist in Gesellschaft mit Fett. Greifen Sie am besten zu den mageren Vertretern (siehe Tabelle Seite 104).

> **INFO**

Lebenswichtige Aminosäuren

♦ **Methionin:** Ausgangspunkt für die Bildung von Körpereiweiß. Bestandteil von Carnitin, das das Fett in die Zellen zum Verbrennen transportiert. Wichtig für die Schlagkraft der Killerzellen unseres Immunsystems.
♦ **Leucin:** Wesentlich für die muskuläre und körperliche Ausdauer – auch nachts am Schreibtisch.
♦ **Isoleucin:** Wichtig für muskuläre Ausdauer und Ausgangsstoff für die Bildung von Nervenbotenstoffen im Gehirn. Erhöht die mentale Belastbarkeit und Denkgeschwindigkeit.
♦ **Valin:** Bestandteil eines aktiven Immunsystems – ohne Valin machen die Abwehrkräfte schlapp.
♦ **Lysin:** Hält die Jugend fest, stimuliert das Wachstumshormon, beschleunigt Fettverbrennung. Stimuliert Abwehr gegen Viren.
♦ **Phenylalanin:** Ausgangssubstanz für Glückshormone wie Noradrenalin, ACTH, Endorphine.
♦ **Histidin:** Unser biologischer Rückenwind. Nötig für den Aufbau des roten Blutfarbstoffs, der Sauerstoff transportiert. Je mehr, desto leistungsfähiger sind Körper und Geist. Histidin arbeitet in den Kraftwerken jeder Zelle bei der Energiegewinnung mit.
♦ **Threonin:** Fitmacher. Stellt Blutgefäße weit. Erhöht so die Sauerstoffzufuhr von Muskeln, Herz und Hirn.
♦ **Tryptophan:** Grundstoff für Serotonin, das Hormon, das ausgeglichen und glücklich macht. Schlüsselsubstanz für die Herstellung von Melatonin – dem Gute-Nacht-Hormon, das gut schlafen läßt und jung erhält. Ein Mangel führt zu Depressionen.
♦ **Taurin:** Verbessert die Fettverbrennung. Entgiftet die Leber (vor allem nach dem Konsum von Alkohol). Blockt die Koffeinnebenwirkung, beruhigt den Puls.

Füllen Sie Ihre Eiweißtanks langsam auf

Der Mensch ist vergleichbar mit einem Öltank von 50.000 Litern Inhalt. Bis die Tankuhr, also Ihr Serum-Eiweißspiegel, ein bißchen ansteigt, müssen Sie 10.000 Liter Öl in den Tank gießen. Wenn Sie Ihren Bluteiweißspiegel etwas anheben wollen, müssen Sie über Wochen hinweg Eiweiß in Ihren Körper füllen. Zuviel auf einmal nutzt nichts. Das scheidet der Körper aus, und das schadet der Niere. Sie können Ihrem Körper folglich täglich nur eine kleine Portion Extra-Eiweiß über die Nahrung liefern, damit er Hormone bilden kann, das Immunsystem instand hält, Muskeln aufbaut, Zellen repariert – und die leeren Speicher wieder auffüllt. Ein mühsamer Weg, der mit einem meßbaren Anstieg an Lebenskraft und Energie belohnt wird. Essen Sie am besten alle 4 Stunden Eiweiß. Denn nach 4 Stunden hat es den Körper über die Niere wieder verlassen.

Die biologische Wertigkeit

Die Qualität eines Nahrungseiweißes hängt von seiner biologischen Wertigkeit ab. Also davon, wie gut der Körper das Eiweiß nutzen kann, um daraus eigenes Material wie Muskeln oder Abwehrzellen aufzubauen. Es kommt deshalb darauf an, daß alle Aminosäuren, vor allem die essentiellen, die der Körper selbst nicht herstellen kann, in der Menge dem Organismus zur Verfügung stehen, die er braucht. Die Höhe der biologischen Wertigkeit hängt davon ab, wieviel körpereigenes Eiweiß aus dem zugeführten aufgebaut werden kann.

Gute Kombinationen

Aus 100 Gramm eines tierischen Nahrungseiweißes bildet Ihr Körper beispielsweise 60 Gramm Körpereiweiß. 100 Gramm eines pflanzlichen Eiweißes kann er zum Beispiel nur in 45 Gramm eigene Substanz umsetzen. Durch günstige Kombinationen können Sie die biologische Wertigkeit von Eiweiß so stark erhöhen, daß Sie aus 100 Gramm einer Mischung zum Beispiel 70 Gramm Körpereiweiß herstellen können. Empfehlenswert sind: Getreide und Hülsenfrüchte. Weizen und Milch (Müsli). Weizen und Ei. Kartoffeln und Ei, Milch, Fleisch oder Fisch.

Ei und Kartoffel sind wertvoller als ein kleines Steak

Früher ging man davon aus, das Weiße vom Ei sei am wertvollsten, weil tierisches Eiweiß dem menschlichen am ähnlichsten ist. Heute weiß man: Durch Kombination verschiedener Eiweiße, tierischer mit pflanzlichen, also Steak und Bohnen, oder Getreide mit Gemüse, also Weizen und Brokkoli, läßt sich die biologische Wertigkeit anheben. Man kann also durch Kombination zweier Lebensmittel ein Eiweiß herstellen, das wertvoller ist als das Weiße vom Ei. Die Naturvölker überall auf der Welt machen das intuitiv: Sie essen Fladenbrot und Ziegenkäse. Bohnen zur Maistortilla, Hirse zum Huhn.

➤ **INFO**

Die Eiweiß-Formel

EXPERTEN empfehlen pro Kilo Körpergewicht 0,8 Gramm Eiweiß am Tag oder: 20 Prozent der täglichen Kalorien sollten aus Eiweiß stammen. Eine 60 Kilo schwere Frau benötigt danach 48 Gramm.
Soviel steckt in 300 Gramm Brathuhn, 2 Kilo Austernpilzen, 225 Gramm weißen Bohnen, 280 Gramm Seelachs, 10 Bechern Joghurt (à 150 Gramm), 220 Gramm Roastbeef.
Wichtig: Sportler brauchen doppelt soviel!

Eiweiß pur und in bester Qualität bieten Eiweißdrinks aus der Apotheke. Sie sind schnell angerührt und helfen, Ihren niedrigen Eiweißspiegel anzuheben.

Warum Eiweiß ohne Fett?

Auf die Formel »Eiweiß – ohne Fett« werden Sie in diesem Buch immer wieder stoßen. Denn Fett entwertet Eiweiß. Das fängt schon bei der Aufnahme im Darm an. Fett lähmt die Peristaltik, die Darmbewegung. Schon wenig Fett reicht aus, um die Aufnahme von Eiweiß in den Blutkreislauf über Stunden hinweg zu verzögern. Die Eiweißbausteinchen dringen nur tröpfchenweise ins Blut, kommen nie schnell genug und in ausreichender Menge an ihren Wirkungsort.
Wenn auf einmal die richtige Menge Eiweiß zur Verfügung steht, kann Ihr Körper Hormone und Nervenbotenstoffe in ausreichender Menge aktivieren, das Gehirn in Euphorie versetzen, die Gedanken kristallklar einfärben, Sie mit Selbstbewußtsein vollpumpen und Höchstleistung möglich machen.

Eiweiß ohne Fett

Bevorzugen Sie eiweißreiche, aber fettarme Lebensmittel auf Ihrem Speiseplan. Das schützt Sie vor unliebsamen Eiweißtiefs! Hier sind einige Lebensmittel mit viel Eiweiß und wenig Fett.

	Fett %	Eiweiss %
Fisch		
Kabeljau, Seelachs	0,3	17,0
Schellfisch	0,3	17,0
Forelle	2,0	20,0
Garnele	1,8	18,0
Heilbutt	2,0	20,0
Steinbeißer	4,4	22,0
Rotbarsch	3,6	18,0
Fleisch		
Kalbsfilet	1,0	21,0
Tatar	4 ,0	20,0
Rind (Keule)	8,0	20,0
Wild	3,0	21,0
Geflügel	6,0	20,0
Milchprodukte		
Hüttenkäse	2,0	14,4
Magermilch	0,3	3,3
Magerjoghurt	0,3	4,0
Buttermilch	0,6	3,3
Hülsenfrüchte		
Linsen	1,0	23,0
Bohnen, weiß	2,0	22,0

Eiweiß-Konzentrate: Nutzen und Risiko

Wie bei allen guten Dingen im Leben gilt auch für Eiweiß: Zuviel davon ist Gift. Zu hohe Dosen überfordern die Nieren. Wer mit Eiweißpulvern seine Tanks auffüllen will, muß täglich 3 Liter trinken. In jedem Fall sollten Sie Ihren Arzt den Blutspiegel kontrollieren lassen. Regelmäßige Untersuchungen des Blutes gehören sowieso zu Ihrem »neuen« Leben.

Konzentrate sind für Sie sinnvoll, wenn ...

➤ der Eiweißspiegel im Blut zu niedrig ist. Dann füllt man ihn am schnellsten mit einem Protein-Konzentrat auf.

➤ keine gesunde Mahlzeit greifbar ist: Statt eine Curry-Wurst mit Pommes oder ein Sandwich reinzuschieben, shakt man sich gesünder einen Eiweißdrink und ißt frisches Obst dazu.

➤ Sie abnehmen müssen. Eiweißdrinks erleichtern den Einstieg in eine ausgeglichene, gesunde Ernährungsweise (siehe »Vital Fatburning« Seite 140 – 147).

➤ Sie sportlich sehr aktiv sind. Denn Eiweiß-Konzentrate verhindern, daß der Körper zum Muskelaufbau Ihr Immunsystem annagt.

Mein Tip für Sie

Achten Sie beim Kauf auf Qualität

Ein gutes Eiweiß-Konzentrat erkennen Sie daran, daß es aus 60 Prozent tierischem und 40 Prozent pflanzlichem Eiweiß (häufig Soja) zusammengesetzt ist. Auf dem Etikett muß eine biologische Wertigkeit über 100 ausgewiesen sein – alles darunter ist Geldverschwendung. Und Sie sollten darauf achten, daß in dem Konzentrat alle lebenswichtigen Aminosäuren enthalten sind (siehe Seite 102).

Besprechen Sie das mit Ihrem Apotheker.

Fit mit Vitaminen & Co.

Am Anfang der Schöpfung standen sicher nicht Nährstoffe in Form von Pillen und Tabletten, sondern eher Früchte, Beeren und Gemüse von Feld und Flur.

Die Natur ist klüger als die Forscher

Die Food-Designer in den Labors können Tomaten das Matschigwerden austreiben und Weizen die Sensibilität gegen Frost, sie können Flüssigkeiten gefriertrocknen und in Kartoffeln Impfstoffe züchten. Nur für den Astronauten haben sie noch kein Pulver erfunden, das ihm über längere Zeit das Überleben im All garantiert. Heute schicken sie wieder Hausmannskost mit hoch, weil die von der NASA wissenschaftlich ausgeklügelte Astronautenkost meßbar an den Nerven zehrte, die Knochen entkalkte und die Abwehr verkümmern ließ.

Eine Pille allein genügt nicht

In einem Apfel stecken 10.000 Wirkstoffe. Bekannt sind aber bisher nur 190. Zum Beispiel die Bioflavonoide. Sie verstärken die Wirkung von Vitamin C auf das 20fache.

Deswegen nützt eine Vitamin-C-Pille alleine überhaupt nichts. Man muß schon auch den Apfel essen. Das Vitamin C gibt es obendrauf. Denn wie mit diesen Bioflavonoiden verhält es sich auch mit den 9.810 anderen Wirkstoffen. Dazu gehören ätherische Öle, Farbstoffe und viele andere bisher noch unbekannte Substanzen. Jede unterstützt, ja puscht die Wirkung der anderen. Und alle gemeinsam sind Medizin.

Kein Wunder, daß die Pharmazie ein Vermögen in die Suche nach wirksamen Pflanzeninhaltsstoffen steckt – und immer wieder fündig wird: Aus dem Knoblauch extrahiert sie Allicin, ein Mittel gegen Herzinfarkt. Die Sojabohne steht Pate für ein Medikament gegen Brustkrebs. Es enthält Antiöstrogene. Für Abstinenzler holt die Pharmaindustrie Phenole aus dem Wein, die vor Herzinfarkt und Krebs schützen.

Die Vertreibung der Gesundheit

Heute müssen die meisten Menschen jedoch zum Gemüsehändler und in die Apotheke gehen: Denn Gletscher wuschen hierzulande vor 40.000 Jahren wertvolle Mineralien weg. Dann laugten Monokultur und saurer Regen zusätzlich die Böden aus. Mineralstoffe und Spurenelemente stehen Pflanzen und Tieren also nicht mehr wie von der Natur vorgesehen zur Verfügung.

Mast und Düngung lassen unseren Lebensmitteln keine Zeit für Gesundheit

Nicht selten werden unsere »Fleischlieferanten« mit Fischmehl gefüttert und mit Hormonen und Antibiotika gemästet. Die Folgen: Das Schnitzel schmeckt nach Sardine, läßt Männern Busen wachsen und macht tödliche Bakterien resistent gegen die Macht der Medizin.

Die Pflanzen dopt man mit Kunstdünger zu schnellem Wachstum. Das läßt ihnen nicht mal mehr Zeit, das bißchen Gesundheit aus dem Boden zu holen, das noch übrig ist. Vitamine verschwinden auf dem Transport und im Supermarkt. Der Faktor Zeit rafft sie dahin. Die Industrie verwandelt Naturprodukte in Fertigprodukte mit dem Nährstoffgehalt eines Papiertaschentuchs. Dieses wird dann mit ein paar Vitaminen angereichert – das macht sich gut auf dem Etikett, fördert den Verkauf.

Ein Test mit traurigem Ergebnis

Für eine Studie kauften Ernährungswissenschaftler vom Schwarzwald-Sanatorium Obertal 1996 auf einem Gemüsemarkt und in einem Supermarkt stichprobenartig zwei identische Lebensmittelkörbe mit Brokkoli, Bohnen, Fenchel, Möhren, Kartoffeln, Spinat, Äpfeln, Bananen und Erdbeeren. Ein neutrales Lebensmittellabor in Karlsruhe testete sie auf den Gehalt an Vitaminen, Mineralien und Spurenelementen. Sie verglichen die gemessenen Werte von 1996 mit einer offiziellen Nährstofftabelle von 1985: Fast alle Gemüse und Früchte haben eine Menge an Vitaminen und Mineralstoffen eingebüßt.

So verringerte sich bei Brokkoli beispielsweise der Gehalt an Kalzium um 68 %, an Folsäure um 52 % und an Magnesium um 35 %. Spinat hatte in dem Jahr der Untersuchung 68 % weniger Magnesium, 59 % weniger Vitamin B_6 und 58 % weniger Vitamin C aufzuweisen. Recht drastisch stellte sich auch die Veränderung bei Bananen dar: Der Gehalt an Kalzium sank um 12 %, Folsäure

Die Vitamine und Mineralstoffe, die im Obst und Gemüse enthalten sind, werden durch die Zubereitung des Essens, vor allem das Garen, noch weiter verringert.

um 84 %, Magnesium um 13 % und Vitamin B_6 um sage und schreibe 92 %. Auch Erdbeeren haben an Inhalt verloren: Die beliebten Sommerfrüchte haben 14 % an Kalzium und 67 % an Vitamin C im Laufe der Jahre eingebüßt, aber bei Magnesium immerhin 8 % hinzugewonnen. Äpfel bieten nicht mehr die Menge an Vitamin C, die sie mal geboten haben. Zum Zeitpunkt der Untersuchung wurde ein Verlust von 80 % festgestellt. Allerdings konnte auch eine Zunahme von Kalzium (plus 12 %) und Magnesium (plus 20 %) gemessen werden.

Und zu Hause geht die Zerstörung weiter

Blumenkohl strotzt zum Beispiel vor Vitamin C, Zink, Vitamin E. Auf dem Herd aber, in 2 Litern Wasser, stirbt bei 80 °C ein Hauptteil der Vitamine ab.
Von Selen und Zink driftet die Hälfte ins Kochwasser, das weggeschüttet wird. Das restliche Selen im Blumenkohl fällt schließlich der Hitze zum Opfer. Es oxidiert und steht in dieser Form dem Körper nicht mehr zur Verfügung.

Auch Enzyme fallen der Hitze zum Opfer
Tiere versorgen sich in freier Wildbahn mit 20mal mehr Enzymen, als unser Kochtopf hergibt. Enzyme bestehen aus Eiweiß, das bei 65 °C denaturiert, also unbrauchbar wird. Enzyme sind gute Geister. Sie helfen uns beim Verdauen, regeln den gesamten Stoffwechsel im Körper. An die 10.000 Enzyme arbeiten am Gesamtkunstwerk Mensch mit. Sie reparieren Zellen, polstern Nerven, bauen Fett ab, Muskeln auf ... Nur: Sie mögen keine Hitze. Im Brot, in der Gemüsesuppe stecken genauso wenig Enzyme wie im Saumagen. Aus all diesen Gründen sollten Sie »Leben« essen.

Essen und trinken Sie Leben

Wenn man einen Apfel im Boden vergräbt, wächst daraus ein Baum. Das ist Leben. Mit einem Apfelkuchen funktioniert das nicht mehr. Wenn man eine Bohne in ein Wasserglas legt, keimt sie. Wasser ist Leben. Die Bohne keimt auch in Mineralwasser, in Tee, ja sogar in Kaffee. Nur in Schnaps, Bier oder Wein stirbt sie. Alkohol tötet Leben. Deswegen verwendet man ihn in Krankenhäusern im Kampf gegen die Bakterien, zum Desinfizieren und Sterilisieren.

Schließen Sie einen gesunden Kompromiß
Wenn Sie nun 50 Prozent *Lebens*mittel zu sich nehmen: Obst, Gemüse, Getreide in seiner rohen Form, dann können Sie in 50 Prozent der Fälle Kompromisse schließen – in Form von Torten, Braten, Wein & Co.
Essen Sie, wann immer Sie können, ein Stück Obst und täglich einen Teller Rohkostsalat. Kochen Sie Ihr Gemüse – wenn überhaupt – nur bißfest. Dann haucht es nicht sein ganzes Leben aus.
Auch das weckt Ihre Lebensgeister: ab und an ein frisches Tatar, ein Carpaccio oder, ganz nach Japaners Art, ein roher Fisch.

Hören Sie beim Einkauf auf Ihren Körper. Ein gesunder Organismus weiß, welche Nährstoffe in welcher Menge ihm fehlen.

Hören Sie auf Ihren Körper

Wenn ein Kind in der Schule zur Tafel rennt, sich die grüne Kreide schnappt und ißt, nennt man das somatische oder körperliche Intelligenz. Dieses Kind ist nämlich zuckerkrank und leidet, wie viele Diabetiker, unter Chrommangel (siehe Seite 99). Chrom steckt in der grünen Farbe der Kreide. Das Kind weiß nichts von seiner Zuckerkrankheit, erst recht nichts über seinen Chrommangel und schon gar nichts über das Chrom in der grünen Kreide.
Oder: Im US-Bundesstaat Iowa fingen Kinder an, die Lippenstifte ihrer Mütter zu essen. Lippenstifte enthalten Omega-6-Fettsäuren. Im Korn dieser Region steckte wegen Kunstdüngung zu wenig von diesen Fettsäuren. Omega-6-Fettsäuren sind aber essentiell, jeder von uns braucht sie, um am Leben zu bleiben.
Diese beiden Beispiele verdeutlichen sehr plastisch, was somatische Intelligenz ist: Der Körper sagt, was wir essen sollen. Das kreide- und das lippenstiftessende Kind wissen intuitiv, was ihr Körper braucht, sie verfügen noch über ihre körperliche Intelligenz.

Die körperliche Intelligenz hat immer recht
Frauen, die in den ersten Schwangerschaftswochen mit Übelkeit gesegnet sind, haben ebenfalls diese körperliche oder somatische Intelligenz. Forscher fanden heraus: Frauen, denen es in den ersten beiden Schwangerschaftsmonaten oft schlecht ist, bringen gesündere Kinder zur Welt. Die Übelkeit schränkt den Speiseplan ein. Stecken nämlich zu viele Schwermetalle im Fisch ... schwupps ... wird er wieder ans Tageslicht befördert: Der Körper wehrt sich gegen Schadstoffe. Schwangere, die in den ersten Monaten einfach alles essen können, haben eine höhere Fehlgeburtrate.
Ihre somatische Intelligenz können Sie wieder wecken, denn Sie hatten sie ja schon mal als Kind. Sie aßen, wenn Sie hungrig waren, das, was Ihnen schmeckte, soviel Sie konnten. Den Löffel, den der Bauch nicht mehr wollte, klatschten Sie an die Wand.
Essen Sie nicht mehr automatisch, wenn es Ihnen die Uhr diktiert, sondern fangen Sie an, wieder auf Ihren Körper zu hören, weil er Ihnen sagt, was er braucht – klug und völlig unabhängig von einer Ernährungstabelle. Wie Laufen Ihnen dabei hilft, die Körperintelligenz zu wecken, steht ab Seite 54.

Gelüsten soll man nachgeben
Wundern Sie sich nicht über seltsame Gelüste, sondern geben Sie ihnen nach, der Körper braucht es: Es kann eine Packung Mohrenköpfe sein oder 1 Pfund rohe Leber. 3 Wochen Lust auf Fleisch sind ein sicherer Hinweis darauf, daß der Körper sein Eisen fordert. Sind die Tanks wieder voll, vergeht Ihnen der Appetit. Dann möchte Ihr Körper vielleicht Gemüse und Nudeln. Das Schönste

daran: Ganz egal, welche Gelüste Sie haben, leben Sie diese aus. Sie müssen sich nicht mehr disziplinieren!
Ganz im Gegensatz zu Diäten. Sie können gar nicht funktionieren, denn es gibt nichts Dümmeres, als das Eßverhalten über den Verstand steuern zu wollen. Bald ist der Vorrat an Disziplin aufgebraucht, und wenn Sie beispielsweise an einem Bäcker vorbeikommen – raten Sie mal, wer gewinnt? Lassen Sie deshalb künftig lieber Ihren Körper sprechen. Und hören Sie darauf.

Vitalstoffe – die Entgifter der Natur

Werden Sie nicht zur Giftmülldeponie. Gegen Schadstoffe aus der Umwelt können Sie zwar wenig tun, aber Sie können Ihren Körper mit Entgiftern wappnen.
Vitamine haben wir alle genug, sagt die Deutsche Gesellschaft für Ernährung (DGE). Doch das sagt sie immer leiser. Und manchmal gibt sie zu, daß es eben doch nicht so ganz reicht. Wir sterben zwar heute nicht mehr an Skorbut, Beriberi und Pellagra – denn Vitaminmangel-Krankheiten können mit niedrigen Dosen verhindert werden. Doch heute haben Vitamine und auch Mineralien zusätzliche Funktionen übernommen: Sie müssen uns für die hohen Leistungen, die wir bringen sollen, stärken, und sie müssen uns entgiften – sie sind wichtige Vitalstoffe.

Krebserregende Stoffe umgeben uns

Durch das Ozonloch schlüpfen krebserregende UV-Strahlen. Im Wollpullover steckt das hochpotente Nervengift Lindan. Möbel dampfen Formaldehyd aus, Kunststoffe polychlorierte Kohlenwasserstoffe, Fleisch steckt voller unerwünschter Stoffe aus dem Tierfutter. Fakt ist: Der Mensch ist ein Giftlager. Umweltgifte lösen sich in Fett, nisten sich also im menschlichen Fettgewebe ein. Tag für Tag kommt ein bißchen mehr Dioxin dazu oder Quecksilber (Amalgam), Benzol, Blei, PCB. Daß dies keineswegs übertrieben ist, zeigt folgende Tatsache: Krematorien sind verpflichtet, die Öfen mit Filtern aufzurüsten, damit beim Einäschern der Leichen keine Schwermetalle und Dioxine aus dem Schornstein schweben.

➤ **TIP**

Drei Super-Hilfen schützen vor freien Radikalen

UMWELTGIFTE greifen in Form von freien Radikalen die Körperzellen an. Unter der Lupe betrachtet ist ein freies Radikal eine Verbindung aus zwei Sauerstoffatomen, denen ein elektrisch geladenes Teilchen fehlt: ein Elektron. Und weil diese Radikale versuchen, ihr Elektron zurückzubekommen, zerstören sie Körperzellen oder verändern das Erbgut. Dieser »wild gewordene« Sauerstoff trifft wie ein Blitz auf die Körperzelle. Die angegriffene Zelle bombardiert ihre Nachbarn, und ein einziges Radikal vernichtet so im Schneeballsystem Millionen Körperzellen.

- **Die Folgen:** Haut, Nerven und Organe altern schneller. Wir erkranken an Arteriosklerose, Rheuma, Alzheimer und Krebs.
- **All das** können Sie vermeiden, wenn Sie das Gegengift im Körper ansteigen lassen – in Form von Antioxidantien. Die wichtigsten sind die Vitamine C und E und Selen.

Vitamin C: das wertvollste Gegengift

Ratten vertragen 100mal mehr Dioxin, bevor sie sterben, als Menschen. Sie haben ein Gegengift im Blut: Vitamin C. Rehe hören den Wetterbericht nicht – ihnen entgeht die Ozonwarnung. Trotz jeder Menge wild gewordenen Sauerstoffs in der Luft, sprich Ozon – einem puren Gift –, springen sie mittags im Sonnenschein herum – ohne einen Asthmaanfall zu bekommen. Auch Rehe haben Vitamin C im Blut, nämlich: 15 Gramm Vitamin C.
Alle Tiere bilden ihr Vitamin C selbst, und zwar 3 bis 25 Gramm täglich. Darum stecken sie sich nicht am Grippevirus an, sterben nicht an Krebs, Herzinfarkt oder anderen Zivilisationskrankheiten.

Zitronen, schwarze Johannisbeeren, rote Paprika und exotische Früchte sind die besten Vitamin-C-Lieferanten.

Wieviel Vitamin C brauchen Sie?

Die Deutsche Gesellschaft für Ernährung empfiehlt 150 Milligramm Vitamin C pro Tag. Diese bewahren Sie vielleicht vor Skorbut – aber jeder Schnupfenvirus lacht Sie aus. Denn Vitamin C übernimmt unzählige Schutzfunktionen im Körper: Es stimuliert die Abwehr, kurbelt die Bildung von Bindegewebe an, treibt den Fettabbau voran, schützt die Blutgefäße und behütet viele andere Vitamine vor dem Zerfall. Gönnen Sie sich künftig 1 bis 3 Gramm von diesem gesunden Gegengift. Das riet übrigens Vitaminpapst Linus Pauling, zweifacher Nobelpreisträger, schon in den 50er Jahren.

> **TIP**
>
> ### *Der saure Leibwächter*
>
> WER SICH gut versorgt, beugt vor. Studien beweisen: Vitamin C ...
>
> - fängt freie Radikale, die viele Krankheiten auslösen.
> - mindert das Herzinfarktrisiko.
> - beugt Krebs vor, vor allem in Magen, Speiseröhre, Kehlkopf, Mundhöhle, Bauchspeicheldrüse.
> - beugt grauem Star vor.
> - erhöht das »gute« Cholesterin HDL.
> - verhindert, daß LDL oxidiert und sich so in den Gefäßen ablagert.
> - stärkt das Immunsystem. 3 Gramm täglich verkürzen eine Erkältung von 6 auf 4 Tage.
> - senkt einen zu hohen Blutdruck.
> - fördert die Wundheilung.
> - hält die Haut jung. Schwächt nachweislich Faltenbildung und Altersflecken.

Mein Tip für Sie

Messerspitzenweise Vitamin C

VERTEILEN Sie die Vitamin-C-Zufuhr über den ganzen Tag, weil zuviel auf einmal ausgeschieden wird. Wenn Sie Ascorbinsäure-Pulver (Apotheke) nehmen, dann nur mehrere Messerspitzen voll über den ganzen Tag verteilt. Oder wählen Sie entsprechende Release-Präparate, die das Vitamin C nach und nach freisetzen.

Entstehen durch zuviel Vitamin C Nierensteine?
»Geldverschwendung, zuviel Vitamin C wird doch sowieso ausgeschieden.« Oder: »Vorsicht Nierensteine!« Kennen Sie diese Schlagzeilen? Das eine stimmt: Zuviel des Guten schickt die Niere in die Kanalisation – allerdings ohne mit der Bildung von Steinen zu reagieren. Nun bleibt nur die Frage: Wieviel ist zuviel? Sie speichern in Ihrer Niere, dort, wo wichtige Hormone gebildet werden, 3 bis 5 Gramm Vitamin C. Und dieser Tank muß immer wieder aufgefüllt werden. Also mehr als 3 Gramm sind im Grunde unnötig.

Wie können Sie 1 bis 3 Gramm Vitamin C täglich aufnehmen?
Um genügend Vitamin C aufzunehmen, müßten Sie jeden Tag 1/4 Liter Orangensaft trinken, 1 ganze Papaya und 250 Gramm Erdbeeren essen. Zudem ist Vitamin C sehr empfindlich: Hitze und Zeit zerstören es. Deshalb ist es besser, zusätzlich ein Präparat aus der Apotheke zu nehmen.

Das alles erhöht Ihren Vitamin-C-Bedarf
➤ Kommt ein Virus, werden Millionen von Abwehrzellen aktiv. Sie enthalten 200mal soviel Vitamin C wie normale Zellen. In Grippezeiten sind deshalb 3 Gramm Vitamin C pro Tag ein Muß.
➤ Wenn Sie rauchen, brauchen Sie 60 Prozent mehr Vitamin C als ein Nichtraucher, um die Angriffe der 10.000 freien Radikale, die in jedem Zug stecken, abzublocken. Raucher sollten sich deshalb ebenfalls mit 3 Gramm Vitamin C täglich schützen.
➤ Auch Streß frißt in Ihrem Körper Vitamin C auf. Prüflingen oder Managern im Streß schadet die Extraportion von 2 bis 3 Gramm zusätzlich zu Obst und Gemüse nicht.
➤ Jedes Kilo mehr Übergewicht fordert einige Milligramm mehr von dem sauren Leibwächter. Denn es müssen ja auch mehr Nährstoffe verbrannt werden, und wie Sie wissen, entstehen dabei jede Menge freie Radikale. Dicke haben häufig einen viel zu niedrigen Vitamin-C-Spiegel. Das ist auch ein Grund, warum sie dick bleiben. Ohne Vitamin C bildet der Körper keine fettabbauenden Hormone. Übergewichtigen empfehle ich: 3 Gramm Vitamin C täglich, zusätzlich zur vitaminreichen Ernährung.
➤ Wenn es in Ihrer Familie Fälle von Krebs oder Herzinfarkt gibt, sollten Sie sich mit 2 Gramm Vitamin C zusätzlich wappnen.

Hitliste der Vitamin-C-Lieferanten
Gehalt in 100 g Lebensmittel

1. Acerola-Kirsche	1700 mg
2. Sanddorn	450 mg
3. schwarze Johannisbeere	177 mg
4. rote Paprika	138 mg
5. Brokkoli	115 mg
6. Fenchel	93 mg
7. Rosenkohl	85 mg
8. Papaya	80 mg
9. Kiwi	71 mg
10. Erdbeeren	64 mg

Vitamin E: schützt Herz und Hirn

Das Wunder-Vitamin ist an Vielseitigkeit nicht zu überbieten: Es hält jung, schützt das Herz, ja es soll sogar Liebesmüde munter machen. Obwohl es Männer genauso brauchen wie Frauen, wird es als typisch weibliches Vitamin bezeichnet. Kein Wunder: Für Schönheit, Wohlbefinden und Fitneß gibt es kaum ein besseres Rezept als Vitamin E von außen und innen, in Cremes und auf dem Teller. Vitamin E ist wie Vitamin C ein Antioxidans – sogar noch wirkungsvoller. Vor allem wirkt es dort im Körper, wo das wasserlösliche Vitamin C nicht hinkommt.

Ein starkes Immunsystem schützt unsere Gesundheit und Fitneß bei Wind und Wetter. Sorgen Sie mit Vitaminen & Co. vor!

➤ INFO

Das kann Vitamin E

WER SICH gut versorgt, beugt vor. Studien zeigen: Vitamin E ...

- **fängt** freie Radikale, die viele Krankheiten auslösen.
- **mindert** das Herzinfarktrisiko, vermindert die Schäden nach Herzinfarkt.
- **beugt** Krebs vor, schützt Zellen vor Zerstörung des Erbmaterials.
- **verstärkt** die Wirkung von Vitamin A.
- **schützt** auf der Haut vor den Auswirkungen der UV-Strahlen.
- **verhindert,** daß LDL oxidiert und sich so in den Gefäßen ablagert.
- **stärkt** das Immunsystem.
- **hält** die Haut jung, beugt Faltenbildung vor und bleicht Altersflecken.

Vitamin E bremst den Alterungsprozeß. Denn es schützt vor Arterienverkalkung, Falten, Hautflecken und sogar Krebs. Neue Studien zeigen: Vitamin E hält auch Gehirn und Abwehrkräfte fit – beide Systeme sind viel anfälliger für Alterungsprozesse als andere Organe –, indem es dort den Zerfall wichtiger Eiweißstoffe verhindert. Werden die sogenannten Band-3-Proteine durch freie Radikale zerstört, stirbt die Zelle ab. Davor kann Vitamin E schützen.

Vitamin E setzt Cholesterin schachmatt

Mindestens 50 Prozent aller Herzinfarkte könnten mit Vitamin E verhindert werden, so das Ergebnis verschiedener Studien. Der Hintergrund: Cholesterin ist nicht »böse« – das wird es nur durch einen Mangel an Vitamin E. Ein Cholesterinspiegel von 400 mg/dl schadet nicht, solange Sie ausreichend Vitamin E aufnehmen. Denn sechs Vitamin-E-Moleküle umlagern ein Molekül LDL-Cholesterin und bilden einen Schutzwall gegen freie Radikale. Auf diese Weise verhindert Vitamin E, daß LDL an den Gefäßwänden andockt, die Adern verstopft und zu Gedächtnisschwäche oder Herzinfarkt führt.

Wieviel Vitamin E brauchen wir?

Vitamin E schützt auch vor den anderen Alterskrankheiten wie Krebs, Rheuma, Alzheimer, und es stärkt das Immunsystem. Doch die von der DGE empfohlene Minimenge von 12 Milligramm ist zu wenig. Orthomolekularmediziner, also die Ärzte, die sich mit der heilenden und vorbeugenden Wirkung von Vitaminen beschäftigen, empfehlen 400 Milligramm.

Wie nimmt man genug Vitamin E auf?
Sie können es wie die Radsportler machen: Die Weizenkeimöl-Flasche ansetzen und das Fett in 8 Stunden herunterstrampeln. Extremradler verbrauchen 8.000 Kalorien pro Tag. Wenn Sie sich aber an den Schreibtisch setzen und nur 2.400 Kalorien pro Tag verbrauchen, sollten Sie Ihr Vitamin E vielleicht doch lieber in der Apotheke holen.
Meine Empfehlung: 400 Milligramm natürliches Vitamin E (erkennbar an der Bezeichnung »D-alpha-Tocopherol«) pro Tag zusätzlich zur gesunden Ernährung. Je höher der Cholesterinspiegel, desto mehr Vitamin E sollten Sie nehmen. Sprechen Sie auf alle Fälle mit Ihrem Arzt. Lassen Sie doch Ihren Vitamin-E-Gehalt im Blut messen!

Hitliste der Vitamin-E-Lieferanten
Gehalt in 100 g Lebensmittel

1. Weizenkeimöl	174,5 mg
2. Haselnüsse	26,3 mg
3. Sonnenblumenkerne	21,8 mg
4. Vollkornkekse	7,6 mg
5. Fenchel	6,0 mg
6. Kichererbsen	5,8 mg
7. Aal	5,6 mg
8. Schwarzwurzeln	5,0 mg
9. Garnelen	4,0 mg
10. Truthahn	2,5 mg

Selen: für die Leichtigkeit des Seins

Bevor man Selen als Gute-Laune-Stoff entdeckte, machte man traurige Erfahrungen: In der chinesischen Provinz Keschan starben 16jährige an Krebs und Herzmuskelschwäche, weil es dort kein Selen im Boden gibt. So kam die Weltgesundheitsorganisation (WHO) darauf, daß wir Selen als Schutzmittel der Zelle gegen Krebs brauchen. Studien belegen: Krebspatienten haben in der Regel einen niedrigen Selenspiegel, nämlich 10 bis 20 Mikrogramm/Liter Blut.
Insgesamt schützen uns etwa 30 Milligramm Selen in unserem Körper. Selen arbeitet als Bestandteil von Enzymen im Stoffwechsel mit. Und es entschärft nicht nur freie Radikale, sondern auch Schwermetalle wie Cadmium, Quecksilber und Blei.

Wieviel Selen brauchen Sie?

Die WHO gibt den durchschnittlichen Selen-Wert der Menschen auf unserem Globus mit 200 Mikrogramm/Liter Blut an. Der Durchschnitts-Deutsche hat aber nur 70 Mikrogramm/Liter im Blut. Kein Wunder: Deutschland, Österreich und die Schweiz sind auf der Selen-Weltkarte ein weißer Fleck. Die Gletscher wuschen vor 40.000 Jahren nicht nur Jod, sondern auch Selen aus dem Boden heraus. Und das kostet uns heute Leichtigkeit und innere Dynamik. Die Erkenntnis, daß Selen nicht nur Wächter der Körperzellen, sondern auch Animateur der Psychohormone ist, ist neu. Spitzensportler, die mit einem Lächeln ins Ziel laufen, haben einen Selenspiegel von 200.

Wie hoch ist Ihr Selenspiegel?
Lassen Sie Ihren Selenspiegel doch einmal von Ihrem Arzt bestimmen. Und wenn Sie ihn dann auf den WHO-Wert anheben, laufen Sie plötzlich nicht mehr gegen den Wind durchs Leben, Sie verlieren ihre Alltagsschwere und hüpfen wieder.
Doch Vorsicht: Wenn Sie den Selenspiegel auf 240 Mikrogramm/Liter anheben, auf das Niveau der Menschen in Guatemala, dann könnte die neu erworbene Leichtigkeit des Seins für Ihre Mitmenschen unerträglich werden.
Meine Empfehlung: Nehmen Sie ein Selenpräparat mit täglich 100 bis 200 Mikrogramm. Sprechen Sie auf jeden Fall mit Ihrem Arzt darüber.

Hitliste der Selen-Lieferanten

Gehalt in 100 g Lebensmittel

1. Kokosnuß	810 µg
2. Steinpilz	184 µg
3. Bückling	140 µg
4. Weizenkeime	110 µg
5. Eiernudeln	66 µg
6. Sojabohne	60 µg
7. Vollkornbrot	55 µg
8. Kohlrabi	50 µg
9. Rotbarsch	44 µg
10. Rinderfilet	35 µg

Beta-Carotin: nicht nur für schöne Haut

Beta-Carotin ist das, was Ihnen auf dem Gemüsemarkt farbig entgegenleuchtet: grüner Spinat, orange Möhren, gelber Kürbis. Carotinoide geben durch ihre Pigmente den Pflanzen die Signalfarben: »Nimm mich, ich bin gesund!« Diese Stoffe werden im Körper in Vitamin A umgewandelt. Dem Vitamin, das Sie scharf sehen läßt sowie Haut, Zähne und Knochen gesund hält. Vitamin A stärkt außerdem die Abwehr, schützt vor Infektionen und die Haut vorm Altern.
Beta-Carotin selbst fängt freie Radikale und schützt so vor grauem Star, Herzkrankheiten, Darm- und Blasenkrebs.

➤ **INFO**

Krebsvorsorge & Laune-Doping

WER SICH gut versorgt, beugt vor.
Studien zeigen: Selen ...
- **fängt** freie Radikale, die viele Krankheiten auslösen – schützt vor Alterungsprozessen.
- **beugt** Krebs vor (vor allem Magen- und Speiseröhrenkrebs), schützt Zellen vor Zerstörung des Erbmaterials.
- **verstärkt** die Wirkung von Vitamin A, C und E. (Die Selen-Aufnahme kann allerdings durch hochdosiertes Vitamin C beeinträchtigt werden.)
- **verhindert,** daß LDL oxidiert und sich so in den Gefäßen ablagert, schützt das Herz.
- **mindert** das Risiko, an Asthma zu erkranken.

Gemüse liefert bunte Vielfalt

Raucher, so Studien, die Beta-Carotin-Präparate einnahmen, erkrankten nicht seltener, sondern häufiger an Krebs. Diese Studien wurden zwar angezweifelt, dennoch sollten

Sie lieber zu Gemüse greifen: Im Gegensatz zu Präparaten enthält es verschiedene Carotinoide, mit unterschiedlicher Wirkung. Die Carotinoide von Grünkohl und dunkelgrünem Blattgemüse (Lutein und Zeaxanthin) beugen beispielsweise der altersbedingten Makula-Degeneration vor. An dieser Form der Erblindung erkrankt um 57 Prozent seltener, wer viel Kohlgemüse oder Spinat ißt – Möhren helfen in diesem Fall gar nichts.

➤ **TIP**

Setzen Sie auf Farbe

DECKEN SIE Ihren Carotin-Bedarf (25 bis 50 Milligramm) mit kräftigfarbigem rotem, gelbem, grünem, orangem Obst und Gemüse. Viel steckt beispielsweise in: Aprikosen, Brokkoli, Kürbis, Löwenzahn, Mango, Möhren, Netzmelone, Papaya, Spinat, Süßkartoffel, Tomaten.

Hinter den roten Bäckchen der Tomate verbirgt sich Lykopin, ein Carotinoid, das das Prostatakrebs-Risiko senkt. Je mehr Tomaten Sie essen – vorzugsweise in Form von Saucen –, desto besser.

Coenzym Q10: das Pseudo-Vitamin

Von manchen Wissenschaftlern wird Ubichinon (Q10) in den Reigen der Vitamine eingeordnet. Es verhält sich ähnlich, ist lebenswichtig und arbeitet in jeder Körperzelle mit. Auch im Heer gegen die freien Radikale – als Antioxidans – kämpft Q10.
Es schützt das Herz in vielfältiger Weise, senkt den Blutdruck, schützt das Auge vor Netzhauterkrankungen, beugt Brustkrebs vor und hilft gegen die Volkskrankheit Parodontitis (entzündetes Zahnfleisch).
Kritiker sagen: Q10 steckt sowieso in jeder Körperzelle. Wir bräuchten es nicht zusätzlich, mit Präparaten macht die Industrie doch nur Geld.
Da die Studien noch jung sind, sollten Sie ein Q-10-Präparat, wenn überhaupt, nur in Absprache mit Ihrem Arzt nehmen. Wie sein Name schon sagt, ist Ubichinon ubiquitär, also überall, in allen Lebensmitteln, in mehr oder weniger großen Mengen, vorhanden. Besonders viel von dem umstrittenen Vitamin steckt in Spinat, Erdnußkernen und Rinderherz.

Greifen Sie zu, wenn Kürbisse Saison haben: Sie liefern viel vom schützenden Beta-Carotin.

Die 15 besten TIPS

Dickes Plus auf Ihr Vitalstoffkonto

➤ 1. Schale dranlassen

Schälen Sie Obst und Gemüse möglichst nicht. Gründliches Waschen und Abreiben ist besser. In der Schale und direkt darunter liegen die meisten Vitamine.

➤ 2. Rohkost statt Kochen

Kochen vertreibt über die Hälfte des Vitamin C, Dünsten 40 Prozent. Am meisten sichern Sie sich von diesem empfindlichen Vitamin, wenn Sie Rohkost essen. Völliger Unsinn: Heiße Zitrone gegen Schnupfen. Weitere Hitze-Sensibelchen sind die B-Vitamine.

➤ 3. Nicht Warmhalten, Aufwärmen, Liegenlassen

Warmhalten, Aufwärmen, Liegenlassen, Wässern von Lebensmitteln sind die größten Vitaminkiller. Am besten garen Sie Gemüse möglichst kurz in möglichst wenig Flüssigkeit. Ideale, schonende Garmethoden sind:

- Dämpfen mit wenig Wasser (Schnellkochtopf, Alufolie, Bratschlauch).
- Pfannenrühren: kurz im Wok oder einer tiefen Pfanne unter Rühren bißfest garen.
- In wenig Wasser dünsten und die Flüssigkeit zur Sauce verarbeiten.
- Pochieren: Flüssigkeit kurz aufkochen und beispielsweise den Fisch oder das Ei darin garziehen lassen.

➤ 4. Vor Licht schützen

Viele Vitamine werden durch Licht zerstört. Deshalb sollten Sie Milch nicht in hellen Glasflaschen aufbewahren. Gemüse gehört übrigens, bis auf wenige Ausnahmen, ins Gemüsefach.

➤ 5. Auf die Farbe achten

Essen Sie viel Gemüse mit kräftigen Farben: grüne Bohnen, Spinat, Feldsalat, Grünkohl, Tomaten, Paprika. Je intensiver die Farbe, desto mehr Vitalstoffe sind darin enthalten. Das gleiche gilt übrigens auch für Obst.

➤ 6. Gut planen

Gemüse und Obst nur kurz und im Ganzen unter kaltem fließendem Wasser abspülen, erst unmittelbar vor dem Zubereiten und so wenig wie möglich zerkleinern.

➤ 7. Kein Tee zum Essen

Schwarzer Tee stört die Aufnahme von Vitamin B_1. Deshalb: Zuerst essen, abwarten, dann Tee trinken.

➤ 8. Orangensaft zum Steak

Vitamin C unterstützt die Aufnahme von Eisen. Ein Glas Saft paßt also gut zum Essen.

➤ 9. Trockenobst statt Vitaminbonbons

Lassen Sie Vitaminbonbons links liegen und greifen Sie lieber zu Trockenobst, Müsliriegeln ohne Zucker oder Studentenfutter. Aber Vorsicht: Da stecken auch Kalorien drin. Wer sein Kalorienkonto gut gefüllt hat, sollte eher auf frisches Obst oder Gemüse zurückgreifen.

Früchte wie Papayas, Weintrauben oder Johannisbeeren helfen, das Vitalstoffkonto im Plus zu halten.

➤ 10. Power für Sportler

Wenn Sie Sport treiben, haben Sie auch einen höheren Vitaminbedarf. Wichtig ist vor allem die Versorgung mit Radikal-Fängern, den Vitaminen Beta-Carotin, C und E. Auch von den Vitaminen B_1, B_2, B_6, Niacin und Pantothensäure brauchen Sportler mehr, da sie an Energiestoffwechsel und Muskelaufbau beteiligt sind (siehe Seite 136 – 139).

➤ 11. Vitamine à la Saison

Essen Sie das Gemüse und Obst, das gerade in der Region Saison hat. Das garantiert: kurze Lieferzeiten. Lange Transportwege schmälern nämlich den Vitamingehalt beträchtlich. Nach 3 Tagen hat ein Blumenkohl 50 Prozent seiner Vitamine verloren. Das gilt nicht für Exoten: Kiwis, Papayas & Co. helfen uns über unser Vitamin-Loch im Winter.

➤ 12. Vitamine eisgekühlt

Die Tiefkühltruhe liefert Vitamin-Bestseller. Denn Gemüse wird sofort nach der Ernte eingefrostet, was Vitamine schonend konserviert. Tiefkühlgemüse ist deshalb oft vitaminreicher als das vom Gemüsemarkt. Letzteres hat häufig längere Transport- und Lagerzeiten hinter sich, bevor es uns als frisch angeboten wird.

➤ 13. Vortritt für Vollkorn

Polierter Reis und weißes Mehl versprechen nur noch traurige Reste an Vitaminen: 90 Prozent vom Vitamin B_1 gehen beispielsweise auf dem Weg vom vollen Weizenkorn zum Weißmehl in der Tüte verloren.

➤ 14. Raucher brauchen Vitamin C

Nikotin futtert Vitamin C weg. Raucher brauchen 60 Prozent mehr Vitamin C als Tabak-Abstinenzler. Und: Lebensmittel, die reich an Vitamin A und E sind, schützen die Lunge und das Immunsystem. Vitamin A steckt beispielsweise in Möhren, geräuchertem Aal und Edelpilzkäse. Gute Vitamin-E-Lieferanten sind zum Beispiel Weizenkeimöl, Sojabohnen, Sonnenblumenkerne, Schwarzwurzeln.

➤ 15. Alkohol vermeiden

Zuviel Alkohol, also mehr als zwei Gläschen Wein oder Bier pro Tag, killt den Appetit und streßt den Stoffwechsel. Ein Manko an B-Vitaminen geht ebenfalls auf die Promillekappe. Auch alkoholfreie Drinks schmecken gut und machen Stimmung.

Achten Sie auf Vitalstoffe: Sie stecken in der Nahrung und schützen unsere Gesundheit.

Natürliche Herzschutzmittel

Haben Sie schon mal überlegt, warum Rehe, Elefanten und Affen keinen Herzinfarkt bekommen? Die Antwort ist einfach: Weil sie ihr Vitamin C selbst produzieren und weil in Gras, Heu und Obst viel Folsäure steckt. Auch die amerikanischen Herzen schlagen seit einigen Jahren viel besser, weil sie ihr schlechtes Fast-Food-Gewissen mit Vitamintabletten besänftigen. Seitdem jeder zweite Amerikaner Vitaminpillen schluckt, ist die Zahl der Herzerkrankungen in den USA um fast die Hälfte zurückgegangen. Bei uns hat sich in den letzten 30 Jahren an der Herztod-Statistik nichts Positives bewegt.

Herzkrank wegen chronischen Vitaminmangels

Arteriosklerose entsteht, weil sich in den Innenhäuten der Gefäße Risse bilden. Um die Löcher zu pflastern, schickt der Körper Fettmoleküle wie LDL-Cholesterin und Lipoprotein A aus dem Blut in die Arterienwand. Kalk lagert sich ein, verhärtet das natürliche Pflaster zu einem Gipsverband – und der wird immer dicker.

Arteriosklerose entwickelt sich schleichend, über Jahre und endet plötzlich – nicht selten – mit dem Tod. Die ehemals elastischen Blutbahnen werden durch Plaques von innen her ausgegipst. Das drosselt den Blutfluß, bis ein Pfropf in Form eines Gerinnsels steckenbleibt und gar nichts mehr fließt. Umliegendes Gewebe wird nicht mehr mit Sauerstoff versorgt, stirbt ab. Das passiert vorwiegend in den feinen Gehirngefäßen oder Herzkranzarterien. Man nennt es dann Schlaganfall oder Herzinfarkt.

Warum bilden sich überhaupt Risse in den Wänden der Arterien?

Weil sie wegen Eiweiß- und Vitamin-C-Mangel regelrecht ausdünnen. Vitamin C kurbelt nämlich den Aufbau von Kollagen an, dem Bindegewebe, das die Arterienwand stärkt. Bausteine für die Gefäßwände sind Lysin und Prolin, zwei wichtige Aminosäuren. Sind von diesen oder von Vitamin C nicht genügend in unserem Organismus enthalten, produzieren die Muskelzellen der Arterienwand einen Ersatzbaustoff. Und weil dieser Baustoff so schlecht ist, basteln sie furchtbar viel davon, um mangelnde Qualität mit Quantität auszugleichen. Das nennt man arteriosklerotischen »Tumor«. Dieser verengt die Blutgefäße erst recht – und lädt, wie ein freundlicher Türsteher, zusätzlich Fettmoleküle aus dem Blut ein, sich auch noch in der Wand einzunisten.

Mein Tip für Sie

Schützen Sie Ihr Herz

MIT TÄGLICH 1 bis 3 Gramm Vitamin C und 400 Milligramm natürlichem Vitamin E, 400 Mikrogramm Folsäure und 400 Milligramm Magnesium können Sie Ihr Herz schützen. Sprechen Sie mit Ihrem Arzt darüber.

Beugen Sie vor

Nichts ist einfacher, als diesen Wucherungen Einhalt zu gebieten: Sie brauchen nur ausreichend Eiweiß, damit die Versorgung mit den Gefäßwand-Bausteinen Lysin und Prolin garantiert ist, ebenso Vitamin C, das den Wandbau ankurbelt, und Vitamin E, welches die Blutfette unschädlich macht.

Die beste Nachricht: Auch wenn bei Ihnen die Arteriosklerose schon fortgeschritten ist, können Sie sie durch geeignete Maßnahmen wieder loswerden.

Folsäure entgiftet Homocystein

Es schwimmt ein Stoff in Ihrem Blut, der weitaus gefährlicher ist als Cholesterin. Er heißt Homocystein. Dieser Eiweißstoff ist im Grunde harmlos, weil er im Körper sofort zu Eiweiß abgebaut wird – wenn genügend Folsäure zur Verfügung steht. Das Problem ist: Jeder zweite Deutsche leidet unter Folsäuremangel. Homocystein bleibt also im Blut und entfaltet seine giftigen Gemeinheiten: Es schlägt Kerben in die Arterienwände und heizt die Arteriosklerose an. Es stimuliert die Bildung des gefährlichen arteriosklerotischen »Tumors«. Homocystein fördert das Entstehen von Blutgerinnseln. Die Hälfte aller Herzinfarkte wäre vermeidbar, wenn wir genügend Folsäure im Blut hätten!

Wahrscheinlich kann man Homocystein sogar für die angeborenen Fehlbildungen bei Säuglingen verantwortlich machen, die sogenannten Neuralrohrdefekte mit gespaltener Wirbelsäule und fehlendem Gehirn. Denn: Folsäure schützt den Embryo.

Folsäure rettet Leben

Forscher der Universität von Washington fanden heraus: 40 Prozent aller Herzinfarkte wären vermeidbar – jährlich Hunderttausende von Todesfällen –, wenn man nur mehr Folsäure aufnehmen würde. Nämlich mindestens 400 Mikrogramm täglich. Das geht mit folsäurereichen Lebensmitteln wie grünem Gemüse, Weizenkeimen, Leber. Doch das gestaltet sich in der Praxis schwierig. Denn nur etwa 30 Prozent der Folsäure, zum Beispiel aus dem Brokkoli, gelangen über den Darm ins Blut zu den Körperzellen. Weil durch Lagerung und Zubereitung ein Großteil des Vitamins verlorengeht. Sie müßten also täglich 1,3 Kilo Brokkoli essen, allerdings erntefrisch und roh, um Ihren Folsäurebedarf zu decken.

Auf diese Forschungsergebnisse hat die oberste Gesundheitsbehörde der USA, die Food and Drug Administration (FDA), übrigens sofort reagiert: Seit Januar 1998 ist es in den USA Pflicht, Lebensmittel wie Brot, Reis und Mehl mit Folsäure anzureichern.

➤ TIP

Kantinen-Fluch

WER VIEL in der Kantine ißt, fängt sich garantiert einen Folsäuremangel ein. Denn Hitze und Warmhalten zerstören dieses lebenswichtige Vitamin. Ein Mangel äußert sich durch geistige Erschöpfung, ein verändertes Blutbild und Verdauungsstörungen.

Was wirkt, hat Nebenwirkungen ...

Achtung: Mehr als 1.000 Mikrogramm Folsäure täglich schaden dem Körper zwar nicht, können aber eine perniziöse Anämie (Blutarmut) verschleiern – man merkt nicht, daß einem das blutbildende Vitamin B_{12} fehlt. Und ein länger andauernder Vitamin-B_{12}-Mangel führt zu gefährlichen Nervenstörungen. Der Arzt muß also, bevor er hohe Dosen Folsäure verschreibt, eine perniziöse Anämie ausschließen und zusätzlich Vitamin B_{12} spritzen.

Das Herzmineral: Magnesium

In den USA machte die sogenannte »Hard-Water-Story« Furore. Man wunderte sich, daß die Sterberate an Herz-Kreislauf-Erkrankungen in einigen Gebieten der östlichen USA um 15 Prozent höher lag als in westlichen. Den Grund filterten US-Forscher aus dem Trinkwasser: Magnesiummangel. Im Osten ist das Grundwasser weich und arm an Magnesium, im Westen hart und magnesiumreich. Aufgrund dieser Erkenntnis wurde in Finnland und Japan das Speisesalz mit Magnesium angereichert. Auch deutsche Universitäten deckten auf: Frauen sterben häufiger an Herzinfarkt in Städten, in denen weiches Wasser aus dem Hahn tropft.

Das Salz der Belastbarkeit optimiert die Sauerstoffversorgung der Zellen, weitet die Blutgefäße und verhindert Angina pectoris – das schmerzhafte Herzasthma. Eine Therapie mit Magnesium senkt die Angina-pectoris-Anfälle deutlich. Magnesiummangel läßt das Herz auch jagen oder bringt es aus dem Rhythmus. Häufig treibt es Betroffene zum Herzspezialisten – der stellt meistens fest: »Ohne Befund!« Und hat den Magnesiumspiegel nicht gemessen.

Mein Tip für Sie

Lassen Sie Ihren Homocystein-Spiegel messen

WENN ER sehr hoch ist, dann wird Ihnen Ihr Arzt sehr hohe Dosen Folsäure verschreiben. Decken Sie den Mindestbedarf von 400 Mikrogramm Folsäure täglich auf alle Fälle durch ein Präparat – und ernähren Sie sich trotzdem folsäurereich. Sprechen Sie einmal mit Ihrem Arzt darüber.

Im Dreier-Pack noch wertvoller!

Auch die Vitamine B_6 (Pyridoxin) und B_{12} spielen im Kampf gegen das Homocystein eine Rolle. Empfehlung: Nehmen Sie 10 bis 40 Milligramm Vitamin B_6 und 5 bis 15 Mikrogramm Vitamin B_{12} täglich auf. Sprechen Sie auf jeden Fall mit Ihrem Arzt.

Hitliste der Folsäure-Lieferanten

Gehalt in 100 g Lebensmittel

1. Weizenkeime	350 µg
2. Leber, gekocht	200 µg
3. Spinat	204 µg
4. Eigelb	154 µg
5. Kopfsalat	133 µg
6. Linsen	104 µg
7. Getreide	98 µg
8. Brokkoli, roh	85 µg
9. Brokkoli, gekocht	30 µg
10. Avocado	30 µg

Wer Streß hat oder Verantwortung trägt, braucht mehr von den beiden hirnaktiven Eiweißbausteinen Phenylalanin und Tryptophan. Sie sind die Bausteine für gute Laune, Überblick, Jugend, Optimismus, Kreativität und Euphorie.

Der Siegerhormon-Cocktail

Warum ist der Adler der König der Lüfte, der Tiger der Stärkste des Dschungels und der Hai der Herrscher der Meere? Warum nicht der Sperling, die Kuh, das Faultier? Ganz einfach: Die Könige unter den Tieren bilden, sobald sie ihre Beute erlegt und verzehrt haben, aus einem Eiweißbaustein in fünf blitzschnellen Stoffwechselschritten das Hormon Noradrenalin. Ein Hormon, das optimistisch und glücklich stimmt. Es ist der Gegenspieler zum Adrenalin. Dieses positive Streßhormon ist es, welches auch uns kreative Flügel verleiht, wenn etwas Kompliziertes schnell gehen muß: Wenn der Chef auf den Brief wartet, der Kunde auf den Werbetext, der Verlag auf das Buchmanuskript. Noradrenalin sorgt dafür, daß das Herz schneller schlägt, und es pumpt das Gehirn voll mit Wachheit.

Noradrenalin ist ganz einfach herzustellen

Wieder ist es eine Aminosäure, aus der der Körper sich sein wichtiges gehirnaktives Hormon baut: die Aminosäure Phenylalanin. Es ist einer der wirkungsvollsten Psychostoffe, die wir in eiweißreichen Lebensmitteln finden.

Phenylalanin wird im Körper erst in die Aminosäure Tyrosin und dann in Noradrenalin umgewandelt. In Lebensmitteln treten diese beiden Eiweißbausteine übrigens fast immer gemeinsam auf.

Auch Tyrosin hilft der Gedächtnisleistung auf die Sprünge. Studien zeigen: Tyrosin verringert in Streßsituationen den Abfall physischer und psychischer Leistung. Zudem wird Tyrosin als Anti-Depressivum eingesetzt.

➤ INFO

Im Doppelpack zufrieden

AUS DEN beiden Aminosäuren Phenylalanin und Tyrosin kann Ihr Körper Noradrenalin, den Botenstoff für Geistesblitze, herstellen. Viel davon steckt in Fleisch, Fisch, Geflügel, Sojaprodukten, magerem Käse. Etwas steckt auch in unbehandelten Lebensmitteln wie Gemüserohkost, Vollkornprodukten und Naturreis sowie in Kartoffeln, Eiern und Milch.

Hormone tanzen für Kreativität

Noradrenalin setzt wiederum das Kreativitätshormon ACTH frei, das den Geist kristallklar und munter macht. Das Hormon, das das Fett zwischen den Gehirnzellen wegbrennt und somit den Gedankenfluß zwischen den Zellen wieder möglich macht. ACTH wird übrigens als illegales Dopingmittel im Sport eingesetzt. Und zwar dort, wo absolute Konzentration erforderlich ist. Es bewirkt, daß der Puls und der Blutdruck sinken und der Geist kristallklar strahlt: Der Pfeil schießt ins Schwarze. Die Billardkugel rollt nach sieben Banden ins Loch.
Immer wenn ACTH und Noradrenalin den Geist auf Höchstform bringen, steigt auch der Gehalt an Endorphinen – unserem körpereigenen Rauschgift – im Blut an. Endorphine lassen uns Schmerzen vergessen und tauchen uns von den Zehenspitzen bis zu den Haarwurzeln in ein Glücksgefühl.
Die drei Hormone Noradrenalin, ACTH und Endorphin machen angriffslustig, euphorisch, optimistisch und pumpen den Körper voll mit Selbstbewußtsein – sie sind das Geheimnis der Siegermentalität.
Und genau diesen Siegercocktail Noradrenalin, ACTH und Endorphine bilden Adler, Hai und Tiger, wenn sie fressen.

Initialzündung: Magnesium und Vitamin C
Damit das Hormonfeuerwerk durch Eiweiß ausgelöst werden kann, bedarf es zweier Katalysatoren: Magnesium und Vitamin C. Doch von diesen haben die meisten Menschen zu wenig im Blut. Lassen Sie Ihre Werte doch einmal messen und heben Sie Ihren Magnesium- und Vitamin-C-Spiegel einfach an (siehe Seite 27–29).
Essen Sie zusätzlich noch einen guten mageren Fisch. Und Sie werden spüren, wie auch Ihnen plötzlich Flügel, Raubtierzähne und Haifischflossen wachsen.

Das Chefhormon

Serotonin ist das Hormon, das fröhlich macht und Überblick verschafft – Eigenschaften, die ein Chef haben sollte. Um herauszufinden, ob Chefs tatsächlich mehr von diesem Hormon haben, zapften Verhaltensforscher Affen im Zoo von San Diego Blut

Mein Tip für Sie

Serotonin-Rezepte für den ganzen Tag

◆ **Muntermacher:** Magerquark oder Joghurt, 1 Stunde später eine große Portion Obst.
◆ **Mittags-Hoch:** Eine große Schüssel Salat mit Frischkäse, dann Obst. Oder: Fisch mit Zitrone beträufelt (statt mit Buttersauce) und hinterher Fruchteis oder Kaltschale.
◆ **Schlafmittel:** »Eiweiß plus Glukose«. Zum Beispiel: Magerjoghurt oder Putenschnitzel und vor dem Zähneputzen eine Praline.

Der Honig in der Milch räumt Tryptophan den Weg frei, damit es schnell über die Gehirnschranke an seinen Wirkungsort kommt: Deshalb läßt Milch mit Honig so selig schlummern.

ab. Sie stellten fest: Der Chef-Affe hat einen doppelt so hohen Serotoninspiegel wie der ganz normale. Holt man den Chef von seinem Ast aus dem Käfig, besteigt der Vize-Affe den Chef-Ast – und prompt steigt auch sein Serotoninspiegel an. Daraufhin stellte sich den Forschern die Frage: »Macht das Chefhormon aus Angestellten auch einen Boß?« Um es herauszufinden, spritzten sie einem mickrigen, jungen Rand-Äffchen eine Dosis Serotonin. Und siehe da: Bis der künstlich erhöhte Hormonspiegel abklang, saß es auf dem Chef-Ast.
Sie können das Wörtchen »Ast« durch »Sessel« ersetzen und Ihr Serotonin im Gehirn durch eine entsprechende Ernährung selbst produzieren. Wie, lesen Sie rechts.

Tryptophan: ein Maß fürs Glück

Der Tryptophanspiegel im Blut entscheidet, ob Sie ernst sind, unglücklich und depressiv, das ganze Leben gegen den Wind kämpfen. Oder ob Sie als begnadeter Überflieger mit Rückenwind das Leben meistern. Denn aus Tryptophan bildet der Körper Serotonin. Tryptophan entstreßt und hilft auch gegen Schlafstörungen. Sie müssen nur mageres Eiweiß essen, denn Fett verlangsamt die Verdauung und verhindert den Serotonin-Flash im Gehirn, weil die Aminosäuren nur sehr langsam ins Blut tröpfeln können.

> INFO

Tryptophan fürs Glück

DIE AMINOSÄURE, aus der das Gehirn den Glücksbotenstoff Serotonin herstellt, finden Sie in Rindfleisch, Geflügel wie Huhn und Pute, Thunfisch, Hülsenfrüchten, Milch, Hüttenkäse, getrockneten Datteln, Bananen.

Überspringen Sie die Hürden zum Glück
Die erste Hürde können Sie leicht überwinden: Essen Sie nur Eiweiß pur, in Form von Putenschnitzel, fettarmem Fisch, Linsen – ohne Sauce, ohne Butter, ohne Speck –, das schnell ins Blut aufgenommen wird.
Doch dann folgt eine zweite Hürde, und zwar im Kopf, genauer gesagt vor dem Gehirn: Wenn Sie ein Schnitzel essen, stecken darin 20 Aminosäuren, die um den Eingang ins Gehirn konkurrieren. 7 davon verdrängen das Tryptophan, und als Folge davon kommt für die Serotonin-Bildung im Gehirn nicht genügend Tryptophan an.
Aber auch das können Sie beeinflussen: Essen Sie 1 Stunde nach dem fettarmen Fisch ein leichtes Dessert. Denn Kohlenhydrate (Glukose) locken das Blutzuckerhormon Insulin. Das schickt die 7 störenden Aminosäuren in die Muskelzellen. Tryptophan bleibt übrig, strömt ins Gehirn, wird zu Serotonin, und Sie bekommen gute Laune.

Essen Sie sich wach

Obst und Eiweiß sind die natürlichen Aufputschmittel für Körper und Geist. Fertigprodukte identifiziert der Organismus dagegen als Schlafmittel.

Falsches Essen macht müde

Haben Sie schon einmal darüber nachgedacht, warum Sie nach dem Essen müde werden? Das hat mit Ihrem Immunsystem zu tun: Ihr Körper reagiert auf falsches Essen wie auf eine Verletzung. Wenn Sie sich in den Finger schneiden, dringen Bakterien in die Wunde. Der Körper bekämpft Bakterien, die er nicht kennt. Er schickt ein Heer weißer Blutkörperchen aus. Sie sterben bei dem Kampf, verwandeln sich in Eiter. Während des Kampfes setzt der Körper Interleukin-4 frei. Einen Botenstoff, der in das Gehirn dringt und müde macht.

Dahinter steckt Strategie: Wenn Sie eine schwere Entzündung haben, zum Beispiel eine Lungenentzündung, setzt Ihr Körper viel Interleukin-4 frei. Wenn Sie im Bett bleiben, kann der Körper in aller Ruhe die Entzündung bekämpfen und mit seiner Krankheit fertig werden.

Also: Sobald weiße Blutkörperchen einen Eindringling bekämpfen, macht ein Botenstoff den Menschen müde. Damit die gesamte Energie, die er aufbringen kann, für den Kampf der weißen Blutkörperchen benutzt wird, und nicht zum Abarbeiten von Aktenstapeln. Das gleiche passiert beim Essen.

Der innere Kampf gegen das Essen

Essen ist körperfremd, wird als solches im Darm erkannt und angegriffen. Man nennt das Verdauungs-Leukozytose. Weiße Blutkörperchen wandern in die Darmwand und kämpfen mit den immunologisch fremden Essensmolekülen. Dabei wird Interleukin-4 freigesetzt. Das macht müde, wie Sie wissen. Nun kann Essen nicht ständig als Fremdkörper bekämpft werden. Unser Immunsystem gewöhnt sich daran, lernt die neuen

Moleküle aus dem Essen zu akzeptieren. Dafür braucht es 100.000 Jahre.
Der Mensch hat sich vor 4 Millionen Jahren in einem Zeitraum von 100.000 Jahren an sein Essen gewöhnt. So wie sich der Europäer langsam an die Erdbeere, an die Kiwi gewöhnt. Es gibt zwar noch viele Erdbeer- und noch mehr Kiwi-Allergien, weil unser Darm diese Früchte noch nicht 100.000 Jahre kennt. Aber wir gewöhnen uns langsam daran.

Der Kochtopf ist uns fremd

Vor 3,9 Millionen Jahren hatten wir uns also an das Essen gewöhnt und waren nach dem Essen frisch und leistungsfähig. Warum sind wir dann heute müde? Die Antwort ist einfach: Weil wir vor 8.000 Jahren den Kochtopf erfunden haben. Der hat die Essensmoleküle wieder immunologisch verändert. Der Kampf geht also von neuem los, der Körper muß sich wieder daran gewöhnen. Das dauert jetzt noch 92.000 Jahre. Dann hat er insgesamt 100.000 Jahre Zeit gehabt.

Warum Obstsalat nicht müde macht

Würden wir essen wie zu Urzeiten, wären wir frisch und munter. Aus was bestand die Nahrung damals? Das verrät uns jeder Schimpanse! Wir können uns immunologisch durchaus mit ihm vergleichen. Ein Schimpanse ißt zu 80 Prozent Obst und Gemüse, zu 20 Prozent Maden, Würmer, Frösche, Vögel, auch Artgenossen. An dieses Essen hat er sich immunologisch gewöhnt, er klettert munter von Ast zu Ast – er wird von seinem Essen eben nicht müde.
So ginge es uns auch. Probieren Sie es einfach aus: Essen Sie eine riesige Schüssel voll Obstsalat. Mehr, als Sie können. Ihr Magen ist zwar bleischwer, aber Sie sind wach. Nach 1 Stunde ist Ihr Magen dann leer, weil Obst ja null Gramm Fett enthält, und Sie sind immer noch leistungsfähig und hellwach.

Mein Tip für Sie

Essen Sie im Einklang mit Ihrer Leistungskurve

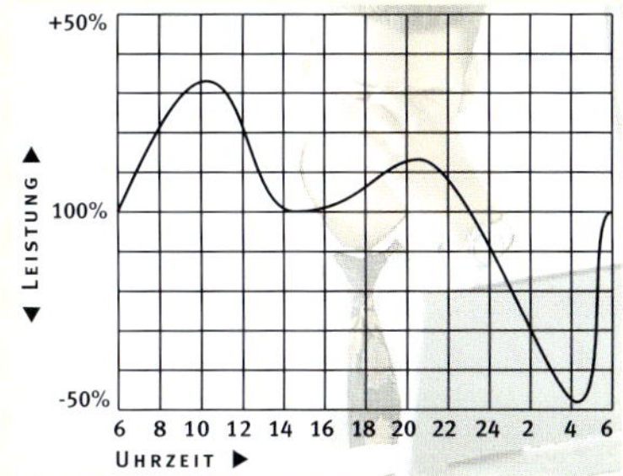

♦ **10 Uhr:** Eine Milchschnitte oder ein Schokoriegel als zweites Frühstück holt Sie runter von Ihrem Leistungshoch – tanken Sie lieber Power mit Obst und einem Joghurt!
♦ **13 Uhr:** Mittags zieht Sie das Kantinen-Essen nicht in ein Tief, wenn Sie richtig wählen: Ordern Sie einen großen Salat. Dazu paßt ein Huhn, dem Sie mit der Haut die Kalorien abziehen. Oder: ein Fischfilet mit Zitrone beträufelt, ein mageres Filet (Kalb oder Rind). Auch Kartoffeln mit Quark oder ein Gemüseteller rauben Ihnen nichts von Ihrer Power. Steht auf dem Speiseplan der Kantine kein Power-Food? Dann gehen Sie in die nächste Sushi-Bar. Oder rufen Sie Ihren Pizza-Service an, und verlangen Sie nach einer großen Schüssel Nizza-Salat.
♦ **16 Uhr:** Sie fühlen Ihr Nachmittagstief nahen? Der Blutzuckerspiegel sinkt, fordert Süßes. Geben Sie ihm nach mit Bananen. Der von Natur aus ideal verpackte Snack füllt den Blutzuckerspiegel kontinuierlich auf. Kuchen oder Schokolade schickt Ihr Gehirn nur schnell wieder in eine längere Denkpause.

Aufputschmittel der Natur

Um seinen Anforderungen ohne schlappmachende Zwischentiefs mehr als gerecht zu werden, benötigen wir keine künstlichen Aufputschmittel. Unser Körper ist in der Lage, natürliche selbst zu bilden.

Tyrosin hält Stunden wach

Die Aminosäure Tyrosin wurde im Falklandkrieg den Bomberpiloten gegeben, um sie 20 Stunden lang wach zu halten. In hohen Dosen, grammweise.
Sie müssen keine Kampfpillen schlucken. Tyrosin kann Ihr Körper nämlich selber bilden, wenn Sie ihn dabei unterstützen: Essen Sie Eiweiß ohne Fett! Tun Sie das alle 4 Stunden und heben Sie so Ihren Gesamteiweißspiegel an. Nur wenn er hoch ist, wird das zugeführte Eiweiß nicht sofort in Immunsystem, Muskeln, Haut oder Nervenzellen eingebaut, sondern steht dem Gehirn zur Produktion von Tyrosin zur Verfügung. Wenn Sie wollen, hält Sie das 20 Stunden lang wach, leistungsfähig und konzentriert.

Bausubstanz für Tyrosin
Der Körper bastelt sich aus der Aminosäure Phenylalanin sein Tyrosin. Der Arzt kann im Blut Ihren Phenylalaninspiegel messen. Wenn er hoch ist, also bei 51 bis 61 Mikromol/Liter liegt, dann ist auch genügend Baustoff für den Muntermacher Tyrosin vorhanden. Wenn nicht, sollten Sie etwas für Ihr körpereigenes Eiweißlabor tun.

Testosteron sorgt für Dynamik

Was macht Zink in der Babycreme? Es heilt den wunden Baby-Popo, sorgt dafür, daß schnell neue, gesunde Haut gebildet wird. Das Spurenelement Zink baut Eiweiß aus der Nahrung in Körpereiweiß um und sorgt dafür, daß sich Zellen schneller teilen.
Es läßt also Kinder wachsen und peppt das Immunsystem auf. Darum steckt Zink auch in der Brausetablette gegen den Grippevirus. Darüber hinaus verhilft Zink zu innerer Dynamik. Der Grund: Zink plus Eiweiß plus Vitamin B_6 ergibt Testosteron – das Hormon für Libido, innere Kraft und Antrieb. Das Power-Hormon ist übrigens zuständig für jenes Gefühl, das man um 2 Uhr nachts am Schreibtisch hat, wenn man sagt: »Super. Die nächsten 3 Stunden arbeite ich noch leicht.«

Auch Frauen brauchen Testosteron
Gilt das nur für Männer? Nein. Frauen verfügen zwar nur über ein Zehntel der Testo-

➤ TIP

Power-Quellen

◆ **Zink finden** Sie vor allem in Austern, Weizenkleie, Sesamsamen, Kürbiskernen, Bergkäse, Linsen, Sojabohnen, Camembert, Krabben und Garnelen. Diese Lebensmittel liefern auch gleich noch das nötige Eiweiß mit für die Produktion von Testosteron.
◆ **Fehlt es** Ihnen an innerem Antrieb, dann sprechen Sie einmal mit Ihrem Arzt und lassen Sie sich Ihren Zinkspiegel und/oder Testosteronspiegel messen. Liegt einer von beiden niedrig, dann füllen Sie Ihre leeren Tanks mit einem Präparat auf: 15 Milligramm Zink täglich und 10 bis 40 Milligramm Vitamin B_6.

steronmenge des Mannes. Aber auch bei ihnen sind Wach und Müde, Hochs und Tiefs, Schlappsein und Antrieb direkt an den Testosteronspiegel im Blut gekoppelt. Und diesen kann man mit Zink, Eiweiß und Vitamin B_6 erhöhen.

Fit mit Schilddrüsenhormonen

Die Schilddrüse steuert die innere Dynamik, das Wollen. Ohne Schilddrüsenhormone ist man träge, schlapp und faul, mit ihnen ist man aufgeweckt, wach, agil. Bildet die Schilddrüse zu wenig von ihrem Super-Treibstoff, so läuft die ganze Maschinerie Mensch auf Sparflamme.
Ihre Schilddrüsenwerte können Sie im Blut messen lassen (siehe Seite 25), ein zu niedriger Wert ist aber auch so nicht zu übersehen: Bleierne Müdigkeit, permanente Lustlosigkeit, Antriebsschwäche und schwere Gedanken erdrücken jegliche Spontaneität.

Wichtig: Tyrosin und Jod
Schilddrüsenhormone bestehen aus dem Eiweißbaustein Tyrosin und Jod. Das Spurenelement Selen kurbelt die Produktion dieser Hormone an. Der Durchschnitts-Deutsche hat einen zu niedrigen Eiweißspiegel, und auch Jod und Selen sind Mangelware im Blut. Deswegen sind viele von uns immer müde. Italiener sind das dagegen nicht: Ihre Lebensmittel enthalten von Natur aus mehr Jod.

Threonin: jung und hellwach trotz Nikotin

Es gibt noch eine muntermachende Aminosäure: Threonin. Sie wirkt über das Endothel, so heißt die Innenhaut der Blutgefäße, und hält von dort aus die Gefäße offen. Threonin ist die Erklärung dafür, warum ein 80jähriger trotz des Genusses von vielleicht 40 oder mehr Zigaretten täglich immer noch hellwach und lustig lebt. Solche Menschen haben einen hohen Threoninspiegel und damit sehr weite, offene Blutgefäße. Diese können sich dann durch die schädliche Wirkung des Nikotins ruhig um ein Drittel verengen. Denn: Ein Drittel weniger von 150 Prozent sind immer noch 100 Prozent. Ein hoher Threoninspiegel schützt also vor

> **➤ INFO**
>
> ### *Fitneß kann man im Blut lesen*
>
> FÜHLEN SIE sich häufig matt und antriebslos? Dann sprechen Sie mit Ihrem Arzt und lassen Sie sich die Schilddrüsenhormone im Blut bestimmen (siehe Seite 25).
> Heben Sie Ihren Gesamteiweißspiegel auf 8 Milligramm/Deziliter an. Und gönnen Sie sich jeden Tag jeweils 150 bis 200 Mikrogramm Jod und Selen.

Warum werden manche Menschen trotz »no sports« und reichlichem Nikotingenuß steinalt? Threonin ist eine Antwort.

Herzinfarkt, Schlaganfall, allmählicher, schleichender Demenz (Altersschwachsinn). Threonin weitet übrigens auch die Blutgefäße im Kopf – es läßt uns kristallklar denken und sorgt dafür, daß wir uns länger konzentrieren können.

Kennen Sie Ihren Threoninspiegel?
Wenn nicht, dann lassen Sie ihn doch einmal von Ihrem Arzt messen. Ein Mangel verursacht fast immer Müdigkeit bis hin zu Herzbeschwerden.
Ihr Threoninspiegel sollte zwischen 120 und 188 µmol/l liegen. Und auch 250 µmol/l werden Ihnen nicht schaden – im Gegenteil!

Mein Tip für Sie

Natürliche Hallo-Wach-Tips

WENN SIE keine Nahrungsergänzungs-Präparate nehmen wollen, sollten Sie besonders auf die folgenden drei Regeln achten:

- **Essen** Sie Leben: frisches Obst und Gemüse. Ruhig auch mal – wie die Japaner – Fisch in seiner rohen Form.
- **Essen** Sie Eiweiß, aber ohne Fett: mageren Fisch, Frischkäse, mageres Geflügel. Eiweiß ist die Basis für Dynamik und Power und Fett die Grundlage für Trägheit und Tristesse.
- **Meiden** Sie Fertigprodukte. Fast jede E-Nummer auf dem Etikett steht für einen Inhaltsstoff, den die Körperabwehr als Fremdling unwillkommen heißt: Konservierungsstoffe, künstliche Aromen, technische Hilfsmittel, Farbstoffe ... Und nach dem Kampf muß sich der Körper erst einmal ausruhen.

Machen Sie Ihr Viagra doch selbst

Sie brauchen keine blauen Rhomben. Potenz ist maximaler Blutfluß, also optimale Durchblutung plus Entspannung, sprich wohlige Lust.

Wenn Sie in der Freiburger Gegend der Herzinfarkt ereilen sollte und Sie in die Universitätsklinik eingeliefert werden, bekommen Sie eine Infusion mit Arginin. Diese Aminosäure sorgt dafür, daß Ihre Blutgefäße wieder weit werden – auch die im Herzen.
Arginin und Sauerstoff produzieren zusammen nämlich Stickoxid (chemisch: NO). Ein geheimnisvolles Molekül, dem man erst vor 10 Jahren auf die Spur gekommen ist.
Dieses Molekül sprengt die Blutgefäße weit. Jeder Herzpatient weiß das. Er trägt in der Tasche eine Notfallkapsel oder ein Notfallspray, das Nitroglycerin enthält. Nitroglycerin zerfällt im Körper zu Stickoxid, welches blitzartig die Arterien weitet. Zerbeißt ein gesunder Mensch so eine Notfallkapsel, bekommt er rasende Kopfschmerzen, weil Stickoxid die Blutgefäße im Kopf weitet. Und genau das tut Stickoxid auch in der Körpermitte.

Wie wirkt Viagra?

Viagra verhindert den Zerfall einer Powersubstanz in der Zelle, welche die Stickoxid-Produktion massiv ankurbelt. Es sorgt also dafür, daß viel Stickoxid die Blutgefäße weit stellt. Der Erfolg des blauen Rhombus ist unbestritten sensationell. Nur ist das Zurückgreifen auf ein chemisches Mittel, wie so häufig, überflüssig wie ein Kropf. Mit viel Arginin und Sauerstoff im Blut erreichen Sie das gleiche. Und nicht nur kurzfristig für 1 Stunde, sondern – wenn Sie wollen und können – ständig.

Sauerstoff + Arginin = Stickoxid
So lautet die Gleichung, mit der Sie Ihre Blutgefäße auf Dauer weit stellen können. Laufen erhöht den Sauerstoffgehalt im Körper. Und wenn Sie Lebensmittel mit hohem Arginingehalt zur Erhöhung Ihres Argininspiegels essen, können Sie auf chemische Mittel wie Viagra getrost verzichten.
Arginin steckt unter anderem in Weizenvollkorn, Haferflocken, Hüttenkäse, Magerjoghurt, Steak, Lachsschinken, Hühnerbrust, Heilbutt, Lachs, Hummer, Garnelen, Nüssen und Sesam.

Testosteron weckt sexuellen Appetit

Zink plus Eiweiß ist das erhebende Geheimnis, das in der Auster steckt. Das bekannteste natürliche Aphrodisiakum wirkt tatsächlich. Die Auster verhilft dem Körper zu mehr Testosteron. Und dieses Hormon ist auch die stärkste Triebfeder für sexuelle Aktivität. Griechische Forscher nahmen im Rahmen einer Untersuchung den Testosteronspiegel gesunder Rekruten zwischen 18 und 22 Jahren unters Mikroskop. Sie fanden heraus: Schon ein minimaler Anstieg von Testosteron im Blut verhilft zu einem Orgasmus mehr in der Woche – unabhängig davon, ob man einen Partner hat oder nicht.
Durch Laufen produziert Ihr Körper mehr Testosteron. Sie brauchen nur ausreichend von den Bausteinen Eiweiß, Zink und Vitamin B_6. Das weiß jede Auster.

Was man Austern nachsagt, stimmt tatsächlich: Ihre Inhaltsstoffe machen aus lustlosen Männern wieder lustvolle.

➤ **INFO**

Aphrodisiaka Austern

AUSTERN sind das konzentrierteste Zinkpaket der Natur. 100 Gramm Austernfleisch enthalten 70 Milligramm Zink. Die gleiche Menge Rinderleber bietet gerade mal 3,3 Milligramm. Männer, die nicht genug Zink zu sich nehmen, produzieren nicht ausreichend Testosteron, ihr Sperma kann nur als »mangelhaft« bezeichnet werden. Studien haben gezeigt: Impotente Männer wurden sofort, nachdem sie Zink bekamen, wieder sexuell aktiv.

➤ Info

Wer raucht, ist selber schuld

DIE STÄRKSTEN Gefäßkrämpfe, also Durchblutungsstörungen, werden durch Nikotin verursacht.
Bereits drei Züge an einer Zigarette verengen die Blutgefäße um 40 Prozent. Kein Wunder also, daß Raucher eher impotent werden als Nichtraucher.

Mangan hebt den Testosteronspiegel
Viele Menschen haben einen niedrigen Manganspiegel – und deswegen null Bock. Für die Betroffenen heißt es dann: abwarten und Tee trinken. Schwarzer Tee enthält Spitzenwerte von diesem wichtigen Spurenelement. Und so kann Tee den sexuellen Appetit wirksam beeinflussen.

Magnesium versetzt Berge ...
Magnesium, das Salz der inneren Ruhe, entspannt die Muskulatur. Es macht aus kalten Händen warme und schafft wohlige Wärme durch deutlich erhöhte Durchblutung. Es stellt die Blutgefäße weit. Darum wirken Magnesium-Infusionen unmittelbar gegen Frigidität und Impotenz.
Magnesium kann man auch knabbern: Kürbiskerne, Leinsamen, Sesam und geröstete Erdnüsse helfen, den oft zu niedrigen Magnesiumspiegel anzuheben.

Adrenalin macht impotent
Das Streßhormon Adrenalin zieht die Gefäße zusammen. Adrenalin ist in Wahrheit eine der häufigsten Ursachen für Impotenz. Auch bei Jugendlichen. Nur im entspannten Zustand, in Ruhe, streßfrei, ist Durchblutung möglich.
Adrenalin können Sie abbauen: Laufen Sie 1/2 Stunde. Mit einem Puls im grünen Bereich, wie auf Seite 79 beschrieben. Und achten Sie auf Ihr Antistreßvitamin Pantothensäure, das auch als Vitamin B_5 bezeichnet wird. Es steckt beispielsweise in Kalbsleber, Steinpilzen, Vollkornprodukten und Brokkoli.

Potenzkiller Fett

Fett lagert sich an den Blutgefäßen ab. Verengt dadurch ihren Durchmesser, und er vermindert so die Durchblutung.
Fett ist neben Nikotin und Streß mit ein Hauptverursacher für die zunehmenden Potenzprobleme in unserer »zivilisierten« Gesellschaft. Die Gefäße verkalken durch zuviel Fett eben gleichmäßig im ganzen Körper. Substanzen, die die Fettablagerung von den Blutgefäßen wieder ablösen, erhöhen auf Dauer natürlich auch die Durchblutung und wirken in der erwünschten Richtung. Dazu zählen hier insbesondere das Vitamin C (siehe ab Seite 110) und das Wachstumshormon (HGH). Das Wachstumshormon löst Fettablagerungen aus den Blutgefäßen. Dieses Hormon wird stimuliert durch Tiefschlaf. Sexuell aktive Menschen sollten also wirklich viel schlafen. Die Produktion von HGH wird dagegen durch genügend Eiweiß – ohne Fett (siehe Seite 104) – angeregt. Tatsächlich ißt ein tüchtiger Hahn nie Fett. Er hat einen hohen Wachstumshormonspiegel.

Die 11 besten **TIPS**

So halten Sie Ihr Immunsystem fit

➤ 1. Laufen

Mindestens viermal pro Woche Ultralight-Laufen oder Radfahren (30 bis 45 Minuten) bringen die Abwehr-Killerzellen auf Trab.

➤ 2. Lachen

Lachen wirkt wie ein Turbolader auf das Immunsystem. Lachen steigert unter anderem die T-Lymphozyten und senkt das immunschwächende Streßhormon Cortisol um fast 50 Prozent.

➤ 3. Sonne tanken

Vier- bis fünfmal pro Woche sollten Sie 15 bis 30 Minuten an die Sonne oder einmal wöchentlich auf die Sonnenbank. Licht kurbelt die Produktion von Immunbotenstoffen an, die gegen Viren und Krebszellen aktiviert werden. Zuviel Sonne schwächt dagegen das Immunsystem.

➤ 4. Ausreichend Schlaf

Schlaf ist eine Fitneß-Kur für das Immunsystem. Ein Teil der Botenstoffe, die für den Tiefschlaf sorgen, machen auch Immunbotenstoffe fit.

➤ 5. Übergewicht senken

Die Last zu vieler Pfunde schwächt nachweislich das Immunsystem.

➤ 6. Die richtigen Fette

Essen Sie täglich eine Portion mehrfach ungesättigter Fettsäuren (Pflanzen- und Fischöl). Das beugt einer Schwächung der Abwehrkräfte vor, unterstützt die Wundheilung.

➤ 7. Probiotischer Joghurt

Essen Sie mindestens zweimal täglich davon. Darin stecken spezielle Milchsäurebakterien (Bifido-Bakterien), die Krankheitskeime im Darm bekämpfen und sie daran hindern, in die Blutbahn zu dringen. Wichtig für die Immunabwehr: Die Darmflora muß mit ihren über 400 Bakterienstämmen, die dort von Geburt an leben, im Gleichgewicht sein. Wer Milchprodukte nicht verträgt, greift zu Kapseln mit E.-Coli-Bakterien (Apotheke).

➤ 8. Auf Eiweiss achten

Eiweißmangel schwächt das Immunsystem. Ohne Eiweiß kann der Körper keine Immunzellen bilden. Besonders aktiv im Immunsystem ist die Aminosäure Valin.

➤ 9. Täglich Antioxidantien

1 bis 3 Gramm Vitamin C, 400 Milligramm natürliches Vitamin E, 100 bis 200 Mikrogramm Selen, 25 bis 50 mg Beta-Carotin (Apotheke).

➤ 10. Täglich Vitamin C

Die tägliche Einnahme von 3 Gramm Vitamin C stärkt die Abwehrkräfte, kann die Erkältungsdauer verkürzen und hält Viren in Schach. Das Vitamin fördert die Bildung von Antikörpern.

➤ 11. Täglich Zink

Wer täglich 25 bis 50 Milligramm Zink nimmt, leidet kürzer und halb so heftig an einer Erkältung. Und Wunden heilen viel schneller. Essen Sie Nüsse, Vollkorngetreide (wie Weizenkeime), grüne Blattgemüse.

Schon mal daran gedacht, was Sie für Ihre 70 Billionen Körperzellen tun können, damit Ihr Haar glänzend und Ihre Haut straff wird?

Schönheit können Sie essen

Schönheit steht zuletzt auf dem Plan der Natur. Zuerst versorgt Ihr Körper das Immunsystem, Nerven und Organe mit den Vitalstoffen, die ihm zur Verfügung stehen. Nur was dann noch an Biostoffen übrigbleibt, ist Währung für die Eitelkeit. Achten Sie auf mehr oder weniger kleine »Schönheitsfehler«, sie können ein Hinweis darauf sein, mit welchen Vitalstoffen – in Form von Essen und Trinken – Sie Ihren Organismus auffüllen sollten.

Oft zeigt der Körper, was ihm fehlt

Stumpfes Haar
Veganer, also strenge Vegetarier, erkennt man oft daran. Denn die wichtigsten Bausteine für das Haar sind die Aminosäuren Methionin und Cystein. Methionin kommt verstärkt in tierischem Eiweiß wie Fleisch und Milchprodukten vor.

Dünne Strähnen
Damit das Haar überhaupt aufgebaut werden kann, braucht der Körper Vitamin B_6, das Hauptvitamin in der Eiweißsynthese, und seinen Arbeitskollegen Zink (siehe Seite 126): kein Muskelaufbau, keine Hautgeneration, kein Haarwuchs ohne Vitamin B_6 und Zink.
Auf Zinkmangel reagieren auch die Nägel spröde. Schlecht heilende Wunden, weiße Wölkchen auf den Nägeln und Haarausfall können ein Zeichen von Zinkmangel sein. Beide Biostoffe sind am Aufbau von gesunden, glänzenden, kraftvollen Haaren und Nägeln und an der Erneuerung der Haut beteiligt. Vitamin B_6 steckt in Lachs, Sardinen, Geflügel, Kalbsleber, Rinderfilet, Hafer, Linsen, Grünkohl, Avocado.

Rillen in den Fingernägeln, trockene, schuppige oder unreine Haut, glanzlose Augen und stumpfes Haar
Auf einen Mangel an Vitamin A reagiert der ganze Körper mit Schönheitsfehlern. Vitamin A steckt in Kalbsleber und in seiner Vorstufe als Beta-Carotin in Avocados, Brokkoli, Feldsalat, Fenchel, Grünkohl, Mangold, Honigmelone, Möhren, Paprika.

Graues Haar
Das B-Vitamin PABA (Paraaminobenzoesäure) verhindert das Ergrauen der Haare, beugt Haarausfall vor, schützt vor weißen Flecken auf Händen und Gesicht. Es ist enthalten in Leber, Weizenkeimen, Melasse, Joghurt. Die Darmbakterien können PABA herstellen.

Altersflecken
Sie sind nichts anderes als ranzig gewordene Fette, die sich unschön unter der Haut ablagern. Vitamin E schützt die Fette vor der Oxidation, also davor, ranzig zu werden. Und es hält das Bindegewebe elastisch, strafft die Haut, schützt vor Hautalterung durch UV-Strahlen.

Ungesund aussehende Haut
In der Haut sammeln sich Eiweißabfallprodukte. Und das alte, vergammelte Eiweiß läßt die Haut fahl aussehen. Beim Entschlacken kann dem Körper das eiweißspaltende Enzym Bromealin der Ananas helfen. Hautprobleme können auch ein Hinweis auf den Mangel an Omega-3-Fettsäuren sein. Leinöl über den Salat gegeben hält die Haut elastisch und jung. Auch Makrele, Hering, Lachs, Thunfisch enthalten diese Fettsäuren.

Mein Tip für Sie

Das hilft gegen Altersflecken

Öffnen Sie eine Vitamin-E-Kapsel und geben Sie das darin enthaltene Öl einfach auf die Hautstellen, auf denen Altersflecken sichtbar sind.

Cellulite
Vitamin C sorgt dafür, daß sich das Bindegewebe festigt, die Haut straff wird. Köstliche Quellen: schwarze Johannisbeeren, Paprika, Kiwi, Rosenkohl. Auch die Aminosäure Arginin strafft die Haut.

Schönheitselixiere aus der Küche

Bierhefe
Sie enthält 16 Aminosäuren, 14 Mineralien und 17 Vitamine. Darunter Vitamin B_6, das für reine Haut und volle Haarpracht sorgt. Täglich 1 Teelöffel Hefeflocken in 1/4 Liter Saft rühren und trinken.

Apfelessig
Er vertreibt Bakterien, reinigt den Körper, fördert die Verdauung, entgiftet und bringt Ihren Fettstoffwechsel auf Trab. Mancher behauptet, Apfelessig sei ein reines Placebo. Hauptsache: Es wirkt.

Kieselerde
Sie stärkt das Bindegewebe, kräftigt Haare, Nägel, Knochen, regt Stoffwechsel und Hormonproduktion an. Dahinter verbirgt sich das Mineral Silizium. Vor allem aktive Menschen brauchen viel Silizium, weil es das Altern von Bindegewebe und Knorpelsubstanz verhindert.

> **INFO**

Wasser: das billigste Schönheitselixier

DAS BINDEGEWEBE unter der Haut speichert Wasser. Wenn Sie nicht genügend trinken – also 2 bis 3 Liter am Tag –, wird das Hautwasser ins Körperinnere abgezogen. Die Folge: Die Haut trocknet aus, wirft Falten.

Probiotische Joghurts
Unreine Haut, Allergien, Blähungen – Ursache dafür kann eine gestörte Darmflora sein. Die Bakterienstämme probiotischer Joghurts bauen sie wieder auf. Sie nisten sich in der Darmschleimhaut ein, führen zu einer Vermehrung der positiven Bakterienkulturen, schützen so vor Krankheitserregern und stimulieren das Immunsystem.

Grüner Tee
Das In-Getränk hält die Haut jung, ja hindert den ganzen Körper am Altern. 4 Tassen täglich fangen auf köstliche Weise die altmachenden freien Radikale im Körper weg. Erfreuliche Nebenwirkung: Grüner Tee macht nicht nur schön, sondern schützt nachweislich auch noch vor Krebs.

Weizenkeime
Sie sind kleine Multi-Präparate der Natur. Geben Sie täglich 1 Eßlöffel Weizenkeime übers Essen, und Sie ernten ungesättigte Fettsäuren, B-Vitamine, Vitamin D und E und Mineralstoffe wie Eisen, Kupfer und Phosphor.

Doping der erlaubten Art

Nicht nur Schönheit, auch Muskeln können Sie sich anessen. Sie müssen nicht unbedingt ein Krafttraining machen, um Muskelmasse aufzubauen, es reicht schon, wenn Sie täglich laufen und Ihren Muskeln genügend Baustoff zur Verfügung stellen. Denn der Muskel besteht aus Eiweiß. Das klingt banal, ist aber wichtig. Er besteht eben nicht aus Kohlenhydraten, er besteht auch nicht aus Fett. Hinsichtlich der Muskelbildung ist es also sinnlos, diese beiden Substanzen zu essen. Essen Sie lieber Eiweiß, denn das braucht Ihr Muskel!

Vitalstoffe für Ihren Muskel

Kalium: Dieser Mineralstoff füllt Ihre Kohlenhydratspeicher auf, organisiert Ihren Wasserhaushalt und kontrolliert die Muskeln. Wer schwitzt, verliert viel Kalium. Bei einem Mangel funktionieren Ihre Muskeln nicht mehr, fühlen sich schwer und schwach an. Und Sie leiden unter Unmut bis Apathie. Reiche Quellen sind Sojabohnen, getrocknete Aprikosen, Weizenkeime, Kartoffeln, Weizen, Spinat, Bananen, Hülsenfrüchte, Naturreis.

Kalzium: Es stabilisiert die Knochen und sorgt dafür, daß die Erregung vom Nerv auf den Muskel übertragen wird. Ohne diesen Mineralstoff kontrahiert kein Muskel. Ein Mangel zieht die Bremse beim Laufen, macht die Muskeln schwach, beeinträchtigt die Koordination und Bewegung des Sportlers. Viel Kalzium steckt in Samen, Nüssen, Milch und Milchprodukten, Bohnen.

Schöne Haut und Haare und ein muskulöser Körper – das ist der Dank für ausgewähltes Essen.

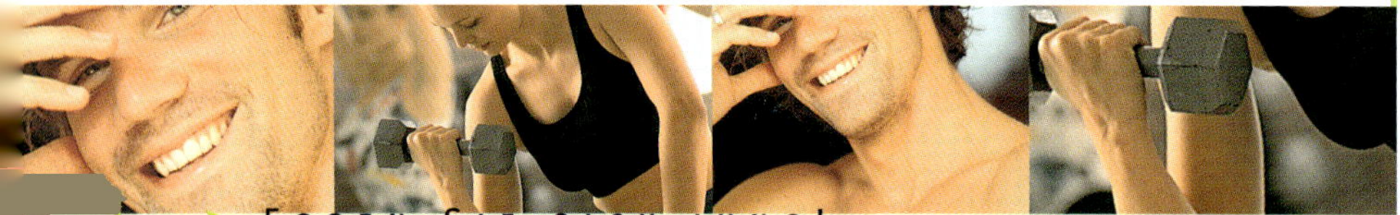

Phosphor: Ohne ihn kann die aus der Nahrung gewonnene Energie nicht in Muskelarbeit umgesetzt werden. Dieser Mineralstoff ist ebenfalls für die Kontraktion der Muskeln verantwortlich. Vor allem aber für den Energiestoffwechsel im Muskel. Ein Mangel tritt häufiger auf, als bisher angenommen. Phosphor wird meist gemeinsam mit Kalzium aus der Nahrung (Fleisch, Käse, Getreide, Hefe) geliefert. Achten Sie darauf, daß das Verhältnis Kalzium : Phosphor den Wert 1 : 1,2 nicht überschreitet. Das passiert leicht dem, der viel Wurst und Schmelzkäse ißt und Cola trinkt.

Magnesium: Ohne Magnesium können Sie weder Leistung bringen noch Muskeln aufbauen. Das Mineral schuftet überall im Körper mit. Rund 300 Steuersubstanzen im Stoffwechsel sind auf Magnesium angewiesen. Unter anderem ist es für die Reizleitung von Nerven auf Muskeln unentbehrlich. Muskeln verbrauchen viel Magnesium. Wenn Sie laufend schwitzen, strömt das Lebenselixier mit heraus. Es muß regelmäßig zugeführt werden.

Zink: Dieses Spurenelement ist nötig für den Aufbau von Körpereiweiß, also auch von Muskeln. Zusammen mit Mangan ist es an der Testosteronbildung beteiligt und damit wichtig für den Muskelaufbau. Gute Quellen sind Weizenkleie, Sesam, Kürbiskerne, Bergkäse, Tilsiter, Linsen, Rauchfleisch, Vollkornprodukte, Meeresfrüchte.

Eisen: Es arbeitet bei der Bildung des roten Muskelfarbstoffs Myoglobin mit. Im roten Blutfarbstoff (Hämoglobin) sorgt das Mineral für den Sauerstofftransport zu den Muskeln. Wenig Eisen bedeutet keine Leistung, schlappe Muskeln. Sportler haben mehr rote Blutkörperchen als Untrainierte, denn Training vermehrt sie, und benötigen auch mehr Eisen. Auch das Enzymheer im Kampf gegen die Fettpölsterchen futtert Eisen. Schwitzend geht es verloren, und aus dem Essen werden höchstens 20 Prozent vom Körper aufgenommen. Gute Quellen sind Innereien, Sojabohnen, Hülsenfrüchte, Fleisch, Vollkornprodukte, Geflügel, Rotwein.

➤ **INFO**

Mehr mit Vitamin C

SO KANN Ihr Körper das Eisen aus der Nahrung besser verwerten: Mischen Sie pflanzliche und tierische Eisenquellen und trinken Sie zum Essen Orangensaft. Vitamin C begünstigt die Eisenaufnahme im Darm.

Vitamin B_2 ***(Riboflavin):*** Es verbessert nicht nur den Sauerstofftransport, sondern arbeitet auch im Eiweißstoffwechsel mit. Nach körperlicher Anstrengung, egal ob Muskeltraining oder Wettkampf, steigt der Bedarf an. Viel steckt in Weizenkeimen, Hartkäse, Pilzen.

Vitamin B_6 ***(Pyridoxin):*** Auch dieses Vitamin ackert im Eiweißstoffwechsel mit. Je mehr Eiweiß Sie essen, desto mehr brauchen Sie. Quellen sind Naturreis, Geflügel, Kalbfleisch, Weizenvollkornbrot, Bananen.

Vitamin B_{12} ***(Cobalamin):*** Es ist an der Bildung roter Blutkörperchen beteiligt und sehr wichtig für Ausdauersportler! Da B_{12} aber auch beim Aufbau von Zellen mitmischt, braucht der Kraftsportler zur Muskelbildung ebenfalls dieses Vitamin. B_{12} steckt fast ausschließlich in tierischen Lebensmitteln. Sportliche Vegetarier sollten das Defizit auf dem Teller mit einem Vitaminpräparat ausgleichen.

Die wichtigsten Vitalstoffe im Überblick

Die 7 Mineralstoffe*	**Wichtig für ...**
Natrium	Regulierung des Wasserhaushalts in und außerhalb aller Körperzellen; Herzrhythmus; die Übertragung von Nervenimpulsen und Muskelkontraktionen; Kreislaufstabilität; Aktivierung der Enzyme.
Kalzium	Bildung und Erhalt kräftiger Zähne und Knochen; Transport von Nervenimpulsen; Unterstützung von Muskelkontraktionen.
Kalium	Regulierung des Wasserhaushalts; Stimulanz der Nervenimpulse und Muskelarbeit; den Herzrhythmus; die Eiweißproduktion; Blutdrucksenkung.
Magnesium	Aufbau von Zähnen und Knochen; Leitung von Nervenimpulsen auf die Muskeln; Blutgerinnung (Thromboseschutz); Immunsystemstärkung; Adrenalinausschüttung bei Streß; Sauerstoffversorgung der Zellen.
Phosphor	Aufbau von Knochen und Zähnen; Regulierung der Muskelkontraktion; Energiegewinnung in der Zelle; Blutgerinnung; Nervenimpulse; Gehirntätigkeit; körperliche Ausdauer.
Schwefel	Bildung des Bindegewebes; Haut; Fingernägel; Regulierung des Blutzuckerspiegels; Entgiftung des Körpers; Galleproduktion.
Chlorid	Verteilung der Flüssigkeiten in und außerhalb der Zelle; Bildung von Magensäure; Hormontransport.
Wichtige Spurenelemente*	
Eisen	Bildung von Blut- und Muskelfarbstoffen, die Sauerstoff transportieren; Produktion von stoffwechselanregenden Enzymen; Energiegewinnung bei Ausdauerleistung.
Fluor	Hemmung kariesverursachender Mundbakterien; Aufbau kräftiger Knochen, Bänder und Bindegewebe.
Zink	Immunsystemstärkung; Wundheilung; Produktion von Insulin; gesunde Haut und Haare; Wachstum und Geschlechtshormone; enzymatische Abläufe.
Selen	Schutz der Zellen und Fette vor Oxidation zusammen mit Vitamin E; Krebsprophylaxe; Erhalt der Elastizität des Körpergewebes; Entgiftung.
Kupfer	Farbbildung in Haut und Haaren; Produktion roter Blutkörperchen; enzymatische Stoffwechselabläufe; Immunsystem.
Jod	Bildung der Schilddrüsenhormone, die für Wachstum und Energieproduktion in Zellen verantwortlich sind; Energiegewinnung aus der Nahrung.
Mangan	Stimulation von antioxidativen Enzymen; Fettverwertung; Knorpelbildung; Entgiftung; hält Zellen jung.
Chrom	Blutzuckerspiegel (verhindert Diabetes Typ II); Erhöhung der Fettverbrennung; Kohlenhydratverwertung.

** Die einzelnen Stoffe sind nach ihrer Bedeutung für den Stoffwechsel aufgeführt*

Enthalten in . . .**	Bedarf pro Tag nach Dr. Strunz	Mangelsymptome
Kochsalz, geräucherten und gepökelten Fleisch-, Wurst- und Fischwaren, Brot, Käse, Mineralwasser.	2–3 g	Schwäche, nervöse Störungen, Teilnahmslosigkeit, Blutdruckabfall, Muskelkrämpfe.
Milch, Milchprodukten (auch Magerstufen), grünem Blattgemüse, Hülsenfrüchten, Nüssen, Zitrusfrüchten, Lachs, Sardinen.	1000–1500 mg	Muskelschwäche und Krämpfe, Knochenabbau, Nervosität, Veränderungen an Haut, Haaren, Zähnen.
Vollkorngetreide, Brot, grünem Blattgemüse, Bohnen, Fleisch, Milch, Bananen, Orangen.	2–4 g	Schwere- und Schwächegefühl in Muskeln, Störung der Herzfunktion, Verstopfung, Blutdruckabfall, Kollaps, Hautkrankheiten.
Sojabohnen, Nüssen, Fisch, Milch, Vollkorngetreide, Brot, grünem Gemüse.	300–600 mg	Muskelbeschwerden, Schwindel, Benommenheit, Unruhe, Herz-Kreislauf-Beschwerden, Gewichtsabnahme.
Fisch, Fleisch, Eiern, Vollkorngetreide, Nüssen, Hefe, Käse.	bis 800 mg	Muskelschwäche, Knochenbeschwerden, Nervenschwäche.
Eigelb, Fleisch, Milch, Fisch, Käse, Nüssen, Gemüse.	–	Rissige, trockene Haut, brüchige Nägel, Haarausfall, Nervosität.
allen kochsalzhaltigen Lebensmitteln wie Wurst- und Fischwaren, Brot, Käse.	2–3 g	Schlechte Verdauung, Muskelschwäche.

Fleisch, Leber, Fisch, Eigelb, Grüngemüse, Vollkorngetreide, Nüssen, Brot, Bohnen, Sojaprodukten, Aprikosen.	25–50 mg	Blutarmut, schnelle Erschöpfung, Müdigkeit, Appetitmangel.
Fisch, Fleisch, Milchprodukten, Tee, Kaffee, Trink- und Mineralwasser, Sojabohnen.	1–4 mg	Karies, Knochenentkalkung.
Fleisch, Fisch, Meeresfrüchten, Bohnen, Vollkorngetreide, Eiern, Nüssen.	25–50 mg	Appetitlosigkeit, schuppige Haut, Haarausfall, verzögerte Wundheilung, Infektanfälligkeit.
Fisch, Fleisch, Vollkorngetreide, Milchprodukten, Sojabohnen.	100–200 µg	Infektanfälligkeit, Sehschwäche, Herzstörungen.
Leber, Fisch, Schalentieren, Blattgemüse, Erbsen, Nüssen, Pilzen, Vollkorngetreide.	2–4 mg	Blutmangel, geschwächte Abwehr, Hautausschlag.
Seefischen, Gemüse (abhängig vom Jodgehalt des Bodens), jodiertem Speisesalz.	150–200 µg	Kropf, Wachstumsstörung, Übergewicht, Konzentrationsschwäche, Müdigkeit.
Ananas, Nüssen, Hülsenfrüchten, Vollkorngetreide, Gemüse, Bierhefe, Kakao.	2–5 mg	Knochenschwäche, Nervenschwäche, häufige Infektionen.
schwarzem Tee, Kakao, Honig, Nüssen, Vollkorngetreide, Käse, Fleisch, Pilzen.	150–250 µg	Erhöhte Cholesterinwerte, Mattigkeit, Nervosität.

*** Nahrungsmittel mit einem besonders hohen Gehalt*

Vitamine

Vitamin	Wichtig für ...
Vitamin A (Retinol) Der Jungbrunnen	Sehkraft; ständige Erneuerung der Zellen; frische Haut; gesunde Schleimhäute; Abwehr gegen Bakterien und Viren; Schutz der Haut vor Umweltbelastungen und Sonnenschäden.
Vitamin D (Calciferol) Die Knochen-Polizei	Knochenstabilität; feste Zähne; Muskelarbeit; Nervenberuhigung; Immunsystem; Entgiftung (von Blei).
Vitamin E (Tocopherol) Der Schutzschild	Schutz der Zellen und wichtigen Körpersubstanzen vor freien Radikalen; Krebsprophylaxe; Jugendlichkeit der Zellen; glatte Gefäßwände; funktionsfähige Fortpflanzungsorgane; Muskelkraft und Ausdauer.
Vitamin K Der Wundheiler	Blutgerinnung; Wundheilung; Knochenstoffwechsel; Vitalität und hohes Alter.
Vitamin C Der Bodyguard	Abwehr von Krankheiten; Zellatmung; Eisenverwertung; stabile Psyche; Zähne und Zahnfleisch; Schlankwerden und -bleiben; Faltenglättung; Schutz gegen vorzeitiges Altern; gesunde Nerven.
Vitamin B_1 (Thiamin) Die Geist-Dusche	Energiegewinnung aus Kohlenhydraten; Herzfunktion; gesundes Nervensystem; geistige Frische.
Vitamin B_2 (Riboflavin) Das Fitneß-Vitamin	Muskelbildung durch Sport; Produktion von Streßhormonen (Adrenalin); Fett- und Eiweißstoffwechsel; Energiehaushalt; Zellatmung; gesunde Haut.
Vitamin B_3 (Niacin) Der Gute-Nerven-Garant	gesundes Nervensystem; Energiebereitstellung; Auf- und Abbau von Fett und Eiweiß; Hirnstoffwechsel; Sauerstoffkapazität des Blutes.
Vitamin B_5 (Pantothensäure) Der Hautbalsam	Aufbau von Coenzym A; Entzündungsprophylaxe; Produktion von Antistreßhormonen; Energiehaushalt; Fettabbau; gesunde Haut und Haare.
Vitamin B_6 (Pyridoxin) Der Allround-Helfer	Aminosäurenaufbau; Blutbildung; Immunsystem; Blutzuckerspiegel; Magensäure; Wasserhaushalt; Nervenarbeit; Natrium- und Kaliumbalance.
Folsäure Der Glücksbringer	Nervenstärke; Dynamik; Zufriedenheit und gute Laune; Zellerneuerung; Wachstum; Magen-Darm-Tätigkeit; Leberfunktion; Blutbildung; Appetit.
Vitamin B_{12} (Cobalamin) Die Blutkur	Blutbildung; Wachstum; Stimmungslage; Nervenstärke; geistige Frische; Energiestoffwechsel; Eisenverwertung; Knochenbau; Muskelarbeit.
Biotin Das Schönheits-Vitamin	Hautgesundheit; Haare und Fingernägel; Schleimhäute; Nervenenergie; gesunde Darmflora; Regulierung des Blutzuckerspiegels.
Cholin Die Gehirn-Power	Erhalt von Hirn- und Nervenzellen; Fettstoffwechsel; Regulierung des Cholesterinspiegels; Leberfunktion; Entspannung; Jugendlichkeit.

* *eingeteilt nach Fett- und Wasserlöslichkeit*

Enthalten in . . . **	Bedarf pro Tag nach Dr. Strunz	Mangelsymptome
Leber, Möhren, Spinat, Grünkohl, Kürbis, Tomaten, Aprikosen, Paprika, Eigelb, Butter.	2000–5000 I.E. Beta-Carotin: 5 mg	Nachtblindheit, Sehstörungen in der Dämmerung, brüchige Fingernägel, trockenes Haar, Hautausschlag, Appetitmangel, häufige Infektionen.
Eigelb, Leber, Seefischen, Milchprodukten, Avocados, Pilzen.	3–15 µg	Rachitis bei Kindern, Knochenerweichung, Zahnausfall, Muskelschwäche, vergrößerte Gelenke, Aufregung, nervöse Störungen.
kaltgepreßten Pflanzenölen, Samen, Nüssen, Kernen, Vollkorngetreide, Eigelb, grünem Blattgemüse.	400 mg	Müdigkeit, Leistungsschwäche, welke Haut, Altersflecken, Unfruchtbarkeit, nervöse Reizbarkeit.
grünem Blattgemüse, Kohl, Haferflocken, Eigelb, Käse, Tomaten, Leber, Milchprodukten.	30–120 µg	Blutende, schlecht heilende Wunden, Zahnfleischbluten, Nasenbluten, Müdigkeit, Darmstörungen, Menstruationsbeschwerden.
Zitrusfrüchten, anderem frischem Obst, Salat, Gemüse, Kartoffeln, Sojabohnen.	1–3 g	Erkältungen, schlechtes Zahnfleisch, Krampfadern, Hämorrhoiden, Müdigkeit, Konzentrationsmangel, Schlafstörungen, Nervenschwäche.
Schweinefleisch, Vollkorngetreide, Nüssen, Samen, Gemüse, Kartoffeln, Leber, Hülsenfrüchten, Bierhefe.	10–40 mg	Konzentrationsmangel, Muskelkrämpfe, Müdigkeit, Reizbarkeit, Appetitmangel, depressive Verstimmungen, Herzrhythmusstörungen.
Leber, Huhn, Eiern, Milch, Nüssen, Samen, Seefisch, Vollkorngetreide, Salat.	10–40 mg	Nur bei Unterernährung oder milchfreier Kost: brennende Augen, Risse an Mundwinkeln, Lippen, schuppige Haut, Konzentrationsmangel.
magerem Fleisch, Fisch, Geflügel, Gemüse, Weizenkeimen, Bierhefe, Nüssen.	50–200 mg	Müdigkeit, Muskel- und Nervenschwäche, Reizbarkeit, Appetitlosigkeit, schlechte Haut, Durchfall.
Innereien, Hülsenfrüchten, Vollkorn, Eigelb, Grüngemüse, Weizenkleie, Milchprodukten, Gelée royale.	10–30 mg	Hautschäden, schlechte Wundheilung, Haarausfall, vorzeitig ergrautes Haar, Taubheit und Krämpfe in Gliedmaßen, Lernschwäche, Reizbarkeit.
Muskelfleisch, Leber, Vollkorn, Weizenkeimen, Bierhefe, Fisch, Avocados, Bananen, Hülsenfrüchten.	10–40 mg	Schlechte Haut, depressive Verstimmung, Gereiztheit, Haarausfall, Kreislaufstörungen, rissige Mundwinkel, Konzentrationsschwäche, Muskelschwäche.
Leber, Niere, magerem Fleisch, dunkelgrünem Blattgemüse, Erdbeeren, Käse, Bierhefe, Kartoffeln, Sojabohnen, Milch.	400–1000 µg	Geistige Müdigkeit, Unruhe, Angst, Schlafstörungen, mangelnde Lebensfreude, Gedächtnisschwäche, Wachstumsstörungen, Blutarmut.
Fleisch, Leber, Niere, Fisch, Eiern, Milch, Käse, Hefe.	5–15 µg	Blutarmut, Schleimhautschäden, Müdigkeit, Depressionen, Nervosität, Sehprobleme.
Apfelsinen, Leber, Eigelb, Tomaten, Sojamehl, Sojabohnen, Bierhefe, Nüssen.	5–12 µg	Fettige oder trockene Haut, mattes Haar, brüchige Nägel, Abgespanntheit, Muskelschmerzen.
Eigelb, Leber, Vollkorn, Gemüse, Bierhefe, Lezithin.	–	Vergeßlichkeit, Konzentrationsschwäche, Schlafstörungen, Angstzustände, Kreislaufbeschwerden.

*** Nahrungsmittel mit einem besonders hohen Gehalt*

Sie müssen schnell ein paar Kilo loswerden? Dann decken Sie sich mit Obst und Gemüse ein, und stellen Sie sich die Turnschuhe ans Bett.

Die Lösung: Vital Fatburning

Denken Sie: »Schon wieder eine Diät«? Sie haben doch schon unzählige hinter sich, und jede hat versagt. Der einzige Erfolg war, daß Ihr Gewicht beständig nach oben ging und Ihre Stimmung ebenso beständig nach unten, also in der anderen Richtung mit »jojote«. Ihr Selbstbewußtsein und Ihre Laune, Ihr Optimismus und Ihre Willenskraft gingen mit jeder Abmagerungskur runter in den Keller.
Genau das Gegenteil bewirkt die vitale Fettverbrennung – Vital Fatburning! Es macht fit, vermittelt Ihnen ein schönes Körpergefühl und motiviert Sie vor allem, auch danach an Ihrem Körper keinen Raubbau zu betreiben.

Warum die meisten Diäten nie funktionieren

Für 95 Prozent der Menschen, die abnehmen wollen, sind Diäten die Treppe zum Dicksein: Der Kampf gegen die Pfunde gipfelt in massivem Übergewicht. Nicht mal per Null-Diät wird man sein Fett los. Der einzige Effekt: Durch Null-Diät gerät der Körper in Verwirrung. Er schlägt einen neuen Stoffwechselweg ein, den er vorher gar nicht kannte. Normalerweise verbrennt er Zucker und Fett – aber während der Null-Diät verbrennt der Körper Eiweiß, 7 Tage lang. Er verbrennt sich gewissermaßen selbst, verzehrt seine Muskeln, sein Immunsystem, sein Blut und wird immer schwächer. Erst am 7. Tag fängt Ihr Körper endlich langsam an, das zu tun, was Sie von ihm wollen: Fett zu verbrennen. Nur eben nicht ganz, sondern nur 40 Prozent Kalorien in Form von Fett. Das Ergebnis: Sie haben keinen Erfolg und sind frustriert.

Schneller Anfangserfolg
Wenn Sie eine Diät durchführen, werden erst die Zuckerreserven in Muskeln und Leber angezapft. Mit jedem Gramm Zucker verlieren Sie Wasser. Und das zeigt die Waage an.

Dann stellt der Körper auf »Not« um
Weil während einer Diät die fettverheizenden Muskeln schwinden, verbrennt der Körper mit jedem verlorenen Kilo Masse auch weniger Energie. Er schaltet auf sein »Ökoprogramm« und macht jedes weitere Abnehmen schwer.
Nach der hausgemachten Hungersnot plagen die entleerten Fettzellen den Geist und die Nerven mit Eßwut. Kaum kommt das erste vernünftige Wurstbrot an, sagen die gebeutelten Fettzellen: »Her damit!« Der Körper legt Vorräte an, um dem nächsten Hungerstreß vorzubeugen, und füllt erst mal seine Fettspeicher auf.

Ergebnis: Der Jo-Jo-Effekt
Auch wenn die Fettanks längst übervoll sind, quält der Körper weiter mit Hunger. Denn es gibt nicht nur ein Fett-Gedächtnis, das den Urzustand der gefüllten Fettzellen wiederherstellen will, sondern auch ein Eiweiß-Gedächtnis. Und das gibt keine Ruhe, bis alles verlorene Eiweiß wieder an seinem Platz ist: in Muskeln, Immunsystem und Bindegewebe. Dann erst läßt die Eßwut nach. Doch die Fettspeicher sind voller denn je, und Sie wiegen mehr als vor der Diät. Das nennt man dann Jo-Jo-Effekt.

Die Pluspunkte von Vital Fatburning

Abnehmen funktioniert. Sie werden Ihr Fett auch wieder los. Doch einfach ist es nicht: Alle, die erfolgreich sind, joggen – und stellen ihre Ernährung um. Im Grunde hält man dann ein Leben lang Diät. Wenn Sie es schaffen, sich umzustellen, dann haben Sie die Fettpölsterchen für immer besiegt.

»Diät« kann so schön sein
Das Wort »Diät« kommt aus dem Griechischen und heißt »Lebenseinstellung«. Diese zu ändern zahlt sich oft aus. Sie leben fröhlicher, weil Sie sich mehr bewegen und die Kraft der Biostoffe für die Laune nutzen. Und Sie werden spüren: In Ihrem schlankeren, aktiveren Körper fühlen Sie sich einfach auch viel wohler.

Mein Tip für Sie

Bevor Sie beginnen

SPRECHEN SIE immer mit Ihrem Arzt, bevor Sie eine Diät starten. Lassen Sie anschließend gleich einen Vital-Check machen und vor allem auch Ihren Eiweißspiegel kontrollieren. Wenn Sie beispielsweise Probleme mit der Niere haben, kann Ihnen zu viel Eiweiß schaden.
Wenn Sie Ihr neues Gewicht halten wollen, sollten Sie auch nach der Diät weiterlaufen – und Ihre Ernährung dauerhaft auf gesund umstellen.

Die Lauf-Therapie: Ultralight-Lauf mit Intervalltraining

Nehmen Sie sich 10 Tage frei. Denn in diesen Tagen sollten Sie sich voll auf Ihren Körper konzentrieren.
Schön wäre, wenn Sie Ihren Partner oder einen Freund dazu bewegen könnten, auch mitzumachen. Zu zweit macht es einfach mehr Spaß.

Lassen Sie es sich schmecken: Ein Eiweißdrink aus der Apotheke unterstützt Ihren Gewichtsverlust durch Vital Fatburning.

Jeden Tag 60, besser 90 Minuten laufen
Zwei- bis dreimal täglich müssen Sie Ihre Fettverbrennungsmaschine in Gang setzen. Laufen Sie jeweils 30 Minuten mit Ihrem individuellen Puls, wie auf Seite 79 beschrieben. Beachten Sie, daß Ihr Puls, mit dem Sie laufen, Ihren Fettverbrennungspuls keinesfalls übersteigt. Nur so ist auch garantiert, daß Ihr Körper tatsächlich Fett verbrennt und Sie unliebsame Pfunde nach und nach verlieren.

Muß man sich wirklich bewegen?
Ja, unbedingt. Denn das Laufen hindert den Körper daran, den Grundumsatz runterzufahren, den Stoffwechsel auf Ökoprogramm zu schalten und einfach weniger Kalorien zu verbrennen. Nur wer läuft, entkommt dem Jo-Jo-Effekt. Zusätzlich erhöht die regelmäßige Bewegung Ihren Grundumsatz. Das heißt, Sie verbrennen auch, nachdem Sie aktiv waren, noch mehr Kalorien: sogar, wenn Sie auf dem Sofa liegen oder wenn Sie im Bett schlafen.

Intervalltraining für noch mehr Erfolg
Wer Lust hat, kann noch mehr Fettenzyme aus den Zellen locken. Führen Sie einfach zweimal pro Woche das Intervalltraining durch. Das geht so: Um die Muskeln anzuheizen, noch mehr Fett zu verbrennen, legen Sie nach jeder Minute einen 7-Sekunden-Sprint ein. Sie laufen einfach ein bißchen schneller. Das regt den Körper an, noch mehr von seinen fettverbrennenden Enzymen herzustellen.
Wer die Laufgeschwindigkeit variiert, läßt die Muskeln ökonomischer arbeiten. Doch beachten Sie die 7-Sekunden-Grenze. Sprin-

➤ INFO

Beim Vital Fatburning …

- **verhindert** intensives Training, daß sich der Grundumsatz senkt. Der Körper schaltet nicht auf sein Ökoprogramm, der Stoffwechsel läuft weiter auf Hochtouren. Auch nach der Diät.
- **wird Rein-Eiweiß**, in Form eines Eiweißpräparates aus der Apotheke, zugeführt und hält den Körper davon ab, seine Fettöfchen zu vernichten. Muskel- und anderes Körpereiweiß werden nicht angegriffen. Und: Eiweiß beschleunigt die Kalorienverbrennung im Körper.
- **versorgen** Obst und Gemüse den Organismus mit lebenswichtigen Vitalstoffen: wertvolle Pflanzeninhaltsstoffe, Vitamine und Mineralien.
- **motiviert** der schnelle Erfolg, 1 bis 2 Pfund Gewichtsverlust pro Tag, weiterzumachen.

ten Sie weder kürzer noch länger. Damit ist gesichert, daß Sie nicht in Sauerstoffnot kommen, der Muskel nicht übersäuert und Kohlenhydrate statt Fett verbrennt.

Rein-Eiweiß läßt Pfunde schmelzen

Wenn Sie mit Ihrer Kalorienreduktion auf Null herunterfahren, vernichtet Ihr Körper sein eigenes Eiweiß. Damit das nicht

Mein Tip für Sie

Essen Sie reines Eiweiß

ERSETZEN SIE 10 Tage lang Ihre Mahlzeiten durch einen Drink aus Eiweißpulver. Also: viermal täglich 3 Eßlöffel Eiweißpulver (aus der Apotheke) in Wasser oder fettarmer Milch (0,3 %) anrühren und trinken. Lesen Sie mehr zum Thema Eiweiß-Konzentrate auf Seite 104.

während des Vital Fatburning passiert, müssen Sie ihm Eiweiß von außen zuführen. Das hat noch einen weiteren Vorteil: Sie nutzen die spezifisch dynamische Wirkung von Eiweiß auf den Körper. Hätte der Mensch nur Eiweiß zur Verfügung, würde er jämmerlich verhungern. Denn um Nahrungseiweiß in wertvolles Körpereiweiß umzuwandeln, schießt unser Organismus Energie zu. Er verbraucht also Kalorien, während Sie essen.
Damit Sie während des Abnehmtrainings nicht an Muskeln verlieren, sondern im Gegenteil, mehr von den Fettöfchen aufbauen, müssen Sie Ihrem Körper reines Eiweiß zuführen: Eiweiß ohne Fett.

Obst und Gemüse sorgen für Vitalität und halten satt

Greifen Sie zu Obst und Gemüse, wenn der Hunger kommt. Sie dopen mit Vitaminen, Mineralstoffen und Spurenelementen, halten den Darm in Schwung und sättigen anhaltend durch Ballaststoffe.
Günstig sind vor allem Früchte wie Ananas, Papaya, Kiwi, Wassermelonen, Erdbeeren, Aprikosen und Mango, weil sie eiweißspaltende Enzyme enthalten. Diese sorgen dafür, daß die wertvollen Eiweißbausteine (Aminosäuren) auch vom Körper verwertet werden. Essen Sie möglichst alle 2 Stunden eine Portion Obst oder rohes Gemüse.

Literweise trinken
Trinken Sie täglich 3 Liter mineralstoffreiches Mineralwasser. Auch schwarzer oder grüner Tee ist erlaubt. Und verzichten Sie während der 10 »Diät«-Tage auf Alkohol.

Und nach dem Schlank-Programm?

Laufen Sie weiter täglich 30 Minuten und schleichen Sie sich langsam wieder in den Eßalltag ein. Lassen Sie nicht allen Gelüsten freien Lauf, sonst saugen sich Ihre Fettzellen

➤ INFO

Set-point-Theorie

LANGE HIESS ES: Abnehmen geht nicht. Der Körper strebt unermüdlich sein altes Gewicht (den »Set-point«) an, plagt mit Heißhunger, spart intern Kalorien und holt sich die verlorenen Kilos wieder. Heute weiß man: Wenn man Sport treibt und das neue Gewicht 3 bis 6 Monate hält, akzeptiert der Körper auch den neuen Set-point.

schnell wieder voll, und alle Mühe war umsonst. Ersetzen Sie erst ein paar Tage lang zwei Mahlzeiten durch den Eiweiß-Vital-Drink. Dann eine. Essen Sie viel Obst und Gemüse und sparen Sie Fett, wie auf Seite 96 und 97 beschrieben. Steigen Sie um auf mediterrane Ernährung (Rezepte siehe ab Seite 148).
Darüber hinaus sollten Sie Ihr Gewicht strikt kontrollieren, denn das neue Gewicht muß 3 bis 6 Monate gehalten werden, bis sich der Körper daran gewöhnt hat. Dann regelt sich der neue Set-point auf dem niedrigeren Niveau ein: Sie haben es geschafft!

Nutzen Sie die Kraft der Fatburner

Sie wissen: Diäten machen dick. Weder das Seil um den Kühlschrank noch die Mayr-Kur lösen überflüssige Pfunde in Wohlgefallen auf. Die Frage ist nur: Was lockt die eingesperrten Fettmoleküle aus den Fettzellen hervor, und was treibt sie in die Fettöfchen (Mitochondrien) unserer 70 Billionen Körperzellen? Und was heizt die Mitochondrien an, Fett in Massen zu verbrennen?
Die Antwort lautet: Eiweiß und Vitalstoffe. Ohne Eiweiß und Vitalstoffe bleibt das Fett auf den Hüften liegen. Es wird weder aus den Zellen geschleust noch verbrannt. Hormone sind nichts anderes als eine lange Kette von Eiweißbausteinen, und Hormone heizen die Fettverbrennung an. Und Vitalstoffe liefern die nötigen Zündfunken für die Hormonbildung.

Das Wachstumshormon macht schlank im Schlaf

Der stärkste Fettverbrenner in unserem Körper ist das Wachstumshormon (siehe ab Seite 122). Es macht über Nacht schlank. Im

Nehmen Sie sich am besten Urlaub für den Einstieg in Ihr neues Schlank-Programm. Und am meisten Spaß macht die Umstellung, vor allem, wenn Sie beginnen zu laufen, wenn Sie es gemeinsam tun.

Tiefschlaf produziert der Körper das Somatotropin. Schon 1,2 Gramm der Aminosäuren Arginin und Lysin stimulieren die Bildung des Wachstumshormons: Muskeln wachsen, Fett schmilzt dahin, die Haut wird straff. Arginin und Lysin stecken in Haferflocken, Milchprodukten (besonders in Milch, Hüttenkäse, Ricotta, Joghurt), Eiern, Geflügel und Meerestieren. Auch Vitamin C (siehe Seite 145) und Vitamin B_6 (Fleisch, Vollkorn- und Sojaprodukte) dürfen in der Wachstumshormon-Küche nicht fehlen.

Glukagon hält Insulin in Schach

Das Hormon Glukagon ist der Gegenspieler des Insulins, es hemmt seine dick machende Geschäftigkeit. Während Insulin nach dem Genuß von Zucker alle im Blut schwimmenden Fettmoleküle zu den Hüften treibt, sorgt

das Glukagon dafür, daß Fett aus den Fettspeichern gesaugt und zur Energiegewinnung herangezogen wird. Auch seine Bildung ist abhängig von der Eiweißzufuhr.
Glukagon besteht pur aus 29 Aminosäuren. Nimmt man zu wenig Eiweiß mit dem Essen auf, reduziert man dadurch die Produktion von Glukagon. Das bedeutet: Die Fettzellen bleiben voll.

Jod macht aktiv, schmilzt Pölsterchen weg

Warum sind die Asiaten so schlank? Sie essen Meeresalgen wie wir Kartoffeln. In Algen steckt 1.000mal mehr Jod als in jedem anderen Lebensmittel.
Jodmangel macht dick, weil nicht genug vom Schilddrüsenhormon Thyroxin, dem Zündfunken der Fettverbrennung, gebildet werden kann. Dieses Hormon dringt nämlich zu den Fettzellen vor und stimuliert dort die Entfettungsmechanismen. Bildet die Schilddrüse zu wenig davon, läuft die ganze Maschine Mensch langsamer: Haut, Fingernägel und Haare werden stumpf, trocken und brüchig, der Darm träge. Energieumsatz und Fettabbau stagnieren. Man nimmt zu.

➤ **TIP**

Werden Sie schlank im Schlaf!

SIE SOLLEN Fett nicht nur meiden – Sie sollen es verbrennen. Dabei helfen Ihnen natürliche lipolytische, also fettschmelzende, Substanzen: Hormone und Vitalstoffe. Und die dürfen Sie sogar vor dem Schlafengehen essen. Räubern Sie nachts kurz vor dem Schlafengehen den Kühlschrank und trinken Sie ein Glas magere Milch, oder essen Sie ein Stück Putenbrust mit Zitrone beträufelt oder einen Joghurt mit Haferflocken.

➤ **INFO**

Achtung Jodmangel!

JOD IST Treibstoff für unseren Stoffwechselmotor, die Schilddrüse. Doch Deutschland ist Jodmangelgebiet. Deswegen haben hierzulande so viele Menschen einen Kropf – besonders viele im Süden, etwas weniger im Norden, weil dort mehr jodreicher Seefisch gegessen wird.
Wieso entsteht ein Kropf? Um das bißchen Jod aus dem Blut zu filtern, das vorhanden ist, plustert sich die Schilddrüse auf – ganz einfach.

Um das Energiehormon Thyroxin zu bilden, braucht die Schilddrüse auch noch den Eiweißbaustein Tyrosin. Fehlt er in der Nahrung, ist der Fettabbau ebenfalls blockiert. Tyrosin steckt in Käse oder Milchprodukten und in Soja – darum sind die Asiaten so dünn.

Vitamin C kurbelt den Fettabbau an

Wenn ein Fuchs fette Beute macht, produziert er eine Extraportion Vitamin C. Und er bleibt schlank. Das tun übrigens fast alle Tiere. Nur der Mensch kann das nicht. Er muß sich das Schlank-Vitamin von außen zuführen. Dicke Menschen leiden oft an einem Mangel an Vitamin C. Je weniger Vitamin C im Körper ist, desto weniger schlank machende Hormone (Noradrenalin, Adrenalin, Cortisol) kann er produzieren. Wer abnehmen will, kann den Fettabbau mit täglich 3 Gramm Vitamin C ankurbeln. Das garantiert volle Nebennierenspeicher. Die Nebenniere ist genau der Ort, wo die Schlank-Hormone produziert werden. Ein Zuviel kann nicht schaden. Vitamin C ist wasserlöslich, eine Überdosis wird einfach ausgeschieden. Gehen Sie aber nicht nur zum Apotheker, sondern drücken Sie täglich den Saft von 4 Zitronen in Ihr Mineralwasser. Denn in der Zitrone stecken auch noch Bioflavonoide, die das Vitamin C bei seiner Fettverheizer-Arbeit anfeuern. Es wirkt dann 20mal effektiver.

Karnitin schleppt Fett ab

Dieser wichtige Eiweißstoff steuert unseren Energiestoffwechsel – und zwar in Richtung schlank. Karnitin transportiert das Fett aus dem Blut heraus in die Zellen zur Verbrennung. Vor allem die Muskeln sind auf Karnitin angewiesen. Schleppt es nicht genügend Brennstoff an, machen sie schlapp. Wer nicht genügend Eiweiß aufnimmt, dem geht auch schnell das Karnitin aus. Vor allem Sportler leiden leicht unter einem Karnitinmangel und versorgen sich aus der Apotheke. Aber auch dicke Menschen haben oft zu wenig von diesem Fettvernichter im Blut.
Leider produziert der Körper nur eine geringe Menge an Karnitin – und nur dann, wenn ihm ausreichend Vitamin C, Vitamin B_6 und Eisen zur Verfügung stehen. Karnitin steckt in magerem Fleisch, Geflügel und Milchprodukten – sozusagen als weiterer Schutzstoff der Tiere gegen Verfettung.

Methionin mischt in der Fettküche mit

Übergewichtige haben häufig zu wenig Methionin im Blut. Das macht sich durch Müdigkeit und Antriebsmangel bemerkbar.

Greifen Sie zu bei Zitronen und anderem Vitamin-C-reichem Obst: Sie enthalten fettabbauende Substanzen.

Methionin spielt eine Schlüsselrolle beim Eiweißaufbau. Nehmen wir nicht ausreichend auf, schwächen wir unser Immunsystem, erhöhen das Krebsrisiko und werden dick. In der Fettverbrennung mischt Methionin auf vielen Ebenen mit. Die Aminosäure ist Baustein des Muskeleiweißes – ohne Muskeln keine Fettschmelze. Als Bestandteil von Karnitin hilft Methionin beim Abtransport der Fette zur Verbrennung. Und ohne Methionin wird kein zehrendes Streßhormon gebildet. Methionin steckt in Leber, Eigelb, Fleisch, Fisch, Geflügel, Käse, Joghurt, Linsen und Sojaprodukten.

Taurin verleiht Fettpölsterchen Flügel

Diesen Stoff nutzt die Techno-Szene für ihre Energie-Drinks. Der fettschmelzende, aufputschende Eiweißstoff Taurin hilft der Hirn-

anhangsdrüse, ihre Hormone zu verschicken: vornehmlich das Wachstumshormon. Sie wissen schon: das Wunderhormon, das Muskeln peppt und Pfunde purzeln läßt.
Je mehr Taurin in der Nahrung steckt, desto mehr Hormone kann die Hirnanhangsdrüse produzieren. Zudem mixt Taurin im Gallensäure-Stoffwechsel mit. Und diese Säure spielt bei der Fettverdauung eine große Rolle. Übergewichtige Frauen leiden häufig unter Taurinmangel, da das weibliche Geschlechtshormon Östradiol die Taurinproduktion in der Leber drosselt. Der natürliche Schlankmacher Taurin steckt vor allem in: Krabben, Muscheln, Fleisch und Leber.

Magnesium futtert Fett weg

Der Tausendsassa Magnesium ist zuständig für körperliche und geistige Leistungskraft, für funktionierende Nerven und Muskeln. Es organisiert die Sauerstoffversorgung der Zellen und damit die Fettverbrennung. Ohne Sauerstoff verbrennt kein Gramm Fett. Mangelt es dem Körper an diesem Mineral, ist man nervös, kann sich nicht mehr konzentrieren, bringt keine Leistung, ist ständig müde und findet zudem keinen Schlaf. Und die Pfunde klammern und wuchern.Theoretisch steckt der wertvolle Mineralstoff in frischem Obst und Gemüse. Praktisch aber nicht. Durch Kunstdüngung und sauren Regen verschwand Magnesium in den EU-Ländern aus der Nahrung. Um die täglich nötigen 400 mg zu sich zu nehmen, müßten Sie 1 kg Käse essen, 1,4 kg Kartoffeln, 11 Bananen oder 3 Tafeln Schokolade. Das würde Ihrer Figur nicht gefallen.

➤ INFO

Magnesium pur

SIE HABEN keine Chance, mit dem Essen ausreichend von dem Leistungsmineral aufzunehmen. Sie müssen in die Apotheke, um den Ansprüchen Ihres Körpers (täglich 400 Milligramm Magnesium) gerecht zu werden.

➤ TIP

Gesunde Kalorien

MEIDEN SIE Fertigprodukte, essen Sie Leben. Je unverarbeiteter ein Lebensmittel, desto höher sein Nährwert, desto schlanker macht es. Das heißt: Jede Kalorie liefert Gesundheit, Vitalität, Fitneß in Form von Vitaminen, Mineralstoffen und Spurenelementen mit.

Noradrenalin verheizt Fett

Wird Noradrenalin – unser positives Streßhormon – von Körper und Geist gebraucht, schüttet es die Nebenniere in die Blutbahn. Ohne große Umwege landet es blitzschnell in der Fettzelle. Dort saugt es Fett für die Energiegewinnung ab. Noradrenalin sorgt dafür, daß besonders viel Fett in Energieschübe umgewandelt wird, die uns Höchstleistung vollbringen lassen. Mehr über Noradrenalin siehe ab Seite 121.

Schlank bleiben mit mediterraner Küche

Haben Sie Ihr 10-Tage-Programm absolviert? Dann stellen Sie sich von nun an auf Kochen à la Mittelmeerküche um. Dort wird instinktiv gesund gekocht! Auf den folgenden Seiten finden Sie Vorschläge für 1 Woche.

Fit in 7 Tagen: mit mediterraner Küche

Wollen Sie auch so alt werden wie die Kreter? Kein Problem: Kochen Sie einfach nach den folgenden Forever-young-Rezepten. Alle Rezepte gelten für 2 Personen.

Der erste Tag

Morgens: Apfelquark

◆ 1 Apfel ◆ 1 EL Zitronensaft ◆ 250 g Magerquark ◆ 100 g saure Sahne ◆ 4 EL Apfeldicksaft ◆ abger. Schale von 1/2 unbehandelten Zitrone ◆ 2 EL Sonnenblumenkerne

Zubereitungszeit: 10 Minuten

Pro Portion: 1110 kJ/270 kcal
21 g E* · 12 g F** · 14 g K***

** Eiweiß ** Fett *** Kohlenhydrate*

1 Apfel schälen, fein reiben, mit Zitronensaft mischen. Quark mit saurer Sahne, Apfeldicksaft und Zitronenschale glattrühren.
2 Apfel und Quarkmischung verrühren, auf 2 Schälchen verteilen. Mit gerösteten Sonnenblumenkernen bestreuen.

Leichte Mahlzeit: Tatar mediterran

◆ 150 g Tatar ◆ 1 Eigelb ◆ 1 TL Aceto Balsamico ◆ 1 EL kaltgepreßtes Olivenöl ◆ Salz, schwarzer Pfeffer ◆ 1/4 TL Paprika, rosenscharf ◆ 1/2 weiße Zwiebel ◆ 3 Sardellenfilets ◆ 2 Cornichons ◆ 4 grüne Oliven, mit

Paprika gefüllt ◆ 3 Thymianzweige ◆ 1/4 Bund Petersilie ◆ 2 große Kopfsalatblätter ◆ 1 EL kleine Kapern

Zubereitungszeit: 30 Minuten

Pro Portion: 1240 kJ/290 kcal
23 g E · 17 g F · 7 g K

1 Tatar, Eigelb, Balsamico, Olivenöl vermischen. Mit Salz, Pfeffer, Paprika abschmekken. Kalt stellen. Zwiebel schälen, fein hacken. Sardellen abspülen, ebenfalls fein hacken. Cornichons und Oliven sehr klein würfeln. Thymian und Petersilie abbrausen, abzupfen.
2 Salatblätter waschen und mundgerecht zerpflücken. Auf einer Platte anrichten, Tatar in die Mitte setzen. Zwiebel, Sardellen, Cornichons, Oliven, Kapern, Thymian, Petersilie um das Tatar verteilen. Mit Zitronensaft beträufeln.

Hauptgericht: Spaghetti mit Gemüse-Bolognese

◆ je 150 g Zucchini, Aubergine ◆ je 1/4 rote, gelbe und grüne Paprikaschote ◆ 2 Schalotten ◆ 1 Knoblauchzehe ◆ 1 EL Olivenöl ◆ Salz, Pfeffer ◆ 6 EL Rotwein ◆ 2 Zweige Thymian ◆ 1 Zweig Rosmarin ◆ 200 g passierte Tomaten ◆ 1/8 l Gemüsebrühe ◆ 200 g Spaghetti ◆ 200 g Tomaten ◆ 30 g frisch geriebener Parmesan

Zubereitungszeit: 1 Stunde

Pro Portion: 2340 kJ/560 kcal
19 g E · 12 g F · 82 g K

1 Zucchini, Aubergine, Paprika waschen, putzen, klein würfeln. Schalotten und Knoblauch schälen, fein würfeln. Alles im heißen Olivenöl 2–3 Min. anbraten. Salzen, pfeffern.
2 Mit Wein aufgießen, 5 Min. bei mittlerer Hitze einkochen lassen. Kräuter abbrausen, Thymianblätter abzupfen, Rosmarinnadeln abstreifen, hacken, beides mit den passierten Tomaten zum Gemüse geben. Heiße Brühe angießen. Halb offen 30 Min. kochen lassen, hin und wieder rühren.
3 Spaghetti in kochendem Salzwasser nach Packungsangabe garen. Tomaten überbrühen, abschrecken, häuten, vierteln, entkernen, würfeln. Unter den Sugo mischen, 5 Min. mitkochen lassen. Mit Salz, Pfeffer abschmekken. Mit Nudeln und Parmesan servieren.

Dessert: Erdbeer-Carpaccio mit Minze-Joghurt

◆ 250 g Erdbeeren ◆ 1/2 Limette ◆ 1 EL Ahornsirup ◆ 1 EL trockener Sherry ◆ 100 g Joghurt ◆ 2 TL Honig ◆ 4 Minzeblättchen

Zubereitungszeit: 30 Minuten

Pro Portion: 670 kJ/150 kcal
3 g E · 2 g F · 26 g K

1 Erdbeeren waschen, putzen, in Scheibchen schneiden. Leicht überlappend auf 2 Tellern auslegen. Limettensaft mit Ahornsirup und Sherry verquirlen, darüber träufeln.
2 Joghurt und Honig verrühren. Minze in Streifen schneiden, untermischen. Je einen Klecks Minze-Joghurt auf dem Carpaccio anrichten. Das Dessert nach Belieben mit frischen Minzeblättchen garnieren.

Der zweite Tag

Morgens: Trauben-Bananen-Salat mit Dickmilch

◆ 1 Banane ◆ 250 g blaue und weiße Weintrauben ◆ 1 säuerlicher Apfel (z. B. Boskop) ◆ 1 EL Zitronensaft ◆ 1 EL Puderzucker ◆ 250 g Dickmilch (3,5 %) ◆ 1 EL Sanddornsirup mit Honig (Reformhaus) ◆ 1 EL gehackte Pistazien

Zubereitungszeit: 10 Minuten

Pro Portion: 1440 kJ/340 kcal
7 g E · 7 g F · 59 g K

1 Banane schälen und in Scheiben schneiden. Weintrauben waschen, von den Stielen zupfen, halbieren und entkernen.
2 Den Apfel vierteln, schälen, entkernen und in dünne Spalten schneiden. Mit den anderen Früchten in eine Schüssel geben. Mit Zitronensaft beträufeln und mit Puderzucker bestreuen.
3 Dickmilch mit Sanddornsirup verrühren und vorsichtig mit dem Obst mischen. Auf 2 Schälchen verteilen und mit den gehackten Pistazien bestreuen.

Leichte Mahlzeit: Grüner Spargelsalat mit Kirschtomaten

◆ 500 g grüner Spargel ◆ Salz ◆ 1 TL Butter ◆ 1 Prise Zucker ◆ 150 g Kirschtomaten ◆ 2 EL Weißweinessig ◆ 1 TL Aceto Balsamico ◆ schwarzer Pfeffer ◆ 3 EL kaltgepreßtes Olivenöl ◆ 1 EL Kürbiskernöl ◆ 5 Basilikumblätter ◆ 1 hartgekochtes Ei

Zubereitungszeit: 30 Minuten

Pro Portion: 1440 kJ/340 kcal
9 g E · 30 g F · 6 g K

Grüner Spargel mit Kirschtomaten ist eine köstliche, leichte Zwischenmahlzeit.

1 Spargel putzen, nur im unteren Drittel schälen, schräg in 5 cm lange Abschnitte schneiden. Salzwasser mit Butter und Zucker aufkochen lassen, Spargel darin 10 Min. köcheln lassen, abgießen, abtropfen lassen.
2 Tomaten waschen, halbieren. Beide Essigsorten mit Salz und Pfeffer verrühren. Beide Ölsorten nach und nach unterschlagen. Spargel, Tomaten, Basilikum darin wenden.
3 Das Ei pellen, fein hacken und auf den Salat streuen.

Hauptgericht: Gegrillte Dorade mit Staudensellerie-Püree

◆ 1 küchenfertige Dorade (Goldbrasse), etwa 400 g ◆ Salz, schwarzer Pfeffer ◆ 1 Knoblauchzehe ◆ 1 EL gehackte Kräuter (z. B. Petersilie) ◆ Rosmarin, Salbei ◆ Olivenöl zum Bestreichen
Für das Püree:
◆ 400 g mehligkochende Kartoffeln ◆ 2 Stangen Staudensellerie (etwa 75 g) ◆ 1 EL kaltgepreßtes Olivenöl ◆ 1 EL Crème fraîche ◆ Salz, schwarzer Pfeffer

Zubereitungszeit: 1 Stunde

Pro Portion: 1680 kJ/400 kcal
23 g E · 16 g F · 35 g K

➤ TIP

Fett sparen

GRILLEN IST eine ideale Garmethode, um Fett einzusparen. Mit wenig Öl eingepinselt, mit Kräutern und Gewürzen eingerieben, dann knusprig gegrillt – so begeistern Fisch, Gemüse, Fleisch oder Geflügel jeden.

1 Fisch waschen und trockentupfen. Die Haut mit einem scharfen Messer kreuzweise einschneiden. Innen und außen mit Salz und Pfeffer würzen. Knoblauch schälen, durch die Presse drücken. Mit den Kräutern mischen und in die Bauchhöhle füllen. Fisch rundum mit Olivenöl bestreichen, ziehen lassen.
2 Kartoffeln waschen und knapp mit Wasser bedeckt in 20 Min. gar kochen. Grill vorheizen. Fisch 10 Min. grillen (Mitte), wenden, weitere 5–6 Min. grillen.
3 Sellerie waschen, putzen, sehr klein würfeln. Kartoffeln abgießen, pellen und mit dem Kartoffelstampfer grob zerdrücken. Sellerie mit Olivenöl und Crème fraîche unter die Kartoffeln mischen. Püree mit Salz und Pfeffer abschmecken, zur Dorade servieren.
4 Dazu paßt grüner Salat mit Senf-Vinaigrette, als Getränk ein trockener Weißwein.

Dessert: Schnee-Eier auf dreierlei Fruchtpüree

◆ 1 Eiweiß ◆ 1 TL Rohrzucker ◆ 1/8 l Milch ◆ 1/4 Vanilleschote ◆ 100 g Himbeeren ◆ 3 TL Honig ◆ 1 Kiwi ◆ 2 TL Zitronensaft ◆ 125 g Aprikosen

Zubereitungszeit: 40 Minuten

Pro Portion: 710 kJ/170 kcal
5 g E · 3 g F · 29 g K

1 Eiweiß und Rohrzucker mit dem Handrührgerät zu steifem Schnee schlagen.
2 In einem Topf die Milch mit dem ausgekratzten Vanillemark und der Schote aufkochen lassen. Mit 2 Teelöffeln 6 Klößchen vom Eischnee abstechen, in die köchelnde Milch geben. 2 Min. darin ziehen lassen, einmal wenden. Schnee-Eier mit einer Schaumkelle herausnehmen, abkühlen lassen.

3 Himbeeren verlesen, kurz waschen und mit 1 TL Honig pürieren, durch ein feines Sieb passieren. Die Kiwi schälen, zerkleinern und mit je 1 TL Honig und Zitronensaft pürieren. Aprikosen überbrühen, häuten und entsteinen. Das Fruchtfleisch mit dem übrigen Zitronensaft und Honig pürieren.
4 Die Fruchtpürees nebeneinander auf zwei große Teller gießen. Mit einem Stäbchen Häkchen ineinander ziehen. Die Schnee-Eier darauf setzen und sofort servieren.

➤ TIP

Fitneß-Drink: Papaya-Kokos-Buttermilch

1/2 PAPAYA (etwa 200 g) entkernen, schälen und würfeln. Mit 2 EL Limettensaft, 1 EL Limettensirup und 100 g Kokosnußmilch (Coconut Milk) im Mixer pürieren. Mit 250 g kalter Buttermilch auffüllen und alles noch mal kräftig durchmixen. Je 2 Eiswürfel in 2 Gläser geben. Den Drink darübergießen und mit je 1 Papayaspalte garnieren.

Pro Portion: 520 kJ/120 kcal
5 g E · 1 g F · 22 g K

Der dritte Tag

Morgens: Walnuß-Joghurt mit Zitrusfrüchten

◆ 1 rosa Grapefruit ◆ 2 Blutorangen ◆ 250 g Joghurt ◆ 2 EL Ahornsirup ◆ 2 EL fein geriebene Walnußkerne ◆ 2 TL gehackte Walnußkerne

Zubereitungszeit: 15 Minuten

Pro Portion: 1220 kJ/290 kcal
9 g E · 8 g F · 41 g K

1 Grapefruit und Orangen so schälen, daß die weiße Haut unter der Schale mit entfernt wird. Filets aus den Trennhäuten lösen, in ein Sieb geben, abtropfenden Saft auffangen.
2 Saft mit Joghurt, Ahornsirup und den geriebenen Nüssen verrühren. Auf 2 Schalen verteilen und die Zitrusfrüchtefilets dekorativ darauf legen. Zum Schluß mit den gehackten Walnüssen bestreuen.

Leichte Mahlzeit: Gefüllte Tzatziki-Tomate

◆ 4 mittelgroße Tomaten (etwa 400 g) ◆ Salz ◆ 100 g griechischer Joghurt (10 % Fett) ◆ 75 g kleine Gärtnergurke ◆ 1 kleine Knoblauchzehe ◆ 1/2 TL Weißweinessig ◆ 1 TL kaltgepreßtes Olivenöl ◆ schwarzer Pfeffer ◆ 2 Petersilienzweige

Zubereitungszeit: 35 Minuten

Pro Portion: 540 kJ/130 kcal
4 g E · 8 g F · 8 g K

1 Tomaten waschen, oben einen Deckel abschneiden. Früchte mit einem kleinen Löffel aushöhlen. Mit der Öffnung nach unten zum Abtropfen auf Küchenpapier legen.
2 Gurke waschen, Enden abschneiden. Gurke mit Schale grob raspeln. Mit 1/4 TL Salz mischen, 10 Min. Saft ziehen lassen. Dann in einem Sieb mit einem Löffel ausdrücken, zum Joghurt in eine Schüssel geben. Knoblauch schälen, durch die Presse dazudrücken. Alles mit Essig und Olivenöl verrühren, mit Salz und Pfeffer abschmecken. Tomaten füllen, mit Petersilie garnieren. Deckel auflegen.

Hauptgericht: Schwertfisch-Gemüse-Spieße

◆ 300 g Schwertfischfilet ◆ Saft von 1/2 Zitrone ◆ Salz, schwarzer Pfeffer ◆ 1 kleiner Zucchino (etwa 125 g) ◆ 1/2 rote Paprikaschote (etwa 100 g) ◆ 1 weiße Zwiebel ◆ 8 frische Salbeiblätter ◆ 2 EL Olivenöl ◆ Zitronenscheiben zum Garnieren

Zubereitungszeit:
30 Minuten

Pro Portion: 1400 kJ/330 kcal
31 g E · 19 g F · 5 g K

➤ TIP

Fitneß-Drink: Kefir-Birnen-Drink

1 kleine reife Birne schälen, vierteln, entkernen und kleinschneiden. Mit 1 EL Zitronensaft, 1 EL Vanillezucker, 5 EL Orangensaft und 1/2 TL abgeriebener Zitronenschale im Mixer fein pürieren. 300 g kalten Kefir dazugeben und alles gut durchmixen. Den Drink in 2 hohe Gläser gießen. Mit Zimt bestäuben.

Pro Portion: 740 kJ/180 kcal
5 g E · 5 g F · 23 g K

Einmal in der Woche sollte man Seefisch essen: Probieren Sie diese leckeren Fischspieße.

1 Fischfilet kurz kalt abbrausen, trockentupfen, würfeln. Mit Zitronensaft beträufeln, mit Salz und Pfeffer würzen.
2 Zucchino waschen, putzen, schräg in knapp 1 cm dicke Scheiben schneiden. Paprika waschen, putzen, in mundgerechte Stücke schneiden. Zwiebel schälen und achteln. Salbeiblätter waschen und trockenschütteln.
3 Fisch, Gemüse und Salbei abwechselnd aufspießen. Spieße im Olivenöl bei mittlerer Hitze 12–15 Min. braten. Mit Zitronen servieren. Dazu passen Baguette und Salat.

Dessert: Aprikosen-Joghurt-Sorbet

◆ 1 EL brauner Zucker ◆ 1/2 Zimtstange ◆ 500 g reife Aprikosen (ersatzweise Tiefkühl-Beeren) ◆ 1/2 Zitrone ◆ 75 g Joghurt ◆ Puderzucker ◆ Zitronenmelisse

Zubereitungszeit: 40 Minuten
(+ 2 1/2 Std. Gefrierzeit)

Pro Portion: 760 kJ/180 kcal
4 g E · 2 g F · 34 g K

1 1/8 l Wasser mit dem Zucker und der Zimtstange aufkochen. Bei starker Hitze 10 Min. einkochen lassen, bis der Sirup dickflüssig wird. Vom Herd nehmen, Zimtstange entfernen und den Sirup abkühlen lassen.
2 Aprikosen mit kochendem Wasser übergießen, abschrecken, häuten und halbieren (Tiefkühl-Beeren auftauen). Fruchtfleisch kleinschneiden und pürieren. Zitronensaft, Joghurt und Sirup dabei zulaufen lassen.
3 Masse in eine Edelstahlschüssel geben und 2 1/2 Std. gefrieren lassen, dabei alle 30 Min. mit einem Schneebesen kräftig durchrühren.
4 2 Teller mit Puderzucker bestäuben. Vom Sorbet Nocken abstechen, auf die Teller setzen. Mit Zitronenmelisse garniert servieren.

➤ **TIP**

Machen Sie es wie die Kreter

DIE FRANZÖSISCHE Lyon-Studie fand heraus: Wenn man seine Ernährungsgewohnheiten auf mediterran umstellt, senkt man das Risiko, einen Infarkt zu erleiden und gar am frühzeitigen Herztod zu sterben, um 70 Prozent. Weitere Studien zeigen: Mediterrane Ernährung kann auch Krebserkrankungen vorbeugen. Es ist so einfach:

◆ **Ersetzen** Sie alle Fette durch Oliven- und Rapsöl.
◆ **Meiden** Sie Butter, Sahne und Sonnenblumenölmargarine. Günstig ist Rapsölmargarine. Ihre Fettsäure-Zusammensetzung gleicht dem Olivenöl.
◆ **Essen** Sie viel Hülsenfrüchte, Gemüse, frische Früchte und Vollkorngetreide.
◆ **Minimieren** Sie Fleisch, Wurst, Käse zugunsten von Seefisch und Geflügel.
◆ **Trinken** Sie zum Essen ein Gläschen Rotwein – und nicht mehr.

Der vierte Tag

Morgens: Toastbrot mit Himbeer-Ricotta

◆ 50 g Ricotta (italienischer Frischkäse) ◆ 50 g körniger Frischkäse ◆ 1 EL Himbeergelee ◆ 2 TL Orangensaft ◆ 75 g frische Himbeeren ◆ 4 Scheiben Vollkorn-Toastbrot ◆ 4 Minzeblättchen zum Garnieren

Zubereitungszeit: 10 Minuten

Pro Portion: 1400 kJ/330 kcal
14 g E · 5 g F · 54 g K

1 Ricotta und körnigen Frischkäse mit Himbeergelee und Orangensaft verrühren.
2 Himbeeren kurz abbrausen, abtropfen lassen und verlesen, unter den Ricotta mischen.
3 Toastbrotscheiben im Toaster nur leicht rösten. Die Ricotta-Mischung auf die Brote häufen und mit je 1 Minzeblatt garnieren.

Leichte Mahlzeit: Couscous-Salat mit Minze

◆ 100 g Instant-Couscous ◆ 1/8 l Gemüsebrühe ◆ 3 Tomaten ◆ Saft von 1/2 Zitrone ◆ 1/2 gelbe Paprikaschote ◆ 1 Frühlingszwiebel ◆ 1 rote Chilischote ◆ 1/2 Bund Petersilie ◆ 2 Stengel frische Minze ◆ Salz, schwarzer Pfeffer ◆ 3 EL kaltgepreßtes Olivenöl ◆ 100 g Joghurt ◆ 1/2 TL Paprika, edelsüß

Zubereitungszeit: 35 Minuten

Pro Portion: 940 kJ/220 kcal
2 g E · 19 g F · 8 g K

1 Couscous in eine Schüssel geben, mit kochendheißer Brühe übergießen. Zugedeckt 15 Min. quellen lassen.
2 Tomaten häuten und kleinschneiden. Samt Saft und Kernen zum Couscous geben.
3 Zitronensaft hinzufügen. Paprika und Frühlingszwiebel waschen, putzen, fein würfeln bzw. in feine Ringe schneiden. Chilischote entkernen, winzig klein schneiden. Petersilie und Minze abbrausen, Blätter abzupfen und grob hacken. Alle vorbereiteten Zutaten zum Couscous geben, untermischen. Kräftig salzen und pfeffern, Olivenöl unterrühren.
4 Salat auf Teller verteilen. Je einen Klecks Joghurt daraufgeben, mit Paprikapulver bestäuben. Dazu schmecken Weißbrot und ein trockener Weißwein oder Rosé.

Hauptgericht: Gratinierte Hähnchenfilets mit Artischocken

◆ 4 längliche, kleine Artischocken (ersatzweise 120 g Artischockenherzen aus der Dose) ◆ 1 Zitrone ◆ 350 g Hähnchenbrustfilet ◆ 250 g kleine Tomaten ◆ 3 EL Olivenöl ◆ Salz, schwarzer Pfeffer ◆ 1 Knoblauchzehe ◆ 1/2 Bund Petersilie ◆ 25 g frisch geriebener Parmesan ◆ 1 EL Semmelbrösel

➤ TIP

Fitneß-Drink: Bananen-Joghurt-Shake

1 BANANE schälen und kleinschneiden. Mit 5 EL Multivitaminsaft und 100 g Joghurt pürieren. 200 ml kalte fettarme Milch hinzufügen und kräftig untermixen. Die Mischung in 2 hohe Gläser gießen. Die Drinks mit je 1 Bananenspieß und mit Zitronenmelisse garnieren.

Pro Portion: 630 kJ/150 kcal
6 g E · 4 g F · 21 g K

Probieren Sie am vierten Tag dieser Mittelmeer-Diät gratiniertes Hähnchenfilet mit Artischocken.

Zubereitungszeit: 1 Stunde
(+ 20 Min. Backzeit)

Pro Portion: 2460 kJ/590 kcal
52 g E · 24 g F · 31 g K

1 Artischocken waschen, Stiele herausbrechen. Äußere Blätter entfernen, Blattspitzen bis zum fleischigen Ansatz abschneiden. »Heu« herauskratzen. Artischockenböden und -stiele schälen. Artischocken achteln, in Wasser mit etwas Zitronensaft legen, damit sie hell bleiben (Artischocken aus der Dose abtropfen lassen und achteln).
2 Hähnchenfilet in 4 x 4 cm große Scheiben schneiden, leicht flachdrücken. Tomaten waschen, vom Stielansatz befreien, in Scheiben schneiden, Kerne entfernen.
3 1 EL Olivenöl erhitzen. Artischocken darin bei mittlerer Hitze 3 Min. andünsten. 3 EL Wasser dazugießen, bei schwacher Hitze zugedeckt noch 10 Min. dünsten. Herausnehmen, abkühlen lassen.
4 Fleisch in 1 EL heißem Olivenöl bei mittlerer Hitze in einer Pfanne portionsweise anbraten, herausnehmen. Ofen auf 225 °C (Umluft 200 °C) vorheizen. Gratinform mit Olivenöl einstreichen. Fleisch, Tomaten, Artischocken dachziegelartig einschichten. Salzen, pfeffern, mit übrigem Zitronensaft beträufeln.
5 Knoblauchzehe schälen und fein hacken. Petersilie abbrausen, Blätter abzupfen, fein hacken. Knoblauch, Petersilie, Parmesan, Semmelbrösel mischen. Über das Gemüse streuen, mit dem übrigen Öl beträufeln. Im Ofen (Mitte) in 20 Min. goldbraun backen. Dazu schmecken Kartoffeln oder Baguette und ein frischer Weißwein, z. B. ein Soave.

Dessert: Zitrusfrucht-Grütze

◆ 1 Blutorange oder Orange ◆ 1/2 rosa Grapefruit ◆ 1/2 gelbe Grapefruit ◆ 1 kleine Zitrone mit unbehandelter Schale ◆ gut 1/8 l Orangensaft ◆ 6 EL trockener Weißwein ◆ 1 Gewürznelke ◆ 40 g Sago ◆ 2 EL Honig

Zubereitungszeit: 1 Stunde
(+ 2 Std. Kühlzeit)

Pro Portion: 740 kJ/180 kcal
2 g E · 0,5 g F · 34 g K

1 Zitrusfrüchte samt weißer Haut schälen, Filets herausschneiden, dabei den abtropfenden Saft auffangen. Zitrone heiß waschen, zuerst die Schale dünn abschälen, dann die weiße Haut entfernen, Frucht filetieren.
2 Zitrusfruchtsaft (etwa 1/8 l) mit Orangensaft auf 1/4 l auffüllen. Saftmischung, Wein, Zitronenschale, Nelke aufkochen. Sago einstreuen, unter Rühren in 20 Min. ausquellen lassen. Dann Früchte und Honig zugeben, noch weitere 5 Min. ziehen lassen und in 2 Schalen füllen, 2 Std. kalt stellen.

Der fünfte Tag

Morgens: Beeren-Knusper-Müsli

◆ 6 EL kernige Haferflocken ◆ 2 EL Sesamsamen ◆ 2 TL Rohrzucker ◆ 400 g Beeren (z. B. Erdbeeren, Himbeeren, rote und schwarze Johannisbeeren) ◆ 200 g Vollmilchjoghurt ◆ 2 TL Vanillezucker

Zubereitungszeit: 15 Minuten

Pro Portion: 1600 kJ/380 kcal
13 g E · 13 g F · 49 g K

1 Haferflocken und Sesam ohne Fett goldbraun rösten. Zucker hinzufügen. 3 Min. unter Rühren erhitzen, etwas abkühlen lassen.
2 Beeren kurz abbrausen, putzen, verlesen. Erdbeeren in dünne Scheiben schneiden.
3 Vollmilchjoghurt mit Vanillezucker verrühren. Müslimischung in 2 Schälchen verteilen. Früchte und Joghurt daraufgeben.

Leichte Mahlzeit: Crudités mit Knoblauch-Garnelen

◆ 75 g Möhren ◆ 75 g Knollensellerie ◆ 75 g rote Bete ◆ 3 TL Zitronensaft ◆ 3 TL Walnußöl ◆ Salz, schwarzer Pfeffer ◆ 6 frische oder tiefgekühlte rohe Riesengarnelen (Tiger Prawns) ◆ 1 EL Olivenöl ◆ 1 Knoblauchzehe

Zubereitungszeit: 30 Minuten

Pro Portion: 1100 kJ/200 kcal
18 g E · 16 g F · 7 g K

1 Möhren, Sellerie, rote Bete putzen und schälen. Auf der Rohkostreibe getrennt raspeln, mit je 1 TL Zitronensaft und Walnußöl vermischen. Mit Salz und Pfeffer würzen. Die Rohkost auf 2 Tellern getrennt in Häufchen anrichten.

Einmal am Tag sollte Rohkost auf dem Plan stehen: zum Beispiel Crudités mit Knoblauch-Garnelen.

2 Garnelen schälen, gründlich waschen (gefrorene auftauen lassen), abtrocknen, längs aufschneiden. Vom Darm befreien.
3 Olivenöl stark erhitzen. Knoblauchzehe schälen, fein hacken, mit den Garnelen hinzufügen. Bei mittlerer Hitze in 2 Min. rosa braten, salzen, pfeffern. Garnelen um die Rohkost arrangieren, sofort servieren. Dazu passen Baguette und ein Grauburgunder.

➤ **TIP**

Fitneß-Drink: Heidelbeer-Buttermilch

150 g Heidelbeeren kurz abbrausen und verlesen, mit 50 ml Apfelsaft, 2 EL Apfeldicksaft, 2 EL Instant-Haferflocken, 2 EL Zitronensaft und etwas abgeriebener Schale im Mixer pürieren. 250 g kalte Buttermilch daruntermixen. In 2 Gläser gießen, mit je 1 Minzezweig garnieren.

Pro Portion: 740 kJ/180 kcal
6 g E · 2 g F · 32 g K

Hauptgericht: Pilzrisotto mit Radicchio

◆ 5 g getrocknete Steinpilze ◆ 6 EL trockener Weißwein ◆ 1 kleine Zwiebel ◆ 1 kleine Knoblauchzehe ◆ 1 1/2 EL Olivenöl ◆ 150 g Risottoreis (Avorio oder Vialone) ◆ 1 TL frische Thymianblättchen ◆ Salz, schwarzer Pfeffer ◆ 1/2 l Gemüsebrühe ◆ 100 g Champignons ◆ 100 g Austernpilze ◆ 25 g durchwachsener Bauchspeck ◆ 100 g Radicchio ◆ 1/2 Bund glatte Petersilie ◆ 30 g frisch geriebener Parmesan

Zubereitungszeit: 40 Minuten
(+ 30 Min. Einweichen)

Pro Portion: 2430 kJ/580 kcal
16 g E · 24 g F · 54 g K

1 Pilze unter fließendem Wasser abbrausen und in dem Wein 30 Min. einweichen.
2 Zwiebel und Knoblauchzehe abziehen, fein würfeln, in 1 EL heißem Olivenöl anbraten. Reis hineinschütten, mit dem Öl vermischen.
3 Pilze abtropfen lassen, Einweichsud auffangen und angießen. Bei mittlerer Hitze unter Rühren verdampfen lassen. Pilze zerkleinern und unter den Reis mischen. Mit Thymian, Salz und Pfeffer würzen. Heiße Brühe nach und nach angießen, den Risotto unter Rühren fertig garen (30 Min.).
4 Champignons und Austernpilze putzen. Champignons in dünne Scheiben, Austernpilze grob schneiden. Speck fein würfeln.
5 Speck im übrigen Öl kroß anbraten. Pilze einrühren, 3 Min. mitbraten, salzen und pfeffern. Unter Risotto heben, zugedeckt 2–3 Min. ziehen lassen.
6 Radicchio putzen, Blätter waschen, trockenschütteln, in feine Streifen schneiden. Petersilie abbrausen, Blätter abzupfen, fein hacken. Mit dem Radicchio unter den Risotto mischen. Käse aufstreuen, sofort servieren.

Dessert: Fruchtsalat mit Walnußkrokant

◆ 100 g grüne Weintrauben ◆ 100 g blaue Weintrauben ◆ 100 g Zwetschgen ◆ 1 kleine Birne (etwa 150 g) ◆ 1/2 säuerlicher Apfel ◆ 1 kleine Orange ◆ 1/4 Zitrone mit unbehandelter Schale ◆ 1 EL Honig ◆ 1 TL Vanillezucker ◆ 3 EL trockener Weißwein ◆ 2 EL saure Sahne
Für den Krokant:
◆ 15 g Walnußkerne ◆ 15 g brauner Zucker

Zubereitungszeit: 1 Stunde
(+ 20 Min. Marinieren)

Pro Portion: 1300 kJ/310 kcal
4 g E · 5 g F · 57 g K

1 Für den Krokant die Walnußkerne fein hacken. In einer Pfanne bei mittlerer Hitze 5 Min. rösten, herausnehmen. Zucker in der Pfanne schmelzen lassen. Walnüsse darin wenden, bis sie vom Karamel überzogen sind. Krokant auf einem Stück Alufolie erkalten lassen.
2 Das Obst waschen und vorbereiten. Die Trauben halbieren und gegebenenfalls entkernen. Zwetschgen halbieren und entsteinen. Birne und Apfel vierteln, entkernen und in dünne Stücke schneiden. Orange samt weißer Haut dick schälen, den abtropfenden Saft auffangen. Orange filetieren.
3 Orangensaft, abgeriebene Schale und Saft der Zitrone, Honig, Vanillezucker und Wein in einem Topf verrühren. Aufkochen und bei starker Hitze 2 Min. einkochen, dann etwas abkühlen lassen. Obst darin wenden und 20 Min. ziehen lassen.
4 Den Obstsalat auf 2 Schälchen verteilen, je 1 EL saure Sahne daraufgeben und mit dem Krokant bestreuen.
Natürlich kann der Fruchtsalat auch als Zwischenmahlzeit genossen werden.

Der sechste Tag

Morgens: Möhren-Frischkäse-Brot

◆ 100 g Möhren ◆ 2 TL Obstessig ◆ Kräutersalz ◆ 1/2 TL Honig ◆ 1 EL Haselnußöl ◆ 100 g körniger Frischkäse ◆ 4 Scheiben Vollkornbrot ◆ 2 TL gehackte Petersilie

Zubereitungszeit: 15 Minuten

Pro Portion: 1400 kJ/330 kcal
15 g E · 8 g F · 40 g K

1 Möhren schälen, putzen und fein raspeln. Mit Obstessig, Kräutersalz, Honig und Haselnußöl vermischen.
2 Die Möhren-Rohkost unter den körnigen Frischkäse heben. Die Masse auf 4 Scheiben Vollkornbrot streichen. Mit 2 TL gehackter Petersilie bestreuen.

Leichte Mahlzeit: Blattsalate mit Linsen

◆ 200 ml Gemüsebrühe ◆ 1 Lorbeerblatt ◆ 1 Thymianzweig ◆ 1 kleine Knoblauchzehe ◆ 50 g grüne Du-Puy-Linsen ◆ 150 g gemischte Blattsalate (Rucola, Löwenzahn, zarte Spinatblätter, Frisée) ◆ 1 Sardellenfilet ◆ 2 EL Rotweinessig ◆ 1/2 TL Dijon-Senf ◆ Salz, schwarzer Pfeffer ◆ 3 EL kaltgepreßtes Olivenöl

Zubereitungszeit: 40 Minuten

Pro Portion: 1530 kJ/360 kcal
15 g E · 20 g F · 27 g K

1 In einem Topf die Brühe mit Lorbeer, Thymian und geschälter Knoblauchzehe zum Kochen bringen. Die Linsen hineingeben und zugedeckt bei schwacher Hitze 25–30 Min. garen.
2 Inzwischen die Salatblätter verlesen, waschen, trockenschütteln und die harten Stengel entfernen. Die Blätter mundgerecht zerpflücken.
3 Für die Vinaigrette das Sardellenfilet abbrausen und fein hacken. In einer Schüssel mit dem Essig, Senf, Salz und Pfeffer verrühren. Das Öl mit dem Schneebesen nach und nach unterschlagen.
4 Die Linsen in einem Sieb abgießen und gut abtropfen lassen, Knoblauch und Kräuter entfernen. Linsen und Blattsalate in der Vinaigrette wenden, auf Tellern anrichten. Dazu frisches Baguette servieren und einen kräftigen Weißwein aus Frankreich.

➤ TIP

Fitneß-Drink: Kräuter-Milch-Cocktail

1 HANDVOLL Kerbel und 1 Bund Petersilie waschen, Blätter abzupfen, mit 6 Basilikumblättern fein hacken. In den Mixer geben. 2 TL Zitronensaft und 300 ml Milch hinzufügen und durchmixen. Mit Salz, Pfeffer und 2 Spritzern Worcestersauce abschmecken. Je 2 Eiswürfel in 2 hohe Gläser geben, Drink aufgießen, mit einem Kräuterzweig garnieren.

Pro Portion: 460 kJ/
110 kcal
6 g E · 5 g F · 9 g K

Hauptgericht: Saltimbocca mit Salsa verde

◆ 4 dünne Kalbsschnitzel (à etwa 60 g) ◆ 4 Scheiben Parmaschinken ◆ 8 Salbeiblätter ◆ 1 EL Butter ◆ Salz, schwarzer Pfeffer

Der Klassiker aus der italienischen Küche schmeckt einfach jedem: Saltimbocca mit Salsa verde.

Für die Salsa verde:
◆ 2 Sardellenfilets ◆ 3/4 altbackenes Brötchen ◆ 2 Bund Petersilie ◆ 1 Knoblauchzehe ◆ 1 EL Kapern ◆ 6 EL Kalbsfond (aus dem Glas) ◆ 2 1/2 EL kaltgepreßtes Olivenöl ◆ 1 TL Rotweinessig ◆ schwarzer Pfeffer

Zubereitungszeit: 25 Minuten

Pro Portion etwa: 3590 kJ/860 kcal
6 g E · 2 g F · 14 g K

1 Für die Kräutersauce die Sardellen abspülen und hacken. Die Brötchen entrinden und reiben. Die Petersilie waschen, die Blättchen abzupfen und fein hacken. Die Knoblauchzehe schälen und durch die Presse drücken.
2 Petersilie, Sardellenfilets, Knoblauch und Kapern in dem Fond pürieren, die Semmelbrösel untermischen, dann nach und nach das Öl daruntermixen.
3 Die Salsa verde nach Geschmack mit Essig und Pfeffer pikant abschmecken und bis zum Servieren abgedeckt in den Kühlschrank stellen.
4 Die Kalbsschnitzel mit dem Handrücken flachstreichen, auf jedes Schnitzel 1 Scheibe Schinken und 2 Salbeiblätter legen und mit 1 Holzspieß feststecken.
5 In einer großen Pfanne die Butter zerlassen, die Schnitzel hineingeben und pro Seite 2–3 Min. braten. Das Fleisch herausnehmen, leicht salzen und pfeffern. Mit Salsa verde servieren. Dazu schmecken als Beilage frisches Weißbrot oder Röstkartoffeln.

Dessert: Birnenspalten in rotem Weingelee

◆ 1 reife Birne (z. B. Williams Christ) ◆ 2 EL Zitronensaft ◆ 2 Blatt weiße Gelatine ◆ 1/8 l Birnensaft ◆ 6 EL Rotwein ◆ 1/4 Zimtstange ◆ 1 Stück unbehandelte Zitronenschale ◆ 3 TL Ahornsirup ◆ 1 EL rotes Johannisbeergelee ◆ 4 EL Joghurt ◆ 1/4 TL Zimt

Zubereitungszeit: 30 Minuten
(+ 2 Std. Gelierzeit)

Pro Portion: 760 kJ/180 kcal
6 g E · 2 g F · 31 g K

1 Die Birne vierteln, schälen, von Blütenansatz und Kerngehäuse befreien. Die Viertel in schmale Spalten schneiden und auf 2 großen Tellern dekorativ arrangieren. Sofort mit dem Zitronensaft beträufeln.
2 Die Gelatine in kaltem Wasser einweichen. Birnensaft, Wein, Zimtstange und Zitronenschale mit 2 TL Ahornsirup und dem Johannisbeergelee unter Rühren bis kurz vor den Siedepunkt erhitzen.
3 Zimtstange und Zitronenschale herausnehmen. Gelatine ausdrücken, unter Rühren im heißen Sud auflösen. Über die Früchte gießen, im Kühlschrank 2 Std. erstarren lassen.
4 Vor dem Servieren Joghurt mit dem übrigen Ahornsirup und Zimt verrühren, je einen Klecks auf das Gelee geben.

Der siebte Tag

Frischkorn-Müsli mit Mango

◆ je 75 g geschroteter Weizen und Hafer ◆ 150 g Joghurt (1,5 % Fett) ◆ 1 kleine Mango ◆ 1 EL Kokosraspel ◆ 2 TL Limettensaft ◆ 2 TL Akazienhonig ◆ 2 EL saure Sahne

Zubereitungszeit: 10 Minuten
(+ Quellzeit über Nacht)

Pro Portion: 1970 kJ/470 kcal
14 g E · 11 g F · 73 g K

1 Schrot und Joghurt verrühren, zugedeckt im Kühlschrank über Nacht quellen lassen. Am nächsten Tag die Mango schälen, Fruchtfleisch vom Stein schneiden, klein würfeln.
2 Kokosraspel in einer Pfanne goldbraun rösten, abkühlen lassen. Die Mango mit dem Limettensaft und dem Akazienhonig unter die eingeweichte Getreidemischung rühren.
3 Auf 2 Schälchen verteilen. Je 1 EL saure Sahne daraufgeben. Mit Kokosraspel bestreuen.

Leichte Mahlzeit: Zuckerschoten-Tortilla

◆ 200 g festkochende Kartoffeln ◆ 2 EL Olivenöl ◆ 120 g Zuckerschoten ◆ 50 g Frühlingszwiebeln ◆ 100 g Shrimps ◆ 2 große Eier ◆ Salz, Pfeffer ◆ 1 EL gehackte Petersilie

Zubereitungszeit: 45 Minuten

Pro Portion: 1550 kJ/370 kcal
21 g E · 20 g F · 21 g K

1 Kartoffeln waschen, schälen, in dünne Scheiben schneiden. In einer beschichteten Pfanne 1 EL Olivenöl erhitzen. Kartoffeln darin unter Wenden bei mittlerer Hitze 10 Min. braten.
2 Inzwischen Zuckerschoten waschen, putzen, schräg halbieren. Frühlingszwiebeln waschen, putzen, in feine Ringe schneiden. Shrimps in einem Sieb abbrausen, gut abtropfen lassen. Eier mit Salz und Pfeffer verquirlen. Die Petersilie unterrühren.
3 Das übrige Öl zu den Kartoffeln in der Pfanne geben und erhitzen, Zuckerschoten und Frühlingszwiebeln hinzufügen. Alles noch 5 Min. bei mittlerer Hitze weiterbraten. Shrimps dazugeben. Die Eiermilch über das Gemüse gießen. Zugedeckt bei schwacher Hitze 10 Min. stocken lassen, bis die Unterseite goldbraun ist.
4 Tortilla auf einen Teller stürzen, wieder in die Pfanne gleiten lassen. Auf der zweiten Seite ebenfalls goldbraun backen. Tortilla in Achtel schneiden, warm oder kalt servieren.

Hauptgericht: Minestrone mit Parmesan-Croûtons

◆ 100 g weiße Bohnen ◆ 100 g kleine weiße Zwiebeln ◆ 2 Knoblauchzehen ◆ 2 EL

> TIP

Fitneß-Drink: Zitronenmolke

5 TL flüssiger Honig, 3 EL Zitronensaft und die abgeriebene Schale von 1/2 unbehandelten Zitrone in den Mixer geben. Nach und nach 400 ml eiskalte Trinkmolke dazugießen. Alles kräftig durchmixen. Drink in 2 Gläser füllen, mit je 1 Zitronenscheibe garnieren.

Pro Portion: 550 kJ/ 130 kcal · 2 g E · 0,5 g F · 29 g K

Die deftige Minestrone liefert reichlich wertvolle Kohlenhydrate, pflanzliches Eiweiß und Fett in Maßen.

Olivenöl ◆ 1 1/4 l Fleischbrühe ◆ Salz, schwarzer Pfeffer ◆ 125 g Möhren ◆ 125 g kleine Zucchini ◆ 1 dünne Stange Lauch ◆ 250 g Wirsing ◆ 75 g grüne Bohnen ◆ 75 g tiefgekühlte Erbsen ◆ 1 Stange Staudensellerie ◆ 250 g Tomaten ◆ 2 Zweige Thymian ◆ 1/2 Bund Petersilie ◆ 1 Lorbeerblatt ◆ 1 Toastbrot ◆ 1 EL frisch geriebener Parmesan ◆ einige Basilikumblätter

Zubereitungszeit: 1 Stunde 45 Minuten
(+ 12 Std. Einweichzeit)

Pro Portion: 2050 kJ/490 kcal
27 g E · 28 g F · 26 g K

1 Bohnen über Nacht einweichen. Am nächsten Tag 1 Zwiebel schälen, fein hacken, 1 Knoblauchzehe schälen, in Scheibchen schneiden. Mit Zwiebel in 1 EL Öl in einem Topf andünsten. Abgetropfte Bohnen zugeben, mit Brühe auffüllen, salzen, pfeffern. Aufkochen, zugedeckt 1 Std. kochen lassen.
2 Gemüse waschen, putzen oder schälen. Möhren, Zucchini und Lauch in Scheiben, Wirsing in breite Streifen, grüne Bohnen in 3 cm breite Stücke schneiden. Erbsen antauen lassen. Sellerie in Scheibchen schneiden.
3 Restliche Zwiebeln schälen, in Ringe, den übrigen Knoblauch in Scheiben schneiden. Tomaten häuten, vierteln, entkernen. Thymian, Petersilie abbrausen, Blätter abzupfen.
4 Zerkleinertes Gemüse nacheinander zu den Bohnen geben, immer kochen lassen. Kräuter und Lorbeer hinzufügen. Wenn alle Zutaten im Topf sind, noch 10 Min. bei mittlerer Hitze kochen lassen. Salzen, pfeffern.
5 Für die Croûtons das Toastbrot mit Parmesan bestreuen und mit übrigem Olivenöl beträufeln. 2–3 Min. unter den vorgeheizten Grill schieben, dann in Würfel schneiden.
6 Suppe mit Salz und Pfeffer abschmecken, mit Basilikum und Croûtons bestreuen.

Dessert: Pfirsich-Dickmilch-Mousse

◆ 250 g Pfirsiche ◆ 1 EL Zitronensaft ◆ 2 EL Honig ◆ 125 g Dickmilch (3,5 %) ◆ 3 Blatt weiße Gelatine ◆ 75 ml heiße Milch ◆ Puderzucker ◆ 1 EL gehackte Pistazien

Zubereitungszeit: 35 Minuten
(+ 3 Std. Gelierzeit)

Pro Portion: 1050 kJ/ 250 kcal
9 g E · 8 g F · 35 g K

1 Pfirsiche kurz in kochendes Wasser legen, häuten, halbieren und entsteinen. Fruchtfleisch zerkleinern, mit Zitronensaft und Honig pürieren. Dickmilch unterrühren.
2 Gelatine in kaltem Wasser einweichen. Ausdrücken, unter Rühren in der heißen Milch auflösen. Diese nach und nach unter das Pfirsichpüree mischen. In eine Schüssel füllen, 3–4 Std. kalt stellen, bis die Masse zu gelieren anfängt. Vor dem Servieren mit einem feuchten EL Nocken abstechen, auf 2 Teller setzen. Mit Puderzucker bestäuben und mit Pistazien bestreuen.

Denken Sie sich *jung!*

Sie wissen, wie Sie sich jung laufen und jung essen können. Nun brauchen Sie nur noch ein paar einfache Techniken, die den Streß entschärfen, Ihren Geist beflügeln und Ihre Wünsche in Erfüllung gehen lassen. Auf den folgenden Seiten erfahren Sie, wie Sie von der Ameise zum Adler werden können.

Kommen Sie mit! Lernen Sie das Geheimnis des Fliegens: Denn Denken – das richtige Denken! – führt Sie zur Kraft des Windes.

Die Kraft der Gedanken

Lernen Sie zu fliegen wie ein Adler – lernen Sie Ihr Leben durch positives Denken mit Leichtigkeit zu meistern.

Nutzen Sie die Kraft des Windes

Ameisen mühen und plagen sich emsig von früh bis spät. Sie schleppen ein Vielfaches ihres Körpergewichts, schaffen Kunstwerke wie ihren Ameisenbau, sie dürfen stolz auf sich sein. Nur eines dürfen Ameisen nicht tun: stehenbleiben. Denn dann könnten sie nach oben blicken und einen Adler sehen. Ein Tier, millionenmal schwerer als sie, pfeilschnell, schwebend. Da könnte so eine Ameise ins Grübeln kommen und neidisch fragen: »Was macht der da oben? Wie macht der das?« Staunen würde sie über die Antwort: Er tut NICHTS! Ameisen strampeln sich ab. Der Adler aber breitet seine Flügel aus und tut NICHTS! Er nutzt die Kraft des Windes. Eine Kraft, die er nicht kapiert, die er nicht studiert. Er ist kein Akademiker. Er ist ein Praktiker!

In der Regel sind wir Ameisen. Unser Weg zum Erfolg führt über Disziplin, Einsatz, Überstunden. Dabei gibt es auch in unserem Leben die Kraft des Windes. Sie läßt Flügel wachsen, führt in eine Welt der Leichtigkeit, eine Welt der Mühelosigkeit, eine Welt, in der man gewinnt, ohne sich anzustrengen. Nur weiß kaum einer diese Kraft zu nutzen.

Unser Unterbewußtsein: ein trüber Teich

Denken? Das praktizieren Sie doch den ganzen Tag, jede Sekunde, sogar nachts. Das ganze Leben ist die Folge Ihrer Gedanken, die Sie im Gehirn produzieren und in Schritte umsetzen, in Worte, in Taten, in Gefühle. Das Problem ist nur: So ganz im Griff haben Sie Ihre Gedankenwelt nicht.
Überzeugen Sie sich selbst: Schließen Sie die Augen und denken Sie jetzt einmal nicht! –

Und? Das konnten Sie nicht. Ihre Gedanken haben Sie im Griff – nicht umgekehrt. So geht es den meisten Menschen in der westlichen Welt. Sie denken, und weil sie denken, haben sie Probleme. Mit dem Boß, mit der Frau oder mit der Figur.
Die Chinesen, die mehr Kalorien aufnehmen als die Amerikaner, sind schlank. Die Amerikaner wissen zwar alles über gesunde Ernährung, sie denken viel darüber nach, sind aber dick. Chinesen setzen sich weder mit Cholesterin noch mit Fettaugen auseinander, es ist für sie schlichtweg uninteressant. Sie denken nicht darüber nach. Information führt also nicht unbedingt zu Lösungen, sondern setzt eher mentale Schranken.

Eine Nadel in einem riesigen Teich
Stellen Sie sich einen Teich vor, und darin steckt eine Nadel. Der Teich ist das trübe Meer Ihrer Gefühle, Erlebnisse, Ihr Wissen, angereichert im Unterbewußtsein. Die Nadel in diesem riesigen Teich ist Ihr Intellekt. Klar, daß das große trübe Meer des Unterbewußtseins über den winzigen Intellekt herrscht. Das können Sie ändern! Sie müssen nur den Weg durch das Nadelöhr finden. Dann beherrscht das Meer nicht mehr Sie, sondern Sie können seine Geheimnisse und Vorteile anzapfen. Der Weg durch das Nadelöhr führt über mentale Techniken.

Mentale Techniken öffnen das Türchen zum Unterbewußtsein

Mentale Techniken greifen an dem Türchen zum Unterbewußtsein ein. Sie helfen, mit dem Meer gespeicherter Erinnerungen umzugehen. Das Beherrschen mentaler Techniken bestimmt, ob Sie sich in 10 Stunden kaputtarbeiten oder 18 Stunden Hochleistung bringen, ohne Schaden zu nehmen. Denn mit den richtigen mentalen Techniken tricksen Sie nicht nur negative Gedanken aus, sondern auch Hormone, Immunsystem und die für unsere Zeit völlig überholten Gene.
Ihr Unterbewußtsein, Ihr Speicher für alles Wesentliche, dirigiert Ihr Bewußtsein und schläft nie. Eine Katastrophe, wenn das Unterbewußtsein über Jahrzehnte hinweg mit negativen Gedanken gefüttert wurde: Diese verwandelt das Gehirn in negative Gefühle.

Mein Tip für Sie

Die Macht der Gefühle

Gefühle wie Wut, Angst, Zorn, Trauer, Neid, Ärger, Verzweiflung entstehen im Gehirn und mindern Ihre Leistungsfähigkeit, lassen Sie vorzeitig altern und machen Sie krank. Aus schönen Gedanken entstehen im Gehirn dagegen positive Gefühle: Fröhlichkeit, Freude, Glück und Zufriedenheit machen Sie jung, unterstützen Ihr Immunsystem und kurbeln Ihre Selbstheilungskräfte an.
Warum das so ist, liegt an dem Zusammenspiel der Gedanken, Hormone und Immunkörper. Wenn Sie sich ärgern, produzieren Sie 1/2 Stunde lang Adrenalin. Das Streßhormon spannt Muskeln an, sorgt für Kraft und Aktivität. Doch zuviel davon verkrampft den Körper, macht fahrig und nervös – und drosselt die Serotoninausschüttung im Gehirn. Die Folge: Sie sind unglücklich, schlafen schlecht, die Abwehrkräfte machen schlapp. Sie ärgern sich über Kleinigkeiten, produzieren noch mehr Adrenalin, können sogar ein Magengeschwür bekommen. Das können Sie mit einem einfachen Trick verhindern: Atmen Sie tief ein! Und dann atmen Sie den Ärger mit einem kräftigen Stoß aus – Sie schicken das Adrenalin in die Wüste!

TEST

Wie stressig ist Ihr Leben?

Kein Streß hieße: keine Herausforderung. Ohne Streß gäbe es keine kreative Leistung, kein Vorankommen, kein Glück. Doch zuviel davon ist Gift für uns.
Mit diesem Test können Sie herausfinden, ob Ihr Streßmaß voll ist. Die beschriebenen Situationen beziehen sich auf die letzten 12 Monate.

➤ **1. Sie haben keine Zeit für sportliche Aktivitäten?**
Ja ❒ Nein ❒

➤ **2. Haben Sie eine Scheidung/Trennung hinter sich?**
Ja ❒ Nein ❒

➤ **3. Hatten Sie kürzlich einen Unfall oder eine ernste Krankheit, eine Operation?**
Ja ❒ Nein ❒

➤ **4. Schlafen Sie schlecht?**
Ja ❒ Nein ❒

➤ **5. Haben Sie häufiger das Gefühl, daß Ihnen alles über den Kopf wächst?**
Ja ❒ Nein ❒

➤ **6. Haben Sie Geldsorgen?**
Ja ❒ Nein ❒

➤ **7. Sitzen Sie häufiger vor dem Fernseher, als mit Freunden etwas zu unternehmen?**
Ja ❒ Nein ❒

➤ **8. Sind Sie verärgert über Nachbarn und/oder Kollegen?**
Ja ❒ Nein ❒

➤ **9. Fühlen Sie sich häufig von Ihren Kollegen und/oder Freunden enttäuscht?**
Ja ❒ Nein ❒

➤ **10. Trösten Sie sich oft mit Süßigkeiten?**
Ja ❒ Nein ❒

➤ **11. Sind Sie häufig eifersüchtig?**
Ja ❒ Nein ❒

➤ **12. Verspüren Sie oft Neid?**
Ja ❒ Nein ❒

Streß ist der Motor für kreative Leistung, doch das Maß ist entscheidend: Zuviel davon macht krank!

➤ **13. Arbeiten Sie mehr als 8 Stunden und leiden darunter?**
Ja ❐ Nein ❐

➤ **14. Streiten Sie sich häufig mit Mitmenschen?**
Ja ❐ Nein ❐

➤ **15. Erheben Sie ab und zu die Stimme gegen Kollegen oder Familienmitglieder ?**
Ja ❐ Nein ❐

➤ **16. Rauchen Sie mehr als 5 Zigaretten pro Tag?**
Ja ❐ Nein ❐

➤ **17. Arbeiten oder wohnen Sie unter starker Lärmbelästigung?**
Ja ❐ Nein ❐

➤ **18. Trinken Sie jeden Tag mehr als ein Glas Alkohol?**
Ja ❐ Nein ❐

➤ **19. Suchen Sie oft nach verlegten Dingen?**
Ja ❐ Nein ❐

➤ **20. Sind Sie mit Ihrem Liebesleben unzufrieden?**
Ja ❐ Nein ❐

➤ **21. Fahren Sie mehr als 10.000 km pro Jahr Auto?**
Ja ❐ Nein ❐

Test-Auswertung

Zählen Sie Ihre Ja-Stimmen zusammen.

0–2 Punkte: Sie führen ein beneidenswert streßfreies Leben.

4–7 Punkte: Etwas Ärger muß noch nicht an der Gesundheit kratzen. Trotzdem: Achten Sie auf sich. Ein Schnupfenvirus hat nun leichteres Spiel. Gönnen Sie sich Ruhe und eine Extraportion Vitamin C. Stellen Sie das Rauchen ein, schalten Sie um auf gesunde Ernährung.

8–15 Punkte: Sie lassen sich schon etwas zu viel stressen. Versuchen Sie gegen jeden Ihrer Stressoren etwas zu tun. Sie sind nun besonders anfällig für Krankheiten und Unfälle. Noch ist es nicht zu spät.

Mehr als 16 Punkte: Das Streßmaß ist voll. Sie riskieren Ihre Gesundheit. Sprechen Sie unbedingt mit Ihrem Arzt – er kann Ihnen auch helfen, die Stressoren in den Griff zu bekommen.

An alle Gestreßten: Die Formel-1-Reflexe, die ich Ihnen auf den folgenden Seiten erläutern werde, können Ihnen eine wertvolle Hilfe sein, um Ihr Leben wieder etwas entspannter zu gestalten.

Lernen Sie Techniken, die es Ihnen ermöglichen, in Streßsituationen richtig zu reagieren und sich wieder zu entspannen.

Der Formel-1-Reflex für den Geist

Sie fahren auf der Autobahn. Und plötzlich schert ein Lastwagen von rechts heraus. Schock. Adrenalin schießt ins Blut. Sie atmen tief ein. Ihr Puls steigt von 80 auf 180. Und bleibt 40 Minuten lang auf 120. Jeder Herzschlag transportiert 70 Milliliter Blut. Mit Herzfrequenz 120 pumpt Ihr Lebensmotor 100 Liter mehr Blut durch den Körper. Er muß also 50 Prozent mehr leisten. Das macht müde – und alt.

Zu viel Einatmen macht krank

Kam der Säbelzahntiger ums Eck, atmete der Höhlenmensch tief ein und rannte weg. Er mußte tief einatmen, damit er schnell genug wegkam. Dieser Reflex steckt noch heute in Ihren Genen: Immer, wenn Sie erschrecken oder unter Druck geraten, atmen Sie tief ein. Wenn Sie dann weglaufen würden, wäre das alles kein Problem. Aber Sie atmen den ganzen Tag über immer ein bißchen mehr ein als aus. Der Körper regelt das, indem er den pH-Wert im Blut anhebt und so den überflüssigen Sauerstoff wegpuffert.

Doch wenn der pH-Wert im Blut ansteigt, fällt der Kalziumspiegel, die Gefäße verengen sich, man nimmt eine Kopfschmerztablette. Kalzium-Mangel greift auch das Nervenkostüm an. Die Nerven werden übererregbar. Man wird nervöser, empfindlicher, immer weniger belastbar. Man macht sich seine Nervosität und seinen Streß atmenderweise also selbst. Schlafstörungen, innere Unruhe, Migräne, Herzstiche, Magenkrämpfe, Muskelverspannungen sind die Folge.

Der Kalziumspiegel steigt beim Ausatmen

Formel-1-Rennfahrer würden schneller altern als fahren, wenn sie den Ausatem-Reflex nicht kennen und ständig benutzen würden. Haben Sie keine Angst vor dem tiefen Ausatmen. Sie können 60 Sekunden am Stück ausatmen – ohne auch nur den geringsten Schaden zu nehmen. Innerhalb dieser 1 Minute steigt der Kalziumspiegel meßbar wieder an.

Mein Tip für Sie

Einfach nur ausatmen!

MIT STRESSSYMPTOMEN sitzen 80 Prozent der Deutschen im Wartezimmer beim Arzt – und nehmen meistens Tabletten, statt einfach nur kräftig auszuatmen. Denn dann produziert der Körper eine dicke Portion Kalzium, das schnelle Streßsalz, und polstert so auf einfache Art sein Nervenkostüm.

Die 5-Minuten-Übung I: Lernen Sie, bewußt auszuatmen

Zuerst müssen Sie Ihren Geist dazu bringen, eine neue Atemtechnik anzuwenden. In der Regel atmen Sie 16mal pro Minute. Das reduzieren Sie nun 5 Minuten lang auf 4mal pro Minute.

Mit der 5-Minuten Übung I lernen Sie, entspannt auszuatmen. Setzen Sie sich dafür ruhig und locker hin.

So wird's gemacht

♦ Setzen Sie sich dafür ruhig und ganz locker auf einen Stuhl, nehmen Sie die Arme auf den Schoß oder auf die Lehnen, legen Sie eine Uhr neben sich.

♦ Nun atmen Sie tief ein und ganz lange und tief aus. Nehmen Sie sich 15 Sekunden Zeit dafür. Dann wieder: einatmen und lange ausatmen. Einatmen und lange ausatmen. Einatmen und lange ausatmen.

Was passiert?

Ihr Kalziumspiegel steigt an. In nur 5 Minuten werden Sie zum Buddha – unangreifbar, ruhig, entspannt. Diese Entspannungsübung sollten Sie immer dann anwenden, wenn Sie etwas Stressiges vor sich haben. Wenn Sie Herr einer Situation sein wollen und wenn andere sich noch aufregen.

Die 5-Minuten-Übung II: Fühlen Sie Ihren Atemrhythmus

So wird's gemacht

♦ Nehmen Sie sich 5 Minuten Zeit und legen Sie sich gemütlich auf den Rücken, die Arme liegen neben dem Körper, die Beine sind gestreckt. Versuchen Sie nicht, Ihre Atmung mit Gedanken zu beeinflussen, sondern schlüpfen Sie in Ihren Körper und fühlen Sie passiv Ihren Atemrhythmus.

♦ Beobachten Sie innerlich, wie Sie gleichmäßig und ruhig ein- und ausatmen. Konzentrieren Sie sich auf die Bewegung Ihres Bauches. Wenn Sie Ihren Atemrhythmus passiv erleben, entspannen Sie 100prozentig.

Was passiert?

Ohne daß Sie über Ihre Atmung nachdenken, reduzieren sich die Atemzüge von 11 pro Minute auf 7 – oder weniger. Dies hilft übrigens Asthma-Patienten, einen Anfall zu vermeiden.

Lernen Sie mit der 5-Minuten-Übung II, Ihren Atemrhythmus zu erfühlen.

Der Ausatem-Reflex für ein streßfreies Leben

Nun brauchen Sie nur noch einen Reflex: den Ausatem-Reflex für jede erdenkliche Streßsituation. Also immer, wenn ein Stressor auftritt und Sie als Reaktion auf ihn nicht einatmen, sondern automatisch ausatmen, dann haben Sie einen Reflex. Einen Reflex entwickeln Sie, wenn Sie etwas 4 Wochen lang täglich zur gleichen Zeit tun.

Überlegen Sie erst, was Sie am häufigsten streßt. Ein bekannter Adrenalinbote ist das Telefon. Es schrillt, man atmet tief ein, denkt: »Himmel! Wer will schon wieder was von mir?« Ist das Telefon auch Ihr Nervenkiller, dann schreiben Sie auf die Rückseite einer Visitenkarte »Ausatmen« und stellen diese ans Telefon. Klingelt es künftig, sehen Sie zum Hörer, lesen das Kärtchen, atmen tief aus – bis zu 60 Sekunden lang. Noch während Sie Ihren Namen nennen, atmen Sie aus ... Der Kalziumspiegel steigt, Sie werden ruhig und entspannt.

Wenn Sie das 4 Wochen lang gemacht haben, atmen Sie immer automatisch aus, wenn ein Telefon klingelt. Das Telefon kann so oft schrillen, wie es will – bei Ihnen kommt kein Streß mehr auf.

Übrigens: Daß Sie wirklich über einen neuen Reflex verfügen, merken Sie, wenn in einem Spielfilm im Fernseher das Telefon klingelt und Sie auf der Couch sitzend tief ausatmen.

Wenn es sein muß: Stellen Sie sich 10 Kärtchen oder mehr auf

Spüren Sie Ihre persönlichen Hauptstressoren auf – egal, ob Frühstückspartner, Herd, Nachbarin, Sekretärin, Chef oder Straßenverkehr. Befestigen Sie das Kärtchen am Rückspiegel, am Eierbecher, an der Haustüre, überall, wo einer Ihrer individuellen Stressoren auftauchen könnte. Sie lassen sich künftig nicht mehr stressen.

➤ TEST

Sind Sie urlaubsreif?

Das Verhältnis von Pulsschlägen und Atmung zeigt, wie stark Sie durch Streß belastet sind. Normalerweise atmet man 12- bis 16mal in der Minute.

Ein aufgeregter Mensch kann einen Ruhepuls von bis zu 120 Schlägen haben. Atmet er 12mal in der Minute, entspricht das einem Verhältnis 10 : 1. Also 10 Pulsschläge auf einen Atemzug. Bei einem phlegmatischen, ruhigen Menschen mit einem tiefen Ruhepuls von 32 und 16 Atemzügen pro Minute kann das Verhältnis auf 2 : 1 absinken. Das sind Extremwerte. Wichtig: Nach einer Belastung reagiert der Mensch wieder normal.

◆ **Der Test:** Machen Sie 30 Kniebeugen, dann entspannen Sie sich 30 Sekunden. Messen Sie dann Ihren Puls und zählen Sie die Atemzüge. Nach dieser kleinen Pause sollte sich Ihr Wert auf 4 : 1 eingependelt haben, 4 Pulsschläge auf einen Atemzug – also zum Beispiel auf einen Ruhepuls von 60 und 15 Atemzüge pro Minute.

◆ **Das Ergebnis:** Wenn Sie diesen Wert nicht erreichen, dann sind Sie urlaubsreif und sollten sich auch wirklich in absehbarer Zeit eine Auszeit gönnen.

Schenken Sie Ihren Muskeln einfach mal wieder Entspannung: Lassen Sie die Schultern fallen!

Der Formel-1-Reflex für den Körper

Milchsäure ist der stärkste Müdemacher, den wir kennen. Sie produzieren ihn sitzend am Schreibtisch oder im Auto. Denn Sie spannen überflüssigerweise und ständig Ihre Muskeln an, vor allem die Muskulatur im Schulter- und Nackenbereich. Sie lassen also Ihren Muskel den ganzen Tag arbeiten – obwohl Sie nur am Schreibtisch sitzen. Sie spüren davon nichts. Sogar eine Anspannung von 50 Prozent merkt man kaum, obwohl sie die Blutgefäße zu 100 Prozent abdrückt. Die Muskeln bekommen keinen Sauerstoff mehr. Milchsäure (Laktat) steigt an, der Muskel wird sauer und hart – und Sie werden müde. Denn die Milchsäure tröpfelt kontinuierlich ins Blut, um 16 Uhr sind Sie körperlich bettreif. Wieder liegt hier ein Reflex zugrunde: Spürte der Steinzeitmensch den Berglöwen im Nacken, zog er den Kopf ein. Heute ist es der Druck, der uns unbewußt die Schultern hochziehen läßt. Den ganzen Tag. Ohne Pause. Der Masseur muß es dann wieder richten. Gönnen Sie Ihren Muskeln doch lieber täglich völlig entspannte Momente. Das macht Sie fit für den ganzen Tag.

Relax-Übung: Schultern fallen lassen

Wetten: Sie sitzen auch völlig verspannt da. Dagegen gibt es einen unglaublich einfachen, aber wirkungsvollen Trick aus der Physiotherapie. Probieren Sie es gleich mal aus:

So wird's gemacht

- Lassen Sie einfach die Schultern fallen. Und klick, klick, klick ... jeder Muskel des Körpers entspannt sich, bis zum großen Zeh hinunter.
- Stimmt's? Indem Sie bewußt Ihre Nacken- und Schultermuskeln locker lassen, tanken Sie 100prozentige Entspannung. Fühlen Sie, wie Erleichterung durch Ihren Körper strömt? Dann schaffen Sie sich einen Reflex fürs Leben.

Der Entspannungsreflex

Sie wissen ja mittlerweile, wie man sich einen Reflex bastelt: Man tut etwas 4 Wochen lang, immer wieder, zur gleichen Zeit oder in der gleichen Situation.
Sicher können Sie nicht die Schultern fallen lassen, wenn Ihr Chef ins Zimmer tritt oder die Sekretärin. Das macht keinen guten Eindruck. Lassen Sie die Schultern doch einfach

Wer lächelt, wird als sympathischer eingeschätzt, hat mehr Erfolg – und stimmt sich selbst fröhlicher.

fallen, wenn Sie den Raum verlassen haben oder wenn Sie am Computer sitzend arbeiten: Dann könnten Sie immer die Schultern fallen lassen, wenn Sie mit der Maus auf »Speichern« gehen. Lassen Sie die Schultern fallen, wenn Sie im Auto sitzen und die Ampel auf Rot steht. Auch wenn das Telefon klingelt, können Sie gleichzeitig zum Ausatmen die Schultern fallen lassen.
Schreiben Sie »AUSATMEN UND SCHULTERN FALLEN LASSEN« hinten auf ein Visitenkärtchen und kleben Sie dieses ans Telefon. Nach 4 Wochen haben Sie es geschafft: Beides ist zum Reflex geworden.

Nutzen Sie beide Reflexe: Sperren Sie Ihr Adrenalin ein

Streß und Ärger spülen Adrenalin ins Blut. Das Streßhormon, wie Sie wissen, schlägt Kerben in die Adern, ist verantwortlich für Herzinfarkt oder Schlaganfall.

Die genannten Reflexe geben Ihnen eine Methode an die Hand, in jeder Streßsituation das Adrenalin in Ihrer Nebenniere zu halten.

Streß macht Ihnen nichts mehr aus
Wenn Ihr Chef brüllt, reagieren Sie mit Ihrem Reflex: »Ausatmen und Schultern fallen lassen«. Sie bekommen einen Brief vom Finanzamt: »Ausatmen und Schultern fallen lassen«. Sie haben vor einem Vortrag Lampenfieber: »Ausatmen und Schultern fallen lassen«. Sie kippen die Milch aus: »Ausatmen und Schultern fallen lassen«. Ein Mensch, über den Sie sich ärgern, will mit Ihnen diskutieren, über Dinge, die Sie ärgern: »Ausatmen, Schultern fallen lassen«. Und: »lächeln«.

➤ INFO

Was uns am meisten streßt

61 PROZENT der Deutschen fühlen sich im Beruf chronisch überfordert; 50 Prozent nervt die Hetze von Termin zu Termin; 30 Prozent reibt der Spagat zwischen Beruf und Familie auf; 20 Prozent leiden unter Ärger mit dem Chef; 16 Prozent klagen über Streß im Straßenverkehr; 13 Prozent leiden unter Krisen in der Partnerschaft; 7 Prozent sind gestreßt, weil es mit dem Sex nicht klappt.

Lächelnd gewinnen

»Wenn du nicht lächeln kannst, eröffne kein Geschäft« – so lautet ein altes chinesisches Sprichwort. Chinesen lächeln immer freundlich. Ein Spiegel unter der Ladentheke erinnert sie daran, wenn der Kunde eintritt. In China gibt es sogar Lächelschulen, in denen das richtige Lächeln gelehrt wird.

Mein Tip für Sie

Lächeln macht Sie sympathischer!

EMOTIONSFORSCHER raten: Strahlen Sie morgens schon in den Spiegel, dann kommen Sie fröhlicher durch den Tag. Üben Sie ruhig ein paarmal vor dem Spiegel – Sie können auch ein echtes Lächeln lernen. Lächeln Sie, wann immer Sie können, auch wenn man Sie nicht sieht. Wer am Telefon lächelt, trimmt seine Stimme freundlicher und gewinnt an Sympathie.

Ein Lächeln entschärft Konflikte, verhindert Aggressionen, weckt Vertrauen, zieht Sympathie an, vermittelt soziale Kompetenz.
Wer lächelt, siegt. Lächeln ist universell, wird überall auf der Welt verstanden. Denn das Wissen um die friedenstiftende Wirkung steckt in den Genen.
Erstaunlich ist das Ur-Motiv, aus dem wir freundlich Zähne zeigen: Der wahre Auslöser für Lächeln ist Angst. Man lächelt, um andere zu beschwichtigen. Es hat sich evolutionär aus dem Wunsch, zuzubeißen, entwickelt. Die Erfahrung lehrte dann: Ein bißchen Zähnezeigen reicht schon aus.

Nicht jedes Lächeln gewinnt

Einen lächelnden Mund erkennen wir wie keine andere Mimik schon aus 50 Metern Entfernung. Obwohl ein Lächeln ansteckend ist – jedes zweite wird erwidert –, kann es auch Unbehagen auslösen.

Emotionsforscher deckten in Studien auf: Während Amerikaner ein permanentes Pepsodent-Lächeln durchaus positiv einschätzen, empfinden es Mitteleuropäer als künstlich, angespannt und unangenehm. Mitteleuropäer lächeln eher sparsam und gezielt. Zuviel des Guten bewirkt hier das Gegenteil: Wer zu häufig lächelt, gilt als unterwürfig und ohne den Besitz allzu großer Durchsetzungskraft.

Woran erkennen Sie ein echtes Lächeln?
Ein unechtes Lächeln löst beim Betrachter Unbehagen aus. Die meisten Menschen spüren intuitiv, ob ein Lächeln echt ist. Denn nur das ehrlich gefühlte Lächeln drückt Freude aus, Glück, Stolz oder Zufriedenheit. Es huscht schnell über die Lippen und bezieht die Augen mit ein – sie leuchten, und man sieht Krähenfüßchen. Das unechte Lächeln kommt träger, bleibt auf den Lippen kleben, erreicht die Augen nicht. Das liegt daran, daß das Bewußtsein mehr Zeit braucht als das Unterbewußtsein. Es dauert eben länger, bis das Gehirn dem Wangenmuskel sagt: »Bewege dich!«

Lächeln macht glücklich
Denken Sie an etwas Fröhliches und lassen Sie es über Ihre Mundwinkel bis zu den Augen hochsteigen. Sie werden spüren: Ein Lächeln belohnt den ganzen Körper. Die Wangenmuskeln senden ihre Botschaft direkt ins Zwischenhirn und lösen dort ein Wohlgefühl aus. Wer lächelt, fühlt sich besser. Nur echt muß es schon sein. Denn ein Lächeln ohne Gefühle mag andere schon mal täuschen – die eigene Seele nie.

Schauen Sie jeden Morgen in den Spiegel, und lächeln Sie: Denn – wer lächelt, siegt!

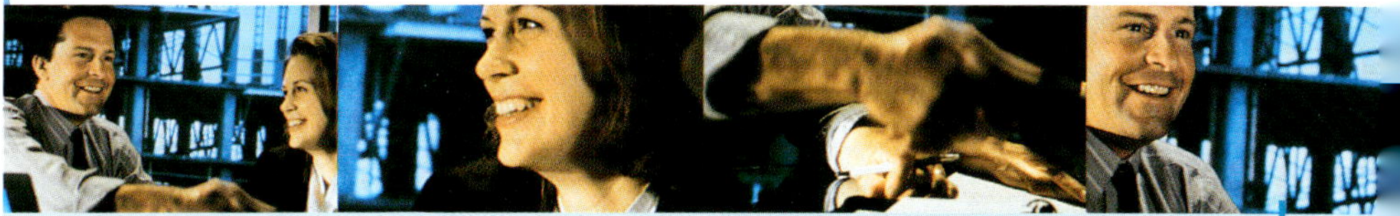

Die leichteste Methode der Meditation

Unbesiegbar macht das Geheimnis maximaler geistiger Anspannung – und Entspannung: Die Kraft, nur einen Gedanken zu denken. Das Denken im Tun verschmelzen zu lassen. Doch dazu sind nur wenige Menschen fähig. Künftig werden Sie dazugehören.

Werfen Sie Ihren Ballast ab

Ihr Geist führt ständig Selbstgespräche. Mit einer Geschwindigkeit von 600 Wörtern pro Minute plappern Sie unaufhörlich mit sich selbst. Besonders abends, wenn Sie ins Bett gehen, rollt der Gedankenmüll über Sie hinweg. Statt sich wohlig in die Kissen zu schmiegen und sich auf die entspannendsten Stunden des Tages, die süßesten Träume zu freuen, denken Sie Müll. Alle Aufregungen und Widrigkeiten des Tages stürmen auf Sie ein: die unerledigte Arbeit, der unfreundliche Nachbar, der Stau, der Streß. Sie arbeiten Probleme nicht etwa ab, sondern die Gedankenmühle macht die schrecklichen Sachen nur noch schrecklicher. Fehler werden addiert und wuchern als häßlicher Gedankenkrebs zu monumentalen Selbstvorwürfen, die den Nachtschlaf stören.

Einziger Trost: Ihnen geht es nicht alleine so. Bei 97 Prozent Ihrer Mitmenschen rattert im Kopf beim Einschlafen die destruktive Mühle genauso. Man kennt sie auf der ganzen Welt. »Awfulizing« nennen es die Amerikaner, die Inder sagen dazu schlicht und treffend »Affengeschnatter«.

Der Weg aus dem Gedankenmüll

Sie können diesen inneren Dialog stoppen. Denn man kann gleichzeitig nur einen Gedanken denken. Bleibt nur die Frage: Welchen? Das Bild von einer blühenden Wiese oder einer strahlenden Sonne schläfert Sie nämlich nicht ein. Ein Gedanke bleibt höchstens 12 Sekunden, dann drängt sich ein anderer dazwischen: Die Sonne mutiert zum Gesicht des Kollegen, der Sie geärgert hat. Die Wiese zum Blätterberg auf dem Schreibtisch. Das uralte Volksschlafmittel »Schäfchenzählen« beruht auf dem gleichen Prinzip: Weiße, wollige Schäfchen verdrängen negativen Gedankenmüll.
Doch besonders effektiv ist auch die Schäfchenzählerei nicht. Sie sollten sich besser auf etwas Positives konzentrieren, einen Gedanken, der Sie aufheitert. Konzentrieren Sie sich auf ein Stück persönliches Glück – ein schönes Gefühl. Nur das hat die Kraft, negative Gedanken zu vertreiben. Lernen Sie die Technik des Reflex-Tiefschlafes, um sich von Ihrem Gedankenmüll zu befreien.

Der Reflex für den Geist: Tiefschlaf

Sie wissen, wie Sie den Körper entspannen: Ausatmen und Schultern fallen lassen – und nun ist der Geist dran. Ihr Geist entspannt sich nämlich viel zu selten. Nur dann, wenn Sie 8 Stunden schlafen und dabei drei- bis viermal für allerhöchstens 1/2 Stunde in den Tiefschlaf sinken. Dann ist Ihr Geist 100prozentig entspannt.

➤ TIP

Nehmen Sie Haltung ein

DIE KÖRPERLICHE Haltung ist wichtig für jede Entspannungsübung. Nicht immer können Sie sich hinlegen. Aber auch im Sitzen funktioniert's. Nehmen Sie die Kutscherhaltung ein:

◆ **Rücken** Sie mit dem Gesäß auf die vorderen zwei Drittel des Stuhls.

◆ **Grätschen** Sie die Knie leicht, die Füße haben mit der ganzen Sohle Erdhaftung.

◆ **Stützen** Sie Ihre Unterarme auf den Oberschenkeln auf, die Hände hängen locker zwischen den Knien.

◆ **Wichtig** ist, daß Ihr Rücken gerade, Ihr Bauch etwas herausgestreckt ist. Drücken Sie die Wirbelsäule ein Stückchen nach vorne: Das gibt der Lunge Raum.

◆ **Der Kopf** ist leicht gesenkt. Schließen Sie die Augen. Mit geschlossenen Augen läßt es sich doppelt so gut konzentrieren.

◆ **Schalten** Sie anfangs jegliche Störquelle aus. Schicken Sie Frau/Mann und Kinder ins Kino. Stellen Sie Telefon und Klingel ab. Dämpfen Sie das Licht.

Unser Geist entspannt sich in Tiefschlafphasen. Lernen Sie auch tagsüber für kurze Zeit in Tiefschlaf zu fallen.

Tiefschlaf können Sie auch tagsüber herbeiholen. Sie können sich mit einer mentalen Technik in nur wenigen Minuten 100-prozentig entspannen und 1000prozentig regenerieren. Alt-Bundeskanzler Helmut Schmidt verfügte zum Beispiel über solch eine Technik. Im Auto, auf dem Weg zum nächsten Termin, nutzte er die Ruhepause, um in einen Tiefschlaf zu verfallen und ohne Probleme nach kurzer Zeit wieder aufzuwachen. Er tankte in wenigen Minuten so viel Energie wie in 4 Stunden Schlaf.
Das können auch Sie! Nutzen Sie jede verfügbare Minute, um sich geistig voll zu entspannen. Verfallen Sie einfach kurze Zeit in Lethargie, um wieder dort anzukommen, wo Sie morgens begonnen haben – obwohl es bereits Nachmittag ist. Mit der Technik des »Daneben-Denkens« fallen Sie in einen Reflex-Tiefschlaf. Eine hilfreiche Methode für alle, die tagsüber stark gefordert sind und nachts oft nicht genügend Ruhe finden.

Sprechen Sie mit Ihrem Gehirn

Denken Sie nur einen Gedanken. Sprechen Sie das Zentrum im Gehirn an, das Sie in den Tiefschlaf holt. Dieses Zentrum gibt es wirklich, es reagiert auf Wiederholung.
Also nehmen Sie sich 1 Minute Zeit, setzen Sie sich in der Kutscherhaltung hin, schließen Sie die Augen und wiederholen Sie im Geist zum Beispiel das Wort »Unsinn«.
»Unsinn, Unsinn, Unsinn ...«
Haben Sie es versucht? Sie haben bestimmt nach ein paar Sekunden an alles mögliche gedacht, an einen Clown, an einen Unsinn, den Sie kürzlich begangen haben.
Diese Übung kann so nicht funktionieren. Denn jedes bekannte Wort, das Sie Ihrem Geist anbieten, stellt ihm eine Aufgabe. Er bewertet, sucht einen Sinn, erforscht Zusammenhänge, interpretiert Erlebnisse – er ist gefordert. Das soll Ihr Geist ja nicht sein, er soll entspannen.

Probieren Sie es mit einem Kunstwort

Also müssen Sie Ihrem Geist Unsinn präsentieren. Im Sinne dieses Wortes. Etwas, das er nicht kennt. Ein Kunstwort. Jeder sinnvolle Satz, jedes bedeutungsvolle Wort läßt die Gedanken wieder abschweifen, schon nach 3 Sekunden.
Schaffen Sie sich ein rundes, kurzes, leicht zu denkendes Kunstwort. Streichen Sie aus einem beliebigen Wort die harten Buchstaben heraus. Nehmen Sie zum Beispiel »Triathlon«. Ohne t und r wird es zu »iahlon«. Dann ersetzen Sie das hl durch den weichen Buchstaben m. Und schon haben Sie ein schönes Kunstwort, das Ihr Gehirn nicht kennt: »iamon«. Nun wiederholen Sie dieses Wort im Geist, bis es die Augen sehen und die Ohren hören. Diese Methode der Entspannung führt direkt in den Reflex-Tiefschlaf, in den Alpha-Zustand, mit seinen verlangsamten Gehirnströmen – dorthin, wo Sie Ihren Körper nicht mehr spüren.

Die Sensation des fehlenden Körpergefühls

Es dauert anfangs etwas länger, bis Sie zum Ziel kommen. Aber je häufiger Sie diese Übung machen, desto schneller und intensiver erreichen Sie den Zustand des Tiefschlafs. Woher wissen Sie, daß Sie angekommen sind? Ganz einfach: Sie fliegen. Sie kennen das von Ihrer Kindheit her. Nur haben Sie sich damals keine Gedanken darüber gemacht. Jetzt nehmen Sie dieses unbeschreibliche Gefühl bewußt wahr. Ihr Körper ist völlig entspannt. Er gibt Ihnen keine Rückmeldung mehr. Kein Muskel zwickt, kein Knochen ist spürbar. Sie fühlen keinen Schmerz und existieren nur im Kopf. Der Körper fehlt. Sie fliegen. Und das Schönste daran: Wenn Sie diesen Zustand einmal erreicht haben, passiert das gleiche wie beim Laufen. Sie werden süchtig.
Beides – Laufen und absolute Entspannung – lockt nicht nur Glücksgefühle. Es macht Sie zum glücklichen Menschen!

Mein Tip für Sie

Entspannung in Minuten: Der Reflex-Tiefschlaf

◆ **Setzen** Sie sich in der Kutscherhaltung hin, schließen Sie die Augen.
◆ **Entspannen** Sie den ganzen Körper, indem Sie sich in Ihren Atemrhythmus einfühlen. Schlüpfen Sie mit den Gedanken in sich hinein. Fühlen Sie Ihren Atem durch den ganzen Körper streichen, in die Arme, in die Hände, in die Fingerspitzen, durch den Bauch in die Beine, in die Füße, und werden Sie langsam ganz ruhig und entspannt.
◆ **Nun denken** Sie »iamon, iamon, iamon ...«, bis das Wort sich in Ihrem Körper ausbreitet, Ihre Ohren es hören, Ihre Augen es sehen, Sie es deutlich spüren.
◆ **Anfangs** werden Sie sich dabei dumm vorkommen. Geräusche lenken Sie ab. Ihre Gedanken purzeln dazwischen. Machen Sie aber einfach weiter. Denken Sie »iamon, iamon, iamon ...« Irgendwann kommen Sie ans Ziel. Sie schlafen tief und fest, können maximal entspannen und sind anschließend schnell wieder wach.

➤ INFO

Was Sie mit Ihrem neuen Reflex gewinnen

20 MINUTEN des Reflex-Tiefschlafes ersetzen im Notfall 2 Stunden Schlaf.
◆ **Wann beherrschen Sie die Technik?**
Anfangs dauert es 12 bis 14 Minuten, bis der Reflex-Tiefschlaf kommt. Wenn Sie jeden Tag üben, beherrschen Sie nach 6 Wochen die Technik. Dann verkürzt sich die Eintrittszeit auf wenige Sekunden. Nun haben Sie ein Rezept zur Hand, mit dem Sie tagsüber immer, wenn Sie es brauchen, maximale Entspannung tanken können. Sie können Ihren neu erworbenen Reflex dann jederzeit und überall einsetzen.
◆ **Wann sollten Sie üben?**
Täglich. Am besten abends vor dem Einschlafen – statt zu grübeln. Dann haben Sie gleich ein Schlafmittel ohne Nebenwirkungen. Sie fragen sich jetzt vielleicht, warum Sie abends nicht hellwach werden? Ganz einfach: Weil Sie dann vom Alpha-Zustand des Gehirns in den Delta-Zustand fallen – in den Tiefschlaf. Das passiert tagsüber nicht.

Streichen Sie das Wörtchen »Nein« aus Ihrem Wortschatz. Und füllen Sie Ihr Unterbewußtsein mit Fröhlichkeit. Sie brauchen nur eine Alltagswaffe gegen Sorgen.

Der Weg ins Unterbewußtsein

Schließen Sie für 10 Sekunden die Augen und denken Sie jetzt einmal nicht an einen Bären. Und? Sie sehen – Ihr Unterbewußtsein läßt das nicht zu. Sie denken nämlich genau dann an einen Bären, wenn Sie es nicht tun sollten. Und wie an einen Bären denken Sie an alle Widrigkeiten, die das Leben mit sich bringt, wenn Sie gerade eigentlich nicht dran denken sollen. Zum Beispiel, wenn Sie einschlafen wollen, wenn Sie sich auf Ihren Gesprächspartner konzentrieren müssen, wenn Sie einen Vortrag halten. Immer schleichen sich Bären ein.
Diesen Weg nutzt die Werbung. Sie plaziert ihre Botschaften in Ihrem Unterbewußtsein in Form von schönen Bildern und markanten Sprüchen – eben angenehmen Gefühlen. Und Sie verankern in Ihrem Unterbewußtsein künftig Fröhlichkeiten statt Werbesprüchen.

Der Weg vom Glückskind zum Pessimisten – und retour

Sie kommen auf die Welt und lächeln. Sie waren einmal ein positiver Denker, weltoffen, zufrieden. Alles stand Ihnen offen: Sie waren eine Prinzessin, ein Indianer, ein Feuerwehrmann, ein Astronaut, ein Clown. Freude sprudelte in Ihnen. Und wenn einmal etwas weh tat, lenkte Mami Sie tröstend davon ab. 15 Sekunden später war das Unglück vergessen. Was hat Ihnen nur die kindliche Gabe zum unbeschwerten Glücklichsein genommen?

Jeder Gedanke wird archiviert – das ganze Leben lang
Sie können kein Erlebnis, keinen Gedanken verdrängen, bis er nicht mehr existiert. Sie

speichern alles. Mit zunehmender Schuhgröße werden die positiven, reinen Gedanken im großen Teich »Unterbewußtsein« immer weniger. Ärger, Ängste und Ströme negativer Gedanken füllen ihn auf.
Und irgendwann ist der kristallklare Kinder-Teich ein trüber Erwachsenen-Tümpel. Man denkt trüb – und Pessimisten ziehen das Unglück an.
Sie wollen kein Pessimist sein und endlich wieder positiv denken? Dann müssen Sie den Strom negativer Gedanken in Ihr Unterbewußtsein stoppen. Nehmen Sie Eimer, Schaufel und Lappen in die Hand. Und räumen Sie in der Rumpelkammer der negativen Gedanken und Gefühle einmal kräftig auf. Dann werden Sie wieder zum fröhlichen Menschen, voll Freude am Leben.

Jedes »Nein« macht ein Stückchen mehr unglücklich

»Nein!« ist der negativste aller Gedanken – und der häufigste. Ein US-Forscherteam zeichnete per Video 4 Stunden Alltagsleben zwischen einer Hausfrau und ihrem zweijährigen Sohn auf. Danach werteten sie das Video aus: Die Mutter hatte in diesen 4 Stunden 6mal »Ja« und 47mal »Nein« zu ihrem Kind gesagt. Ein Tag der Verbote.

Streichen Sie »Nein!« aus Ihrem Wortschatz

Antworten Sie mit »Ja« – oder einer Frage. Beispiel: Ein Freund fragt Sie: »Hast du heute abend für mich Zeit?« Sagen Sie nicht: Nein. Sagen Sie: »Schade, ich habe etwas vor, aber vielleicht nächste Woche.«
Ihr Chef oder ein Kunde will, daß Sie heute eine Aufgabe erfüllen, für die Sie keine Zeit haben. Sagen Sie nicht: »Nein!« Sagen Sie: »Ja, ich erledige das gerne für Sie. Übermorgen habe ich Zeit dafür.« Oder stellen Sie Fragen: »Brauchen Sie das wirklich heute? Wäre es nicht sinnvoller, wenn XY das erledigt, damit Sie es ordentlich und schnell bekommen – mein Terminkalender platzt?«
Sie merken schon: Im Grunde brauchen Sie das negative Wörtchen nicht. Sie werden viele Menschen glücklicher machen, unter anderem sich selbst, wenn Sie in Zukunft darauf verzichten.

Wie Sie den Tümpel reinigen

Ein tiefschwarzer Tümpel voller Schlamm, Gerümpel und Abfall. Nichts kann in ihm leben. So sieht das Unterbewußtsein eines Pessimisten aus. Auf dem Tümpel schwimmt eine blühende Seerose: das Bewußtsein.
In der Psychotherapie zieht man einen vergammelten Schuh aus dem Tümpel, setzt sich mit dem Schuh auseinander, fühlt, daß er einem unangenehm ist, und wirft ihn zurück in den Tümpel. Das ist der Grund, warum Psychotherapie zwar nachdenklich, aber selten glücklich macht.
Es gibt aber auch eine andere Methode: Leiten Sie einen Bach mit kristallklarem Wasser in den Tümpel. Mit der Zeit wird er sauber, bald rein, schließlich kristallklar. Und Sie können darin Seerosen züchten. Füllen Sie Ihren Tümpel mit fröhlichen Gedanken auf. Freilich, das, was Sie zeit Ihres Lebens auf Ihrer Festplatte gespeichert haben, kann nicht mehr gelöscht werden. Sie können Ihre Vergangenheit nicht rückgängig machen. Aber wenn Sie anfangen, glückliche Momente, positive Gedanken zu sammeln, und immer mehr davon in Ihr Unterbewußtsein schicken, dann wird bald ein kristallklarer Gebirgsbach den trüben Tümpel reinigen. Solche Gebirgsbäche werden übrigens zuhauf teuer verkauft – in Form von fragwürdigen Texten zur Selbsthypnose oder Suggestion: »Die unermeßliche Lebenskraft Ihrer Mitte, die Sie wie ein Schirm umfließt. Sie sind geborgen, gestärkt aus der Quelle Ihres Lebens, das Dunkle hält sich von Ihnen fern,

Sie sind sicher und stark, Liebe durchströmt Ihren Körper.« Man kann sich schwer vorstellen, daß sich auch nur ein Mensch damit glücklich fühlt.

Ich schenke Ihnen einen Gebirgsbach

Herrlich einfach und effektiv hilft Ihnen dagegen der folgende Vers, das Unterbewußtsein zu putzen: »Ich bin froh und heiter, Glück ist mein Begleiter.«
Wetten, daß dieses kindliche, naive, aber äußerst wirkungsvolle Sätzlein bald auch Ihre Mundwinkel anhebt? Sie lächeln – und zwar von innen heraus.
Nun, schmunzeln Sie? Dann haben Sie schon gewonnen. Ein tieferer Sinn ist diesem trivialen Vers nämlich nicht zu entnehmen. Doch Sie haben soeben einen positiven Moment erlebt – und ihn in Ihr Unterbewußtsein gepflanzt. Ein erster Tropfen Kristallwasser im Tümpel. Dieser banale Vers wirkt garantiert immer. Sie werden stets innerlich über diesen Blödsinn lachen können.

Fröhliche, positive Gedanken wirken auf Ihr Unterbewußtsein wie ein kristallklarer Gebirgsbach in einem trüben Teich.

Alltagswaffe gegen Sorgen

Und schon wieder haben Sie eine kleine Waffe für den Alltag. Benützen Sie diese kleine, fröhliche verbale Waffe »Ich bin froh und heiter« immer dann, wenn Sorgen, Wut, Ärger, Neid oder andere negative Gefühle aufkeimen. Statt mit weiteren negativen Gedanken Schlamm in Ihren Tümpel zu schicken, ziehen Sie die Bremse. Denken Sie: »Ich bin froh ...«, und Sie werden jedesmal erkennen: Der Vers gewinnt, denn positive Gedanken sind stärker als negative.
Benutzen Sie diese kleine Alltagswaffe auch, wenn Ihnen überhaupt nicht zum Lächeln zumute ist, vielleicht dann, wenn Sie mit einem schwierigen Geschäftspartner reden. Sie werden sehen: Ihre Mundwinkel schweben, und nichts ist so ansteckend wie ein Lächeln. Es öffnet Türen.

So werden Wünsche wahr

Nun sind Sie dort angelangt, wo Sie Träume in Erfüllung gehen lassen können. Schicken Sie einen Wunsch ins Unterbewußtsein – und er wird Wirklichkeit.

Was ist Visualisation?

Jeden Gedanken, jede Information, jedes Bild setzt unser Gehirn in eine körperliche Reaktion um: Sie zittern vor Angst beim Anblick einer Schlange. Ein spannender Film hinterläßt einen Schweißfilm auf Ihren Händen. Ein schmutziger Witz treibt Ihnen die Schamröte ins Gesicht. Ein böser Brief

Mein Tip für Sie

Verwandeln Sie den Vers in ein persönliches Bild

UNSER Unterbewußtsein erkennt keine Begriffe wie »Glück« oder »Zufriedenheit«. Es arbeitet mit Bildern – und den Gefühlen, die beim inneren Betrachten dieser Bilder entstehen. Wenn Sie heute abend ins Bett kriechen, legen Sie sich entspannt hin und denken Sie den Satz: »Ich bin froh und heiter, Glück ist mein Begleiter.« Es wird ein Bild auftauchen, ein persönliches Bild, das Sie glücklich macht. Dieses Bild nimmt Ihr Unterbewußtsein auf. Und dieses Bild wird Sie auch am nächsten Tag mit Fröhlichkeit überfluten, immer dann, wenn Sie den kleinen Vers vor sich hin sagen.

läßt Sie vor Wut kochen: Der Blutdruck steigt, das Herz rast. Beim Anblick eines geliebten Menschen bekommen Sie weiche Knie, oder es schwirren Schmetterlinge im Bauch: Die Hormone tanzen.
Die Tatsache, daß der Körper auf Gedanken und Bilder reagiert, macht sich die Technik der Visualisation zunutze. Visualisieren ist ein inneres Schauen. Man versucht, Bilder positiv auszuschöpfen, um körperliche Reaktionen auszulösen. Mit Visualisation bekommen Sie Ängste in den Griff, stärken Ihr Selbstbewußtsein, trainieren Ihren Willen und füllen Ihr Unterbewußtsein mit Fröhlichkeit auf.

Für Visualisation gibt es viele Namen
Manche nennen es Tagträume, wenn die Gedanken vom grauen Alltag in eine schöne Welt abschweifen. Eine Welt der Wünsche. Man spürt die zarten Hände eines geliebten Menschen, fühlt sich wonnig-wohl, träumt vom zukünftigen Glück. Andere nennen es Imagination. Ein Architekt sieht einen Bauplatz, und im Geist entsteht der Bungalow. Er hört den Haushund bellen, sieht das Weinlaub, das sich an der Fassade entlangrankt, und fühlt den glatten Rasen unter den Füßen. Diese Imagination ist ein Teil seiner Kreativität. Sie läßt ihn die Entwürfe zeichnen. Die Imaginationsfähigkeit ist wichtiger als Wissen, hat schon Albert Einstein gesagt. Visualisation, Tagträumen, Imagination meinen das gleiche: Man investiert die Kraft innerer Bilder in Gesundheit, Selbstbewußtsein und Zufriedenheit. Jeder Mensch ist in der Lage, in seinem Inneren schöne Bilder zu erzeugen.

Was passiert dabei im Gehirn?

Unsere linke Gehirnhälfte ist für die Logik zuständig, für den analytischen Verstand, für Rechenaufgaben, für das Lernen einer Sprache. Dort sammeln sich Fakten, Zahlen, Details.
Die rechte Gehirnhälfte steht dagegen für Kreativität. Dort entstehen Bilder, Gefühle, ganzheitliche Problemlösungen, Gedichte und neue Ideen. Idealerweise arbeiten beide Gehirnhälften zusammen: Dann können komplexe Zusammenhänge besser erfaßt und ganzheitliche Lösungen gefunden werden. Das tun die beiden Hirnhälften in der Regel selten – und bei Männern noch seltener. Denn sie haben im Vergleich zu Frauen ein dünneres Informationskabel, das die beiden Gehirnhälften verbindet. Bei Frauen ist der sogenannte Balken, die Nervenstränge zwischen kreativem und logischem Gehirn, größer.
Visualisation hilft dabei, die rechte Gehirnhälfte mit der linken zu verknüpfen und andere Gehirnregionen zur Mitarbeit zu animieren. Nur anfangs bereitet es manchem etwas Mühe, in Bildern zu denken. Die beiden folgenden Übungen helfen Ihnen dabei, die Technik der Visualisation zu erlernen.

Übung I: Sehen Sie einen Gegenstand

Stellen Sie sich einen einfachen Gegenstand vor, zum Beispiel einen schönen, glatten Stein. Versuchen Sie, seine Form, seine Farbtöne vor Ihrem geistigen Auge zu sehen, nehmen Sie ihn im Geist von einer Hand in die andere und fühlen Sie sein angenehmes Material. Anfangs haben Sie vielleicht Schwierigkeiten, sich Gegenstände und Gefühle, die nicht real sind, stark vorzustellen. Geben Sie aber nicht auf. Das Bild vor Ihrem geistigen Auge wird immer klarer. Trainieren Sie Ihren inneren Blick 5 Minuten. Wenn Sie Ihr Bild verinnerlicht haben, machen Sie bei der folgenden Übung weiter.

Trainieren Sie Ihre Vorstellungskraft – dann können Sie jeden Tag am Meer spazierengehen, egal, wo Sie sind.

Übung II: Versehen Sie ein Bild mit Gefühlen

Nun holen Sie sich ein komplexeres Bild aus der Erinnerung: einen Tag am Meer. Lassen Sie Ihre Gedanken jedes Detail entlangspazieren. Sie spüren die Sonne auf der Haut, fühlen, wie der Sand die Fußsohlen massiert, schmecken das Salz auf den Lippen, hören die Möwen schreien und riechen den Tang.

Wenn Sie das 5 Minuten machen, entspannt Sie der Gedanken-Spaziergang genauso, als ob Sie wirklich am Meer entlangschlendern würden.

Das gewinnen Sie durch Visualisation

Geben Sie nicht auf, wenn es nicht auf Anhieb klappt. Sie wissen ja: Übung macht den Meister. Wenn Sie regelmäßig üben, anfangs am besten jeden Tag 30 Minuten, dann sehen Sie die Bilder in Kürze plastisch und scharf und fühlen genau, wie sie Ihren Körper positiv beeinflussen. Später reichen Ihnen zweimal 30 Minuten in der Woche.

Visualisation stärkt Ihr Immunsystem und bringt Ihren Hormonhaushalt in Balance, vertreibt Ängste. Das ist viel. Aber die Technik der Visualisation kann noch mehr. Sie kann Ihr Selbstbewußtsein stärken, Sie fröhlich stimmen und Ihnen Ihre Wünsche erfüllen. Wenn Sie die Technik des Reflex-Tiefschlafes mit einbeziehen.

Welche Wünsche haben Sie?

Sie wollen schlank werden oder bei Ihrem Chef ein höheres Gehalt durchsetzen? Sie wollen Erfolg haben, Glück spüren oder reich sein? Dann sagen Sie es Ihrem Unterbewußtsein. Es wird dafür sorgen, daß Sie Ihre Ziele erreichen, Ihre Wünsche in Erfüllung gehen. Der Reflex-Tiefschlaf öffnet Ihnen das Tor zum Unterbewußtsein. Der Körper ist maximal entspannt, der Geist hochkonzentriert. Und dann haben Sie die Chance, Ihrem Unterbewußtsein Botschaften zu schicken, die Träume wahr werden lassen.

Was Ihr Unterbewußtsein nicht glaubt

Freilich nimmt Ihr Unterbewußtsein nicht alles an, was Sie ihm anbieten. Zum Beispiel: Sie möchten sich wieder jugendlicher und frischer fühlen. Sie denken »Ich bin jung«. Prompt meldet sich die Bandscheibe mit einem Zwicken. Oder Sie träumen davon, einmal reich zu sein, und bieten Ihrem Unterbewußtsein den Satz »Ich bin reich«. Tief in Ihrem Innersten wissen Sie aber, daß Sie mit 1.500 Euro netto und den Miesen auf dem Bankkonto eher arm sind. Oder Sie wollen abnehmen und denken: »Ich bin dünn«. Prompt schickt Ihr Unterbewußtsein das hoch, was es morgens auf der Waage gesehen hat. Ihr Innerstes akzeptiert keine Lügen und keine leeren Begriffe. Es will Bilder, es will Gefühle.

Mein Tip für Sie

Lernen Sie zu visualisieren

- **Suchen** Sie sich einen ruhigen Platz, einen Ort, an dem Sie sich richtig wohl fühlen.
- **Schalten** Sie alle Störquellen aus: Lärm, grelles Licht, Telefon ...
- **Setzen** Sie sich in der Kutscherhaltung wie auf Seite 175 beschrieben auf einen Stuhl.
- **Schließen** Sie die Augen und entspannen Sie sich mit der Atemtechnik.
- **Richten** Sie den inneren Blick nach vorne, schräg nach oben – das erleichtert Ihnen, bildlich zu denken.

Vorsicht Falle: programmiertes Unglück

Zweimal täglich erlebt jeder Mensch den Alpha-Zustand. Beim Aufwachen und beim Einschlafen. Das Türchen zum Unterbewußtsein steht im Alpha-Zustand sperrangelweit offen. Ihr Unterbewußtsein sieht Ihre Gedankenbilder und sagt: »Das hättest du gerne? Das kannst du haben. Jederzeit. Ich bin nur für dich da.« Und was tun Sie beim Einschlafen? Sie beschäftigen sich mit Dingen, von denen Sie wünschen, daß sie nicht eintreten: Sie beschäftigen sich nicht nur mit Situationen des Versagens des vergangenen Tages. Sie grübeln auch über die möglichen Pannen in der Zukunft: »Den Haufen Arbeit morgen, den schaffe ich nie.« »Jeder findet mich häßlich mit meiner neuen Frisur.« Oder: »Alle um mich herum sind erkältet, ich darf nicht krank werden.« Sie schicken Ihrem Unterbewußtsein also genau das, an was es glaubt. Bilder und Gefühle – aber negative. Die Pannen werden eintreten: Die Arbeit wird mehr. Die Frisur wird ausgelacht. Der Schnupfenvirus ist stärker. Und nur, weil Ihr Unterbewußtsein Sie negativ an alles herantreten läßt.

Überzeugen Sie Ihr Unterbewußtsein, für Sie zu arbeiten

Sie müssen gedanklich von dem beseelt sein, was Sie in dem tiefen See Ihrer Gefühle und Erinnerungen versenken wollen. Schicken Sie Ihrem Unterbewußtsein Bilder, die Sie sich ausdenken, in Ihrem Geist malen und mit positiven Gefühlen anreichern.
Beispiel: Ein Skispringer stellt sich den

Stellen Sie sich Ihre Wünsche bildlich vor, damit Ihr Unterbewußtsein versteht und akzeptiert, was Sie wollen.

genauen Ablauf seines Sprunges vor, bevor er zum Flug ansetzt. Er produziert gedanklich die nächsten, lebenswichtigen Sekunden und setzt dann exakt das, was er sich vorgestellt hat, in die Tat um. Ein Abfahrtsläufer steht 3 Minuten vor dem Start mit geschlossenen Augen auf den Skistock gelehnt und wedelt mit dem Po. Er fährt in geistigen Bildern um die Torstangen, zieht Kurven, springt, sieht sich durch das Ziel schießen. Er lebt die Abfahrt vorweg, damit er die Zukunft manipulieren kann.

Gestalten Sie mit Visualisation Ihre Zukunft selbst

Sie nehmen Einfluß auf Ihre Zukunft, wenn Sie Erlebnisse, die Sie erleben wollen, in ein Bild verwandeln, das Ihr Unterbewußtsein versteht, aufnimmt und als einen Wunschtraum akzeptiert, der in Erfüllung gehen muß. Helmut Kohl hat mit 16 Jahren schon gesagt: »Ich will Bundeskanzler werden!« Er sah sich mit 16 schon als Kanzler an einem Schreibtisch sitzen, fühlte den Kitzel der Macht. Und darum steuerte ihn sein Unterbewußtsein Schritt für Schritt, bis er am Ziel saß. Oder nehmen Sie den 15jährigen Nachbarsjungen, der immer von dem roten Porsche spricht, den er mit 18 Jahren fahren will. Er visualisiert: Er riecht die Ledersitze, spürt, wie der Wind das Haar zerzaust, fühlt den Stolz, wenn die Mädchen ihm zuwinken. Er wird mit dem Porsche vorfahren, sobald er seinen Führerschein hat. Warum? Sein Unterbewußtsein hat das Bild aufgenommen, wie er Porsche fährt, wie ihn das glücklich macht.

➤ TIP

Die Kraft des Glaubens & Wünschens

IM LEBEN geschieht selten das, was Sie wollen, sondern das, woran Sie unerschütterlich glauben. Warten Sie nicht ein Leben lang, bis Ihr Erfahrungsschatz Sie zu einem selbstbewußten Menschen macht. Schenken Sie Ihrem Unterbewußtsein die Vision eines selbstbewußten Menschen. Schenken Sie ihm auch andere Porträts von sich, als lebendiger, gesunder, fröhlicher, erfolgreicher Mensch. Und glauben Sie an diese Visionen. Künftig wird sich in Ihrem Leben einiges ändern. Diese Visionen werden Sie verändern – Ihre Körpersprache, ja sogar Ihr Immunsystem. Eine positive Lebenseinstellung stärkt meßbar die Aktivität der Abwehrkräfte. Und weil Sie sich wandeln, wandelt sich auch Ihre Umgebung. Ihr Arbeitsplatz, Ihre Freunde, Ihre Kollegen, alles verändert sich, Sie sehen alles in einem anderen Licht.

Vom Wunsch zur Wirklichkeit

Setzen Sie sich hin und schreiben Sie auf, was Sie sich wünschen. Sie müssen nicht bescheiden sein – diese Wünsche erfüllen Sie sich ja selbst. Dann nehmen Sie jeden Wunsch und erzeugen Sie in sich eine Vision. Sehen Sie sich in einem neuen Auto oder in einem Kleid, das Größe 38 hat, wenn Sie abnehmen wollen. Sehen Sie sich in Gehaltsverhandlungen mit dem Chef, sehen Sie sich Ihren Vertrag als Buchautor unterschreiben, wenn das ein starker Wunsch ist. Sehen Sie sich als ersten durchs Ziel laufen, wenn Sie einen Marathon gewinnen wollen. Erträumen und erleben Sie sich in Ihrem Wunsch, fühlen Sie ihn, malen Sie aus Ihrem Wunsch ein Bild und verwandeln Sie das Bild in ein Gefühl. So überzeugen Sie schließlich auch Ihr Unterbewußtsein: Es läßt Sie fortan so handeln, daß dieser Wunsch in Erfüllung geht.

Nutzen Sie die Kraft des Windes

Das, was Sie sich im Alpha-Zustand bildhaft vorstellen, geht in Erfüllung: Sehen Sie sich mit Ihrem Füller einen wichtigen Vertrag unterschreiben oder in Ihr neues Traumauto einsteigen. Sehen Sie sich als ersten ins Ziel laufen. Sehen Sie sich schlank in ein traumhaftes kleines Schwarzes schlüpfen.
Erleben Sie bildlich wichtige Situationen vorweg, und fühlen Sie intensiv, wie gut es Ihnen dabei geht. Sie sind in der Rolle des Siegers. Gehen Sie ruhig weit in die Zukunft. Sehen Sie sich mit 90 fit und rüstig, fröhlich, geistig agil Ihre Schnürsenkel noch selbst zubinden. Künftig wird Ihr Unterbewußtsein Sie in diese Richtung lenken.
Jedes Bild, das Sie im Alpha-Zustand durch das geöffnete Türchen ins Unterbewußtsein hineinschubsen, wird im Alltag zu der Kraft, die Sie schließlich zum Adler macht.

➤ TEST

Sind Sie ein Optimist?

♦ **Das Glas Wein ist ...**
A) halbvoll?
B) halbleer?

♦ **Abends schlummern Sie ein mit ...**
A) glücklichen Gedanken?
B) den Sorgen von morgen?

♦ **Vor Ihnen liegt ...**
B) ein Termin, vor dem Sie sich fürchten?
A) ein Termin, der Sie herausfordert?

♦ **Sie lesen ...**
B) hauptsächlich die Tageszeitung?
A) auch Romane, Gedichte, Comics?

♦ **Sie sitzen ...**
B) mehr vor dem TV?
A) mehr mit Freunden zusammen?

♦ **Ihr Beruf ...**
A) füllt Sie aus?
B) überfordert Sie?

♦ **Eine schwarze Katze kreuzt Ihren Weg, Sie denken ...**
B) »Mist, das gibt wieder ein Unglück.«
A) »Was für ein Glück, sie kam von rechts.«

♦ **Sie schlafen ...**
A) wie ein Murmeltier?
B) ziemlich schlecht?

♦ **Sie fühlen sich in letzter Zeit häufiger ...**
B) bedroht und ängstlich?
A) motiviert, Neues anzupacken?

♦ **Sie reagieren auf Widrigkeiten häufig ...**
A) gelassen?
B) unangemessen heftig?

Auswertung
Zählen Sie Ihre B-Antworten zusammen. Wenn Sie mehr als einmal B angekreuzt haben, sollten Sie versuchen, mit Hilfe der Methoden in diesem Kapitel Ihre Einstellung zu ändern. Ihre Antwort ist immer A? Sie sind ein Optimist!

Adressen, die weiterhelfen

Anleitung zum Gehirntraining bekommen Sie im Buchhandel oder bei der

♦ ***Gesellschaft für Gehirntraining e. V.***
Postfach 14 20, 85560 Ebersberg

♦ ***Der Deutsche Leichtathletikverband***
vermittelt Joggingpartner. Bundesweit gibt es 2.600 Lauftreffs: Tel.: 0 61 51/77 08 52

♦ ***aid infodienst, Verbraucherschutz + Ernährung + Landwirtschaft e.V.***
Friedrich-Ebert-Straße 3, 53177 Bonn

> **TIP**
>
> ### *Suchen Sie weitere Informationen zu ...*
>
> ♦ ... Eiweißpräparaten, Nahrungsergänzungsmitteln oder
>
> ♦ ... Seminaren und Workshops mit Dr. Strunz? Dann sehen Sie bitte im **Internet** nach unter **www.strunz.com**
>
> ♦ ... Blutanalysen, Laktattests, Leistungsparametern? Dann senden Sie ein **Fax** mit Ihrer Adresse an die Nummer **09171/843521**

Bücher, die weiterhelfen

♦ Benecke, Mark: **Der Traum vom ewigen Leben.** Kindler

♦ Bös, Klaus: **Fitness testen und trainieren.** Copress

♦ Carper, Jean: **Nahrung ist die beste Medizin.** Ullstein

♦ Covert, Bailey: **The ultimate fit or fat.** Houghton Mifflin Company, Boston

♦ Csikszentmihalyi, Mihaly: **Flow: Das Geheimnis des Glücks.** Klett-Cotta

♦ Fixx, John F.: **Das komplette Buch vom Laufen.** Fischer

♦ Grillparzer, Marion: **Fatburner. So einfach schmilzt das Fett weg.** Gräfe und Unzer

♦ Grillparzer, Marion: **Die magische Kohlsuppe.** Gräfe und Unzer

♦ Huber, Prof. Dr. Johannes: **Länger leben, später altern.** Verlag Wilhelm Maudrich

♦ Kasper, Heinrich: **Ernährungsmedizin und Diätetik.** Urban & Schwarzenberg

♦ Langen, Prof. Dr. Dietrich: **Autogenes Training.** Gräfe und Unzer

♦ Mühlbauer, Winni: **So einfach ist Laufen.** Rowohlt

♦ Müller-Wohlfahrt, Dr. H. W./ Kübler, Dr. U.: **Mensch, beweg dich!** Zabert Sandmann

♦ Niestroj, Irmgard/Pflugbeil, Karl J.: **Immun durch positives Denken.** Herbig

♦ Ornish, Dean: **Revolution in der Herztherapie.** Kreuz Verlag

♦ Pfister, Gertrud (Hg.): **Fit und gesund mit Sport.** Orlanda Frauenverlag

♦ Rüdiger, Margit: **Power-Walking.** Gräfe und Unzer

♦ Seiwert, Lothar: **Das Bumerang-Prinzip: Mehr Zeit fürs Glück.** Gräfe und Unzer

♦ Seiwert, Lothar J.: **Wenn Du es eilig hast, gehe langsam** (Zeitmanagement). Campus

♦ Silva, Jose/Miele, Philip: **Silva Mind Control.** Heyne

♦ Simonton, O. C.: **Auf dem Wege der Besserung.** Rowohlt

Register

Die 12 besten TIPS

DAS VERLÄNGERT IHR LEBEN

➤ 1. ALTE ELTERN

Wenn Sie eine Reihe uralter Vorfahren haben, kommen Sie mit hoher Wahrscheinlichkeit selbst in den Genuß vieler Jahre.

➤ 2. LUST AUF BEWEGUNG

Wenn Sie körperlich aktiv sind, leben Sie länger als ein träger Sesselhocker. Wichtig aber ist, daß Sie sich dabei keinen Streß machen. Hochleistungssportler werden selten zu Langlebigkeits-Champions! Und sportliche Aktivitäten, die nur der Gesundheit zuliebe lustlos durchgeführt werden, schenken auch keine längere Lebenszeit. Gemäßigte Aktivität senkt die Sterblichkeit im Vergleich zu Sesselhocken um 44 Prozent. Anleitungen finden Sie ab Seite 53.

➤ 3. EINE PORTION NEUGIERDE

Forschergeister leben länger. Deshalb mein Anti-Aging-Tip: Seien Sie offen für morgen, trauern Sie nicht dem Gestern nach, lesen Sie viel und fragen Sie. Auch im Alter kann das Gehirn noch trainiert werden. Mehr darüber lesen Sie ab Seite 162.

➤ 4. VIEL, VIEL OPTIMISMUS

Das läßt Ihre Glückshormone tanzen – gute Laune killt Streßhormone. Pessimismus hingegen fördert den Umsatz des Bestattungsinstituts. Alt wird, wer positiv denken kann, innerlich lächelt, unbeschwert fröhlich ist. Mein Tip: Wenn Sie sich auch über die kleinen Dinge freuen, färbt sich Ihr Unterbewußtsein positiv. Wie das geht, lesen Sie ab Seite 178.

➤ 5. VIEL SEX

Mehrere Studien zeigen, daß es wohl einen Zusammenhang zwischen jugendlichem Aussehen und häufigem Geschlechtsverkehr gibt. Übrigens: Wenn Sie täglich laufen, haben Sie auch mehr Lust. Zusätzlich können Sie mit Vitalstoffen die Aktivitäten unter der Bettdecke steuern. Wie, lesen Sie ab Seite 128.

➤ 6. INNERE RUHE

Warum werden Schildkröten 300 Jahre alt? Weil sie die Ruhe weghaben – beim Essen, Bewegen, Fortpflanzen. Mit leichten Mental-Techniken können Sie so ruhig wie ein Buddha werden.

Die Art, wie Sie leben, trägt erheblich dazu bei, daß Sie alt werden und dabei gesund und fit bleiben.

➤ 7. FdH: Fett – die Hälfte

Die wirkungsvollste Art, das Leben zu verlängern, ist, Kalorien zu reduzieren. Am effektivsten und gesündesten ist es, wenn Sie Fett einsparen. Denn es liefert pro Gramm nicht nur die meisten Kalorien im Vergleich zu Eiweiß und Kohlenhydraten, es ist auch der Nährstoff, der in erster Linie für überschüssige Pfunde verantwortlich ist, außerdem noch die Gefäße verstopft, die Kommunikationswege im Gehirn verklebt. Fett ist der Stoff, der Sie schnell altern und krank werden läßt. Wie Sie weniger Fett täglich aufnehmen können, dabei helfen Ihnen die Forever-young-Ernährungstips auf den Seiten 96 und 97.

➤ 8. Freundschaften

Wenn Sie sich Ihr Leben lang auf ein Netz stabiler Beziehungen verlassen können, haben Sie gute Voraussetzungen, länger zu leben. Denn gute Freundschaften tragen erheblich dazu bei, daß Sie im Alter fröhlicher, geistig fitter und körperlich besser drauf sind. Lächelnd gewinnen Sie Freunde – die Anleitung dazu lesen Sie ab Seite 172.

➤ 9. Erfolg

Wenn Sie persönlich Ihr Sein als erfolgreich definieren und empfinden, egal ob als Hausfrau oder Firmenboß, ist das ein weiterer Pluspunkt fürs Altwerden. Denn: Wer Erfolg im Leben hat, kann steinalt werden und vor allem dabei gesund bleiben. Typisch für Hochbetagte ist, daß sie viel und hart gearbeitet haben, ihre Arbeit aber gern taten. Zu viel Ehrgeiz allerdings knabbert einige Jahre weg. Erfolgsrezepte finden Sie ab Seite 121.

➤ 10. Vitalstoffe

Ein Apfel pro Tag ist nicht genug. Sie brauchen fünf Portionen Obst und Gemüse täglich, und dazu noch eine Extraportion Vitalstoffe vom Apotheker. Mehr darüber lesen Sie ab Seite 105.

➤ 11. Schlaf

Jugend tankt man unter der Bettdecke. Schlafforscher fanden heraus: Die höchste Lebenserwartung haben diejenigen, die sich 7 bis 8 Stunden Schlaf in jeder Nacht gönnen. Sowohl weniger als auch mehr Schlaf reduziert die Lebensdauer. Welche Schlummermittel Ihnen am besten helfen, können Sie unter anderem auf Seite 59 lesen.

➤ 12. Selbstdisziplin

Das heißt nicht, daß Sie sich kasteien müssen. Sie sollten lediglich ein bißchen Regelmäßigkeit in Ihr Leben bringen. Es ist beispielsweise besser, täglich Obst und Gemüse zu essen, als mit schlechtem Gewissen einmal pro Woche ohne Lust und Genuß einen Rohkosttag einzuschieben. Und es ist auch besser, täglich 30 Minuten zu laufen, als sich alle 14 Tage stundenlang an Kraftmaschinen zu verausgaben. Es sind also keine Extreme in Ihrem Leben gefragt, sondern eher eine ausgewogene Regelmäßigkeit, die nichts mit stupider Routine zu tun hat. Wie Sie richtig Lust aufs tägliche Laufen kriegen, steht ab Seite 52.

*Der Forever-young-*TEST

WIE FIT SIND SIE?

Beantworten Sie die folgenden 19 Fragen, zählen Sie die Bewertungspunkte zusammen und lesen Sie am Ende Ihr persönliches Ergebnis.

➤ 1. Treiben Sie Sport?

- Ja, mehr als 2 Stunden täglich (1)
- Nein (0)
- Ja, 2 bis 4 Stunden in der Woche (2)

➤ 2. Den größten Teil Ihrer Freizeit verbringen Sie ...?

- Sportlich (2)
- Vor dem Fernseher oder Computer (0)
- mit Freunden in der Kneipe (1)

➤ 3. Gehen Sie jeden Tag mindestens einmal an die frische Luft?

- Ab und zu am Wochenende (1)
- Ich gehe jeden Tag 30 Minuten joggen oder spazieren (2)
- Ich bin ein Stubenhocker (0)

➤ 4. Wo leben Sie?

- Auf dem Land (2)
- In einer Großstadt (0)
- In einer Kleinstadt (1)

➤ 5. Der Ober fragt: Gemüse? Sie sagen ...

- Nein danke! Das mag ich nicht (0)
- Nein danke, hatte ich gestern schon (1)
- Ja bitte, ich brauche täglich 1 Pfund (2)

➤ 6. Wie halten Sie es mit dem Kochen?

- Ich koche gerne selbst, am allerliebsten Frisches (2)
- Die Tiefkühltruhe liefert Fertigprodukte, die Mikrowelle taut's auf (1)
- Keine Zeit. Ich gehe in die Kantine und ins Restaurant (0)

➤ 7. Haben Sie gestern Obst gegessen?

- Ja, schon zum Frühstück (2)
- Obst? Ich weiß es nicht mehr (1)
- Nein, gestern nicht (0)

➤ 8. Sie kaufen Ihr Obst und Gemüse immer ...

- Frisch auf dem Gemüsemarkt (2)
- Einmal pro Woche, oft im Supermarkt (1)
- Nie (0)

➤ 9. An Ihren Salat kommt ...

- Nur Fertigsauce (1)
- Eine Vinaigrette aus kaltgepreßtem Weizenkeim- oder Olivenöl (2)
- Ich esse keinen Salat (0)

➤ 10. Geben Sie Vollkorn den Vortritt bei Brot, Reis und Nudeln?

- Niemals (0)
- Manchmal (1)
- Meistens (2)

➤ 11. Wie oft essen Sie Fleisch?

- Zweimal in der Woche (2)
- Täglich (0)
- Ich esse gar kein Fleisch (1)

➤ 12. Wie oft essen Sie Fisch?

- Mindestens zweimal in der Woche (2)
- Ungefähr zwei- bis viermal im Monat (1)
- Äußerst selten (0)

➤ 13. Wie häufig machen Sie Diät?

- Ständig, ich bin zu dick (0)
- Nach kalorienreichen Feiertagen (1)
- Nie, ich habe keine Figurprobleme (2)

➤ 14. Wieviel rauchen Sie?

- Mehr als 10 Zigaretten täglich (0)
- Weniger als fünf Zigaretten täglich (1)
- Gar nicht (2)

Eine vitalstoffreiche Ernährung ist eine gute Basis für ein langes, gesundes Leben.

15. Wie oft liegen Sie in der Sonne?

- Nicht so oft, nie mittags und nur gut eingecremt, so daß ich keinen Sonnenbrand bekomme (2)
- So häufig es geht und so lange wie möglich. Ich hatte schon einige Sonnenbrände (0)
- Ab und zu. Und manchmal fang' ich mir einen Sonnenbrand ein (1)

16. Wieviel Alkohol trinken Sie?

- Mehr als 2 Gläser Wein oder Bier pro Tag (0)
- Ab und zu 1 Gläschen (2)
- Überhaupt keinen Alkohol (1)

17. Wieviel arbeiten Sie?

- Mehr als 10 Stunden am Tag (0)
- 8 Stunden – keine Sekunde mehr (1)
- Mal 8, mal 10 Stunden, je nachdem, ob es gerade Spaß macht (2)

18. Fühlen Sie sich häufig gestreßt?

- Ja, mein Tag müßte mindestens 48 Stunden haben (0)
- Manchmal wächst mir alles über den Kopf (1)
- Nein, stressen lass' ich mich nicht (2)

19. Wie bewertet Ihr Arzt Ihren Cholesterinspiegel?

- Er sagt, der ist in Ordnung (2)
- Ich kenne meinen Cholesterinspiegel gar nicht (1)
- Er sagt immer, ich sollte etwas aufpassen (0)

Ihr Ergebnis

- **Mehr als 34 Punkte:** Gratulation. Sie haben die besten Voraussetzungen dafür, steinalt zu werden, denn Sie tun eine Menge für sich. Ihr Vitaminkonto steht im Plus. Sie haben sich einen regelrechten Vitalstoffpanzer angelegt. Überprüfen Sie das regelmäßig mit einem Bluttest bei Ihrem Arzt (siehe ab Seite 24), dann bleibt es auch dabei. Auch wenn Sie in der Stadt leben sollten oder im Job etwas gestreßt sind, dürfte sich das nicht negativ auf Ihre Gesundheit auswirken. Falls Sie zur Spezies der Bewegungsmuffel gehören, sollten Sie es mit Ultralight-Laufen probieren, wie ab Seite 78 beschrieben.
- **20 bis 33 Punkte:** Nun, ganz unlieb ist Ihnen Ihr Körper nicht. Nur leider geben Sie ihm nicht die Ausstattung mit, die er braucht, damit Sie sich auch mit 90 noch so richtig wohl fühlen können: Ihr Verhältnis schützende Vitalstoffe zu schädigenden Umwelteinflüssen ist nicht optimal. Essen Sie täglich frisches Gemüse und Obst, weniger Fleisch und zweimal in der Woche Fisch. Lassen Sie vom Arzt Ihre Blutwerte messen (siehe ab Seite 24). Füllen Sie Ihre Tanks, die leer sind, schnell auf. Gehen Sie öfter raus an die frische Luft, laufen Sie dem Streß davon (siehe ab Seite 52).
- **0 bis 19 Punkte:** Ihr Körper ist eine Giftmülldeponie. Ihre mageren Vitalstoffvorräte können den Giften, die von außen auf Sie einstürmen, nichts entgegensetzen. Streß, UV-Strahlen, Umweltgifte rauben Ihnen Ihre Leistungskraft, nagen an Ihrer Gesundheit. Sie sollten dringend etwas für sich tun. Lassen Sie vom Arzt Ihre Blutwerte messen (siehe ab Seite 24) und füllen Sie Ihre leeren Vitalstoffdepots auf. Achten Sie auf gesundes Essen. Stellen Sie das Rauchen ein, reduzieren Sie Ihren Alkoholkonsum und bewegen Sie sich mehr. Lernen Sie sich zu entspannen!

Ihr Lauftagebuch

Vertrauen ist gut, Kontrolle besser! Wenn Sie Ihre persönlichen Laufergebnisse über ein Jahr lang täglich in Tabellen (Beispiel S. 196f.), eintragen, können Sie am Jahresende Ihren Erfolg ermitteln und ablesen. Sie können feststellen, ob Sie sich glücklicher fühlen, schlanker werden, ob der Ruhepuls sinkt, ob Sie Fitneß und Zufriedenheit tanken – ob Sie in ein neues Leben hineinlaufen. Die beste Motivation zum Weitermachen! Wiederholen Sie ab und zu die Tests auf den Seiten 64 bis 71.

So führen Sie Ihr Lauftagebuch

Auf den nächsten Seiten finden Sie als Vorlage für Ihr persönliches Lauftagebuch eine Tabelle, in die Sie Ihre persönlichen Werte, sogenannte Biofaktoren, eintragen können. Dabei wird zwischen meßbaren und bewertbaren Faktoren unterschieden. Messen können Sie die gelaufenen Kilometer, die Zeit, die Sie gelaufen sind, Ihr Gewicht und den Ruhepuls. Bewerten können Sie dagegen Ihr persönliches Befinden, also Ihre Schlafqualität, Ihre Zufriedenheit und wieviel Lust Sie heute oder an einem anderen Tag zum Laufen haben. Tragen Sie jeden Tag Ihre Werte in die jeweiligen Spalten ein. Am besten legen Sie sich das Lauftagebuch griffbereit neben Ihr Bett, damit Sie gleich nach dem Aufwachen, bevor Sie aufstehen, um loszulaufen, die ersten Werte eintragen können. Messen Sie noch im Liegen Ihren Ruhepuls!

Bewerten Sie nach folgender Skala:

+2 = sehr gut
+1 = gut
0 = mittelmäßig
-1 = nicht genügend
-2 = schlecht

Ein Beispiel

Am Montagmorgen messen Sie Ihren Ruhepuls. Er beträgt: 76. Das tragen Sie in die 4. Spalte der folgenden Tabelle ein. Sie haben nicht genügend geschlafen, dann tragen Sie in die 5. Spalte ein: -1. Sie fühlen sich mittelmäßig, dann steht in der 6. Spalte der Wert 0. Beim Aufstehen haben Sie richtig Lust loszulaufen, dann schreiben Sie in die letzte Spalte den Wert +2. Sie laufen 5 Kilometer in 30 Minuten. Tragen Sie das in die ersten beiden freien Spalten ein. Sie wiegen 56 Kilo – schreiben Sie den Wert in die 3. Spalte.
Genauso gehen Sie von Dienstag bis Sonntag vor! Am Sonntag ermitteln Sie die Durchschnittswerte, indem Sie die Spalten 1 bis 7 zusammenzählen und durch 7 teilen. Diese tragen Sie in die Jahresübersichten auf den Seiten 198 und 199 ein.

	Gemessene Biofaktoren				Bewertete Biofaktoren		
KW	1	2	3	4	5	6	7
Tag	gelaufene Kilometer	Zeit	Gewicht	Ruhepuls	Schlafqualität	Zufriedenheit	Trainingsmotivation
Mo							
Di							
Mi							
Do							
Fr							
Sa							
So							
Durchschnitt							

	Gemessene Biofaktoren				Bewertete Biofaktoren		
KW	1	2	3	4	5	6	7
Tag	gelaufene Kilometer	Zeit	Gewicht	Ruhepuls	Schlafqualität	Zufriedenheit	Trainingsmotivation
Mo							
Di							
Mi							
Do							
Fr							
Sa							
So							
Durchschnitt							

KW Tag	Gemessene Biofaktoren 1 gelaufene Kilometer	2 Zeit	3 Gewicht	4 Ruhepuls	Bewertete Biofaktoren 5 Schlaf-qualität	6 Zufrieden-heit	7 Trainings-motivation
Mo							
Di							
Mi							
Do							
Fr							
Sa							
So							
Durch-schnitt							

KW Tag	Gemessene Biofaktoren 1 gelaufene Kilometer	2 Zeit	3 Gewicht	4 Ruhepuls	Bewertete Biofaktoren 5 Schlaf-qualität	6 Zufrieden-heit	7 Trainings-motivation
Mo							
Di							
Mi							
Do							
Fr							
Sa							
So							
Durch-schnitt							

Jahresübersicht: gemessene Biofaktoren

In diese Tabelle tragen Sie jede Woche den Durchschnitt Ihrer objektiv gemessenen Werte ein. Also: Ihr Gewicht, Ihren Ruhepuls, die gelaufenen Kilometer und die gelaufene Zeit. Wie bei den bewerteten Biofaktoren wählen Sie auch für die einzelnen meßbaren Faktoren jeweils eine andere Farbe.

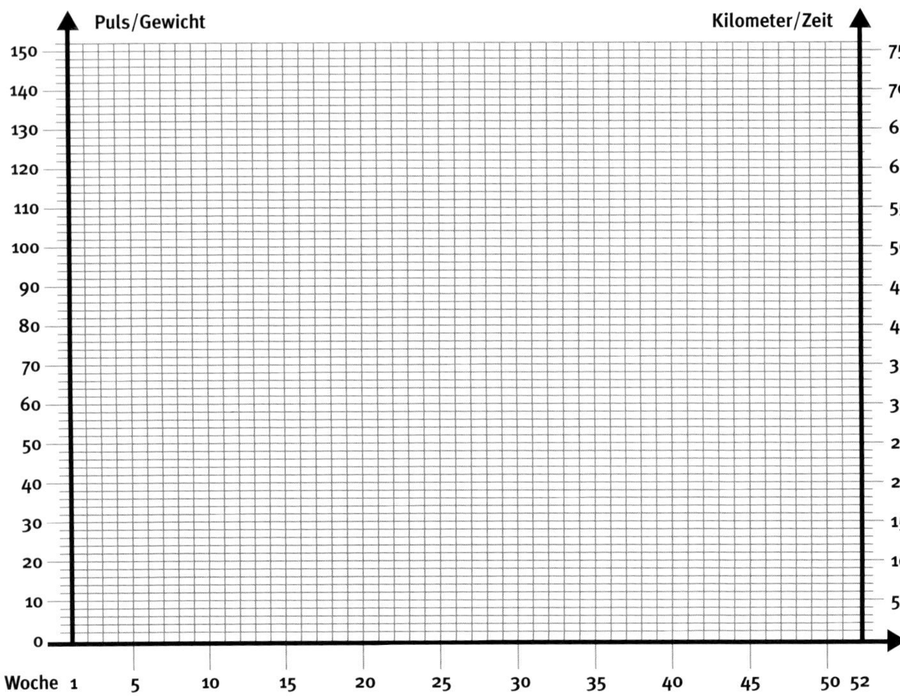

Jahresübersicht: bewertete Biofaktoren

Hier tragen Sie Ihre durchschnittlichen wöchentlichen bewertbaren Biofaktoren ein, die Sie über die Bewertungs-Skala ermittelt haben. Also: Ihre durchschnittliche Schlafqualität, Zufriedenheit und Trainingsmotivation von -2 bis +2. Tragen Sie jeden Biofaktor in einer anderen Farbe ein, so können Sie die Entwicklung der einzelnen Faktoren gut voneinander unterscheiden.

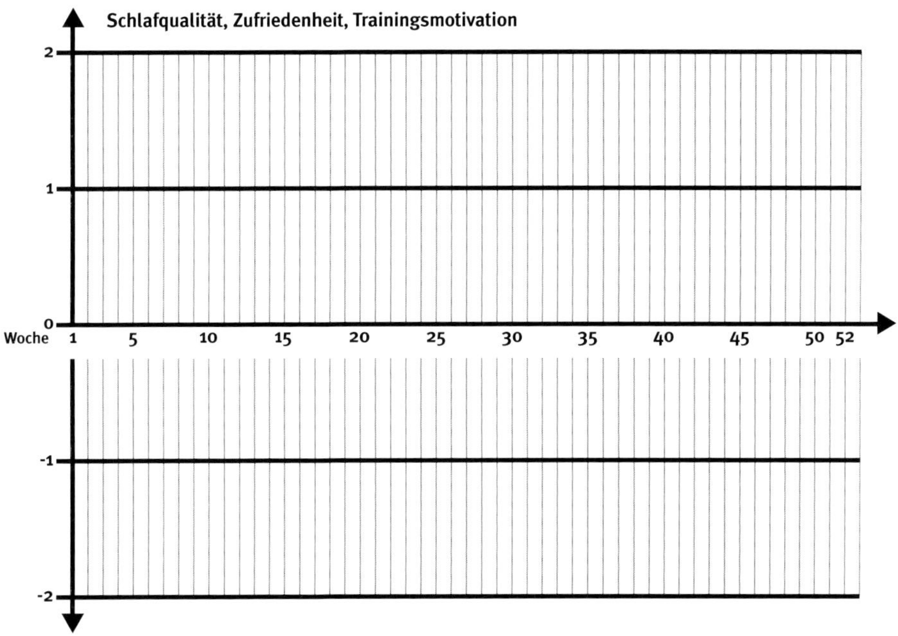

Impressum

Mai 2003
Deutscher Taschenbuch Verlag GmbH & Co. KG, München
www.dtv.de

Umschlagfoto: IFA-Bilderteam / IT-Stock International Ltd.
Layout: Ludger Vorfeld
Satz: Fotosatz Reinhard Amann, Aichstetten
Lithos: Fotolito Longo, Bozen
Druck und Bindung: Uhl, Radolfzell
Gedruckt auf säurefreiem, chlorfrei gebleichtem Papier
Printed in Germany · ISBN 3-423-34004-5

Dank
Der Autor bedankt sich herzlich bei Marion Grillparzer, die ihm geholfen hat, sein Wissen zu Papier zu bringen.
Der Verlag bedankt sich bei der Firma Sporthaus Karstadt für kostenlose Leihgaben zum Styling einiger Fotos.

Wichtiger Hinweis
Die Gedanken, Methoden und Anregungen in diesem Buch stellen die Meinung bzw. Erfahrung des Verfassers dar. Sie wurden vom Autor nach bestem Wissen erstellt und mit größtmöglicher Sorgfalt überprüft. Sie bieten jedoch keinesfalls Ersatz für kompetenten medizinischen Rat. Jede Leserin, jeder Leser sollte für das eigene Tun und Lassen auch weiterhin selbst verantwortlich sein. Daher erfolgen Angaben in diesem Buch ohne jegliche Gewährleistung oder Garantie seitens des Verlages oder des Autors.
Weder Autor noch Verlag können für eventuelle Nachteile oder Schäden, die aus den im Buch gegebenen praktischen Hinweisen resultieren, eine Haftung übernehmen.

Illustrationen und Fotos:
all over: S. 180 (Dieter Schinner), Bavaria: S. 5, 108, 132, 162, 190 (June), Barbara Bonisolli: S. 96 unten rechts, Werner Blessing: S. 97 unten links, Faltermaier: S. 65 unten, Focus: S. 10, 29 (Sidney Moulds), 35 (Alfred Pasieka), Folio ID: S. 26 (Nicola Majocchi), Fotostudio Teubner: S. 126, 154, 158, Andreas Hosch: S. 54, 64, 65 oben 2 und 4, 66–80, 82–86, 144, Birgit Hrouzek: S. 43, IFA-Bilderteam: Titel (P. Sinclair), S. 1, 3 oben, Image Bank: S. 38 (David de Lossy), 124 und 172 (Britt Erlanson), 178 (Juan Silva), Jahreszeiten-Verlag: 146 (Christian Dahl), Jump: S. 2, 52 (Martina Sandkühler), Michael Leis: S. 43 oben, 167 2 und 4, 169, 171, 175, Look: S. 30 unten (Uli Wiesmeier), Mauritius: S. 16 (Lehn), 125 oben, 148 (Rossenbach), Mauritius-Phototake: S. 59, Picture Press: S. 12 (Bettina Müller), 62/63 (Monica Polasz), Tom Roch: S. 131, 191, Thomas von Salomon: S. 42, Norbert Schäfer: S. 6, Reiner Schmitz: S. 2, 32, 88, 89 unten, oben 2 und 4, 90, 91, 94, 96 oben, 97 oben 1 bis 4, 97 rechts, 99, 100, 103, 105, 109, 110, 114, 116, 117 oben 1 bis 4, unten, 122, 123, 125 unten, 129, 133, 145, 147, 149–153, 155, 156, 159, 160, 161, 193, 194, Christophe Schneider: S. 18, Simone Schneider: S. 166, Siemens AG: S. 22, Stock Food/ Eising: S. 96 unten links, 130, Dr. Ulrich Strunz: S. 25, Studio Schmitz: S. 182 oben (Kai Stiepel), Corbis: S. 8/9 (Paul Barton), 24 (Henry Blackman), 34, 65 1 und 3, 191 oben 1 und 3, Getty images: S. 20 (Christopher Bisell), 15 (Elie Bernager), 30 oben, 65 unten (Brian Smith), 36, 47 (Karl Weatherly), 57 (Steart Cohen), 60 (Elke Selzle), 79 (Lori Adamsik Peek), 89 oben 1 und 3 (Chris Harvey), 92 (Donna Day), 98 (Ian O'Leary), 101 (Dale Durfee), 106 (Nick Gunderson), 112 (Dan Bosler), 115 (Bill Truslow), 120 (Victoria Pearson), 128 (Joe Polillio), 140 (David Stewart), 164 (Darell Gulin), 167 oben 1 und 3 (Stuart McClymont), 168 (Donald Johnston), 173 (Charles Thatcher), 174 (Chad Ehlers), 176 (James Darrell), 184 und 192 (Laurence Monneret), 191 oben 2 und 4, Ludger Vorfeld: 125 (Illustration oben), Alexander Walter: S. 48, 61, 117, WDV Wirtschaftsdienst: S. 50 (Mathias Stadler), Zefa: S. 107 (Larry Williams), 142